# 中國文化通史

兩宋卷・下冊

# 目錄
## CONTENTS

# 第三章　文化紛爭與融會

# 第四章　各族之間的文化交往與宋文化在世界上的傳播

# 第五章　學派紛呈的哲學思想

# 第六章　僧、道與秘密宗教

# 第七章　發達的教育

# 第十章　絢麗多姿的藝苑

# 第十一章　科學技術之光

# 第七章

# 發達的教育

　　宋代的教育比較發達，宋王朝「興文教」、「抑武事」基本國策的制定，對宋代教育的發展和繁榮產生了重要影響。兩宋時期，不僅官學教育門類齊全、書院教育獨具特色、私塾教育深入民間、科舉制度日臻完善，而且還湧現出了許多流傳後世、影響深遠的教育家，形成了較為完備的教育體系。

　　兩宋教育在整個文化變動、發展中處於重要的地位。宋代教育發達是重文治政策的體現，同時又推動了文治政策向著縱深方向發展。教育為宋代的政治、經濟、文化發展提供了條件，培養了大批的文臣戰將。宋代教育上的變動與政治上的鬥爭緊密相關，變法、新政都在教育領域有所反映。另外，理學的興起、發展更是與教育有密切

聯繫。理學家絕大多數都是教育家，書院成了理學傳播、爭辯的場所。宋代教育家的教育思想滲透著理學觀點，從而帶上了兩宋教育的時代特點。我們正是從兩宋文化大背景下，來認識教育，討論有關教育諸問題的。

第一節·

# 門類齊全
# 的官學教育

　　官學教育在宋代教育中占有顯著的地位。宋代的官學教育有中央官學和地方州縣學之分。北宋初年，承唐末五代干戈擾攘之餘，無論官學、私學，其制度並不十分完備。到了仁宗以後，歷經改革科舉和教育體制，各級學校才逐步發展起來，制度也開始漸趨完善。

## 一、中央官學

　　宋代初年的中央官學主要有國子學、太學、四門學、律學、武學、醫學六所，宋徽宗時期，又一度增設算學、書學、畫學、廣文館、宮學和宗學等諸學。

### （一）國子學

　　宋初設國子監招收七品以上官員的子弟為學生。太宗端拱二年（989 年）改國子監為國子學。淳化五年（994 年），仍舊為國子監。國子監在宋仁宗慶曆四年（1044 年）建太學以前，為最高學府。太學設立成為最高學府後，國子監演變成中央教育管理機構。如果說唐代國子學大體上還是高級門閥官僚的子弟學

校，那麼到了宋代國子學便已衍化成了高中級官吏子弟的學校，已喪失其貴冑子弟專門學校的性質。而實際上，伴隨著門閥世風的衰落，北宋初年，在國子學肄業、附讀的學生，又大大突破了入學資格的侷限，有不少低級官吏的子弟，甚至寒素子弟也進入國子學聽讀。開寶八年（975 年），鑑於國子學中既有「繫籍而不至」的掛名生員，又有雖不「繫籍」而旁讀的實際生員，對於這種混雜的學生隊伍，朝廷便特許：「其未入於籍而聽習者，或有冠裳之族不居鄉里，令補監生之闕」。太平興國九年（984 年）又明確規定可收錄收補包括低級官吏在內的一切官員子弟「發解」，「不必附監聽讀」便可入學。景德年間（1004-1007 年）進一步規定：文、武朝官的嫡親子弟可附國子監「取解」，而「遠鄉六寓京師」的一般舉人，只要「文藝可稱」，並有同鄉或本地朝廷命官作保，經國子監長官驗實，也准許「附學充貢」。至此，儘管宋代的國子學幾度變化，但其入學者出身品級仍是比一般官學為高。但這些貴冑出身的子弟只求出身，無意問學，國子學管理鬆弛，加之生員偽濫，其辦學效果可想而知。馬端臨說：「科場罷日，則生統一散歸，講官倚席，雖限以聽學之歲月，而不能強其久留，反以淹滯為困。」[1]國子學、國子監衰敗，從一個方面反映出世族勢力的衰落，品官地主勢力的上升。

## （二）太學

慶曆四年（1044 年），太學創立。入學資格也已擴大到庶人子弟階層，即「以八品以下子弟若庶人之俊異者為之」[2]，這較之於唐代的入學資格限制已大大降低。唐代太學的入學資格是「以五品以上及郡縣公子孫，從三品曾孫」[3]。如果說太學在唐代為中級官僚子弟的專門特殊學校，而在宋代則已混為士庶子弟的普通學校了。這是宋代學校制度的一個重大變化。

從規模上講，宋代太學，最初招收生徒達百人，以後增加到二百人、三百

---

1　《文獻通考》卷四十二。
2　《宋史》卷一五七《選舉三》。
3　《新唐書》卷一一八《百官三》。

人。據《文獻通考》記載：「宋初增修國子監學舍。」「熙寧四年，侍御史鄧綰言，國家治平百餘年，雖有國子監，僅空釋奠齋庖，而生員無所空。至於太學，未嘗營建，止偽錫慶院廊廡數十間，生員才三百人。」可見當時規模之狹小。直至熙寧、元豐年間，屬行新法，太學才得到發展。熙寧元年（1068 年）五月，當時的生員規模總數，包括國子生、太學生和館文生在內，曾多達九百餘人。這一年生員擴大到這個規模，一方面是由於廣納了「遠方孤寒之士」，而另一方面則是因為「四方士人盛集京師」。但這些人從入學資格上講不能取得國子學籍，而只能進入太學就讀。熙寧四年（1071 年）立三舍法。主制官以外，增直講為十員，每二員共講一經。生員分為三等。始入學為外舍，開始不限名額，後來定為七百人；外舍升內舍，生員為二百人；內舍升上舍的一百人。「各執一經，從所講官受學，月考試其業，優等上之中書。」王安石變法，以王安石的《書》、《詩》、《周禮》義，即《三經新義》頒於學官，令生員研習。元豐二年（1079 年）太學生增至到八十齋，每齋三十人。其中外舍生二千人，內舍生三百人，上舍生一百人，生員總數達到二千四百人。而在此同一時期，國子生的總數隻有二百人。到了崇寧三年（1104 年），又在京師南郊營建外學，賜名為「群雍」，「為屋千八百七十二楹」。在此，太學專處上舍、內舍生，外學專處外舍生。其中，上舍生達二百人，內舍生達六百人，外舍生達三千人，生員總數多達三千八百人。至此，兩宋太學達到極盛時期。南宋太學，沿襲北宋體制，也實行三舍法。初期上舍生三十人，內舍生一百人，外舍生五百七十人，總計生員為七百人。以後雖不斷增加，但始終未達到北宋的水準。但從太學與國子學的規模比較看，此時的太學學生總數已壓倒了國子學學生的總數，占絕對多數。

北宋政府對太學生的待遇都很優厚。熙寧五年（1072 年），政府規定：外舍生每人每月薪金八百五十文，內舍生和上舍生每人每月一〇九〇文。崇寧三年（1104 年），外舍生加薪至一二四〇文，內舍、上舍生加薪至一千三百文。除此以外，朝廷還在熙寧四年規定：「如學行卓然尤異者，委主判及在講保明聞奏，中書考察，取旨除官」[4]。元豐三年（1080 年），又明確規定：「上等以官，中等

---

免禮部試，下等免解」[5]。崇寧三年（1104 年），索性「盡罷科舉」，廢除了科舉中的州郡發解（鄉試）法和禮部試（省試）法，全面推行「舍選」，實行「天下取士悉由學校升貢」[6]。於是太學便成了舉國士庶子弟獲得參加殿試資格的主要渠道，甚至於當時日逐衰減的國子學生也可以附屬於太學「升貢」。儘管宣和三年（1121 年）又恢復科舉，使科舉制與舍選制並行，但北宋政府仍有意提高舍選釋褐狀元的地位，使其名望和影響高於科舉狀元，以期望士子以舍選為榮。正是由於北宋政府從多方面抬高太學的地位，並給予優厚的待遇，從而在整個社會中形成了太學日漸興旺繁盛，國子學趨漸衰敗退減的風氣和格局。

而在南宋時期，國子學已經附屬於太學。據《咸淳臨安志》卷十一《學校》記載：南宋京師的上舍生為三十人，內舍生為二百六十人，外舍生為一千四百人，國子生八十餘人，總額為一七七〇人。由此可見，當時的國子生是附讀於太學的。另據《建炎以來繫年要錄》卷一七三，紹興二十二年（1152 年）六月林同所談：「太學養士千餘人」，可知當時的太學生共有千餘人，而在《咸淳臨安志》中則明確記載此時的太學生為一千人整。由此可推斷，這兩者之差的餘數便是《玉海》卷一一二《學校·紹興太學》中所記載的「國子生限以八十人」的情況。由此看出，南宋時期，國子生是附讀於太學的，而且學生人數少，規模小，相比之下，遠不及太學學生。這說明從南宋初年後，國子學就已不是獨立存在，而是與當時的太學二位一體了。

國子學合於太學，而太學又伴隨著招生資格的放寬，規模的擴大，使得宋代官學最高學府已經不同於唐代時的狀況，不再為士族門閥子弟所充斥。這是宋代中央官學所發生的重要變化。這一變化，是封建地主階級內部各階層之間利益格局變化的一種反映，也是士族地主階級的門閥政治體制的崩潰，品官地主興起和官僚政治發展在學校體制中的折射。

---

5　《玉海》卷一一二《學校·元豐太學三舍法》。
6　《宋史》卷一五五《選舉一》。

## （三）其他門類

宋代的中央官學，除上述國子學和太學以外，從慶曆年間開始，還設置了四門學、律學、武學、算學、醫學、書學、畫學以及廣文館、宗學和宮學諸類。

**1. 四門學**　四門學始建於慶曆三年（1043 年），是北宋政府廣聽進言，採納了天章閣侍講、史館檢討和國子監的建議而設立的。四門學實則是科舉中的一支。據《宋史》卷一五七《選舉三》記載：四門學學生「歲一試補，差學官鎖宿，彌封校其藝，疏名上聞而後給牒，不中試者仍聽讀，若三試不中，則出之」。可見，四門學當時的考試程序，基本上規制於科舉。而從入學的資格上講，其出身門第的等次大為降低，與當時的太學入學資格大體相當，即「自八品以下至庶人子弟充學生」[7]。

**2. 律學**　律學是傳授法律知識的學校或學科。在宋代律學曾設置律學博士。據《文獻通考》記載：「律學，熙寧六年置，教授四員。凡命官學人，皆得自占入學，舉人須命官三員任其平素，先入學聽讀，而後補試。習斷案人，試案一道；習律令人，試大義五道。月一公試，三私試。」「需用古今刑書，許於聽厚索取。凡朝廷新頒條令，刑部畫日關送。」元豐六年（1083 年），國子司業朱服建議：「舍官在學，如公試律義，斷案俱優，准吏部試法授官。」依其當時的社會政治形勢看，律學是在王安石變法時期設置和發展起來的。這顯然是迎合社會變化的需要，為變法服務而設置的。

**3. 算學**　北宋至徽宗崇寧三年（1104 年）創設算學。據《文獻通考》載：「其業以《九章》、《周髀》及假設疑數為算問，仍兼《海島》、《孫子》、《五曹》、《張邱建》、《夏侯陽算法》，並曆算、三試、天文書為本科。本科外，人占一小經，願占大經者聽。公私試三舍法，略如太學。上舍三等推恩，以道仕，登仕，將仕郎，為次。」算學當時的生員為二百一十人，命官及庶人可應聽試考。大觀四年（1110 年），算學生歸之太史局。

---

7　《宋史》卷一五七《選舉三》。

**4. 書學** 書學始建於崇寧三年（1104年），最初隸屬於國子監，置設博士一人。大觀四年（1110年）改屬於翰林書藝局。所學內容包括篆、隸、草三體，《說文》、《字說》、《爾雅》、《博雅》、《方言》五書，並兼通《論語》、《孟子》。篆以古文、大小二篆為法，隸以二王、歐、虞、顏、柳真行為法，草以章草、張芝九體為法。學規以三舍試補升降為序，略同於算學的方法。

**5. 畫學** 畫學始創於宋徽宗崇寧三年（1104年），到大觀四年（1110年），畫學改屬於翰林閣畫局。其學習內容主要是描習人物、山水、鳥獸、花竹、屋木，並教授《說文》、《爾雅》、《方言》、《釋名》。學生分士流和雜流兩類，分齋而住。士流生兼習一大經，一小經；雜流生則誦小經，或讀律，考畫文等。其教學的要求和特點是：「以不前人而物之情態形色俱若自然，筆韻高簡為工」。其應試的方法是：「三舍試補升降以及推恩，略同書學。惟雜流授官，止自三班藉以下三等。」

**6. 醫學** 宋初就設有醫學，隸屬於太常寺。神宗時設太醫局，並置提舉判局官及教授一人，當時學生三百人。科系分為方脈、鍼、瘍三種。方脈科以《素問》、《難經》、《脈經》為大經，以《巢氏病源》、《龍樹論》、《千金翼方》為小經；鍼瘍科則去《脈經》而增補《三部鍼灸經》。宋徽宗時期，醫學改屬國子監，置博士、學正，為錄名四員，分科教授。學生也有外舍、內舍、上舍三舍之分，並規定有各科的考試辦法和合格後任用的辦法，其選用的最高者，是尚藥醫師。大觀四年（1110年），醫學再歸太醫局。南宋紹興年間，曾建有醫學，以醫師為主，直至南宋末年，醫學一直存在，但無重大發展。

**7. 武學** 宋代的武學，始建於仁宗慶曆三年（1043年），聘太常丞阮逸為教官，但在「名將如諸葛亮、軍祐、扎預等，豈專學孫、吳」的爭議中，時年八月即被廢止。神宗熙寧五年（1072年），經樞密院請建，「在者出師受成於學，文武弛張，其道一也」，隨後便又恢復武學，設址於武成王廟。以尚書兵部郎中韓縝督察判學，內藏庫副使郎周同判，並賜食本錢萬緡。當時學生限額為一百人，由文武官知兵者為教授，後改教授為博士。紹興十六年（1146年），南宋重建武學。學習內容主要包括兵書、弓馬、武藝等。紹興二十六年（1156年）又規定：

凡武學生應習《七書》，兵法，步騎射，分上、內、外三舍，學生限至一百人，置博士一員，以有出身門第的文臣或武藝精者承擔；學諭一員，以武舉補官人承擔。凡補外舍，內舍，上舍的武學生，都有明確的規定。

**8. 廣文館**　廣文館是宋初的舊制，凡試考國子監者，先補中廣文館生，然後再投牒求試，正式進入國子監，或求其他學校。宋哲宗元祐七年（1092 年），依照此方法，設置廣文館生，當時的規模以二千四百人為限額，招收範圍是四方游士宋京的應考者。從地位上說，當時的廣文館是迎合科舉的一種產物，基本上依附於科舉，類似現今的學校預科。然而隨著科舉制度的變化和官學入學資格的降低以及教育的普及化，廣文館日漸失去影響，形同虛設，於是在紹聖元年（1094年），廣文館便隨之停辦。

**9. 宗學和宮學**　宗學和宮學是供皇家子弟求學的專門學校。宮學的招收對像是皇家諸王的近親，而宗學招收的則是庠、徠四方的宗親，屬於戚疏咸預，這兩種現象表現了皇族內部的親疏等級關係。神宗元豐六年（1083 年）建置宗學，徽宗崇寧元年（1102 年），諸王宮皆設大學、小學，置教授。並規定：宗親子弟十歲以上入小學，二十歲以上入大學。後經十餘年的發展，到政和四年（1114年），小學生接近千人，分十齋，由宗正寺兼管。但在靖康之役，宗學停辦。南渡後，紹興十四年（1144 年），在臨安再建宗學，並限額大學生五十人，小學生四十人，職事十人，共計百人。並置諸王宮大小學教授各一人。在冊的學生，基本上都是南宮、北室的子弟，如果是親賢近屬，則別選館職教授。嘉定九年（1216 年），宮學、宗學合辦，其入學身分界限也隨之消失，皇親國戚、親賢近屬皆可入學。

宮學向宗學轉化併合而為一後無問親疏，國子學向太學轉化併合為一體後無問門第，這種現象映射著當時社會階層和經濟社會關係的重大變化，意味著宋代教育體制上等級差別的不斷縮小，這是宋代學校教育制度最深刻的變化。

## 二、地方州縣學

唐代時，國家在地方州縣設置過不少官學，這一傳統為兩宋所繼承。北宋時期，隨著教育的不斷改革，各地興學之風大盛，先後在慶曆、熙寧、崇寧時期，掀起過三次興學高潮，這使得地方州縣學大為發展，入學資格也不分士庶門第，與唐代已大不相同。

地方州縣學，在北宋初期甚少，且不許州縣官隨便興學。大中祥符二年（1009 年）二月，許曲阜先聖廟立學，又賜應天府書院額，此為地方州縣學興辦之始。景祐四年（1037 年），詔許藩鎮立學，他州勿聽。慶曆四年（1044 年），從參知政事范仲淹之請，朝廷下詔，「令州若縣皆立學，本道使者選部屬官為教授，員不足，取於鄉里宿學有道業者」[8]。於是州郡奉詔興學，地方學校逐漸興起。

王安石變法時期，朝廷重視發展地方學校。此時正值北宋的第三次興學高潮，熙寧四年（1071 年），「詔置京東、京西、河北、河東、陝西五路學，以陸佃等為諸州學官。仍令中書採訪逐路有經術行誼者各三、五人，雖未仕亦給簿尉俸，使權教授他路州軍。……州給田十頃為學糧」[9]。元豐元年（1078 年），詔命諸路州府學官共五十三人。紹聖元年（1094 年），令「內外學官非制科，進士出身及上舍生入官者，並罷」[10]。元符二年（1099 年），「初令諸州行三舍法，考選、升補悉如太學。州許補上舍一人，內舍二人，歲貢之。其上舍附大學外舍，試中補內舍生，三試不升舍，遣還其州。其內舍免試，至則補為外舍生。諸路選監同一員提舉學校，守貳董幹其事。遇補試上、內舍生，選有出身官一人，同教授考選，須彌封，譽錄」[11]。

宋徽宗崇寧元年（1102 年），在當時宰相蔡京的建議下，曾一度罷去科舉，

8　《宋史》卷一五七《選舉三》。
9　《文獻通考》卷四十六《學校考七》。
10　《宋史》卷一六五《職官五》。
11　《宋史》卷一五七《選舉三》。

取士一由學校，於是州縣學更盛。州學置教授二員。縣置小學，大縣五十人，中縣四十人，小縣三十人。縣學生選考，升之州學。州學生每三年貢入太學，考分三等。入上等補太學上舍，入中等補上舍下等，入下等補內舍，余居外舍。於是太學生員驟然增至三千八百人。並進一步規定：「凡州縣學生曾經公、私試者復其身，內舍免戶役，上舍仍免借，借如官戶法」[12]；「州給常平或係省田宅充養士費，縣用地利所出及非係省錢」[13]；「縣學生三歲不赴升試者除其籍」[14]。這種既給予優厚的待遇，又嚴格加以督促的做法，在客觀上伴隨著興學熱潮而更加大了地方州學的發展規模，使地方興學的勢頭有增無減。由此可見當時北宋朝廷對地方州縣學的重視。

北宋末年是地方州縣學較大發展的時期。據史料記載：「自仁宗命郡縣建學，而熙寧以來，其法浸備，學校之設遍天下，而海內文治彬彬矣。」[15]到了崇寧三年（1104 年），全國學生總數已多達二十一萬餘人。大觀三年（1109 年），學生總數達十六點七萬餘人。諸路中最為偏小的京西南路，學生總數在大觀二年（1108 年）也達三千二百餘人。福州浦城縣學生總數在崇寧五年（1106 年）也達一千餘人。由於招生範圍擴大，等級界限放寬，以致出現了「雖瀕海裔夷之邦，執耒垂髫之子，孰不抱籍綴辭」的狀況。而這眾多的學生中，更是不乏有用之才，其中湧現出了大批歷史文化名人，如范仲淹、李覯、歐陽修、王安石、張載、蘇軾等著名的思想家、文學家和政治家，而在此中許多都是出身於貧寒之家的知識分子。這種情況也從另一個側面說明了宋代整體的社會文化素質遠遠超過於漢唐。曾有記載：「宋有天下三百載，視漢唐疆域之廣不及，而人才之盛過之」[16]。就是對這種文化甚為發達的情況的說明。

---

12 《宋史》卷一五五《選舉一》。
13 《宋史》卷一五七《選舉三》。
14 《文獻通考》卷四十六《學校考七》。
15 《范文正公集》補編《重建文正書院記》。
16 《宋史》卷一五五《選舉一》。

第二節 ·

# 繁榮、興盛
# 的書院教育

　　書院教育是宋代教育中一個頗具特色的方面。講宋代教育，就不能不提及書院教育。本節將從發展淵源、基本狀況等方面，對宋代書院教育作一個大概論述。

## 一、書院源流

　　書院之名最早見於唐代，而有聚徒講學性質的書院，則起源於唐末五代。當時社會十分動盪，天下大亂，官學被摧毀，國家教育機構非毀即散，志學之士便紛紛率弟子投身山林，創立「精舍」，曠日講學。這就是書院的來源。北宋初年，書院得到了迅速發展，並且滲透了民間群體力量，官府人員也加入其中，教育機構、管理組織以及管理方法日益完善，出現了岳麓、睢陽、嵩陽、白鹿洞四大著名的書院。南宋政權建立以後，隨著理學的傳播、發展，各派門人日多，而各派又都是專門之學，所持議論，多有牴牾。為了宣傳師學，傳播以儒學為母體的新儒學，各大門派便以書院為依託，廣攬生徒，傳經布道。這樣不僅擴大了書院的影響，而且也提高了書院的學術地位。一批封建社會後期的重要思想家、教育家，如朱熹、張栻、呂祖謙、陸九淵等也都紛紛加入了創立和遊學書院的行

列。僅朱熹一人先後創立或講學的書院就有武夷精舍、竹林精舍、白鹿洞、岳麓等十餘處。因此，南宋時期是書院發展的興盛時期。兩宋時期的書院制度一直延續到明清兩朝，對中國封建社會後期的教育發展產生了重要的影響。

# 二、北宋的書院教育

從五代到北宋初年，是私人講學的書院逐步繁盛的時期，在南北各地均出現了不少著名的書院。這一時期，書院所以興盛的緣由，一方面是由於海內向平，文風日起，宿儒隱居山林，講學傳道，形成了良好的興學教習之風。而另一方面，隨著階級關係的變化，教育的普及，官學的弊端叢生，私學則應時勢發展而興盛起來。朱熹在《石鼓書院記》中曾說：「予唯前代庠序之教修，士病無所於學，往往相與擇勝地，立精舍，以為群居講習之所。而為政者乃或就而褒表之，若此山、若岳麓、若白鹿洞之類是也。」呂祖謙在《白鹿洞書院記》中也講：「竊嘗聞之諸公長者，國初斯民，新脫五季鋒鏑之厄，學者尚寡，海內向平，文風日起，儒生往往依山林，即閒曠以教授，大率多至十百人。嵩陽、岳麓、睢陽及洞尤為著，天下所謂四書院也。」朱熹、呂祖謙的這些記載，不僅分析了北宋初年書院興盛的原因，而且也提到了一些在當時頗具名聲和影響的書院。然而就上述書院乃至整個宋代書院從性質上講，基本依歸於官立和私立兩種，上邊提到的白鹿、岳麓等書院是官立書院，而像以下要提到的泰山書院、浮池書院等則為私立書院。

**1. 石鼓書院**　石鼓書院在今湖南衡陽石鼓山回雁峰下，創建於唐元和年間（810 年左右）。衡州李寬中刺史呂溫來訪時，在《全唐詩》中留下了一首呂溫所寫的《同恭夏日題尋真觀李寬中秀才書院》。宋太宗至道三年（997 年），李士真就遺址重建。仁宗景祐二年（1035 年），仁宗根據集賢校理劉沆的建議，賜書院匾額和學田。南宋孝宗淳熙十三年（1186 年），部使者潘疇就舊址建屋數間，榜以故額；宋若水益廣之，朱熹為之記。可見一直到南宋，石鼓書院經久不衰，名聲頗著。

**2. 嶽麓書院** 嶽麓書院位於今湖南長沙西嶽麓山抱黃洞下。北宋太祖開寶九年（976 年），潭州太守朱洞建講堂五間，書齋五十二間，以待四方學者。真宗咸平二年（999 年），潭州太守李允則將其規模擴大，王禹偁作記。咸平四年（1001 年），李允則又請賜諸經釋文義疏，史記、五篇、唐韻。益廣其居，譚綺為之作記。大中祥符八年（1015 年），真宗召見周式，拜為國子主簿，使歸教授，因舊名賜額，於是嶽麓書院便名聞天下。嶽麓書院發展起來後，被世人稱道為「瀟湘為洙泗，荊蠻為鄒魯」，讚揚它在傳播儒家思想，變革社會風尚方面所起的積極作用。到了南宋時期，著名理學家朱熹、張栻均曾在此留住，傳經布道。

**3. 白鹿洞書院** 白鹿洞書院位於今江西廬山五老峰下。唐貞元年間（785-805年），洛陽人李渤和他的哥哥李涉隱居於此讀書，嘗蓄一白鹿自娛，人稱白鹿先生。寶曆中（825-827 年），李渤任江州刺史，於其地建合榭，遂以白鹿名洞。南唐昇元中（937-942 年），因洞建學館，置田以給諸生，學者大集，以李善道為洞主，掌教授，當時稱為白鹿國庠。北宋太平興國三年（978 年），知江州周述言廬山白鹿洞學徒眾多（約千餘人），請賜《九經》書肆習之，詔國子監給本。仁宗皇祐五年（1053 年），孫琛即故址建學館十間。南宋淳熙六年（1179年），朱熹知南康軍，又重修建白鹿洞，親自制定《白鹿洞學規》，並來此講學授業。這一時期是白鹿洞書院的鼎盛極致時期。

**4. 應天府**（睢陽）**書院** 應天府書院位於今河南商丘縣故城西北隅，原為五代末年戚同文（睢陽先生）隱居講學之處，所以人稱為睢陽書院。生徒常在一百餘人。宋著名學者范仲淹即出其門下。宋真宗大中祥符二年（1009 年），應天府民曹誠在同文舊址，建學舍一百五十間，聚書一千五百餘卷，博延生徒，講習甚盛。應天府奏上其事，詔賜院額曰應天府書院，命同文孫舜賓主持，仍令本府慕職官提舉，以曹誠為府助教。仁宗景祐二年（1035 年），以書院為學府，給學田十頃。慶曆三年（1043 年），又改學府為南京國子監。

**5. 嵩陽書院** 嵩陽書院位於今河南登封縣太室山麓，原名嵩陽寺。北魏孝文帝太和年間（477-499 年）始建。五代後周時設為太乙書院。宋至道三年（997

年）改為太室書院。藏九經於其中。仁宗景祐二年（1035年），敕西京重修，更名為嵩陽書院。宰相王曾奏置山長，給良田十頃。宋代著名理學家程頤曾在此講學布道。

岳麓書院

**6. 茅山書院** 茅山書院位於現今江蘇金壇縣三茅山後。宋仁宗時處士侯遺所建，教授生徒，並供給飲食，達十餘年之久。北宋天聖二年（1024年），王隨知江寧府，奏請仁宗於三茅齋糧莊田內撥給三頃，供書院日常的開銷。王隨死後，書院遂遭廢棄，居空徒散。南宋理宗淳祐中（1241-1252年），知縣孫子秀因故址而新之，以待四方遊學之士。後來為崇禧觀所占用。度宗咸淳七年（1271年），徙建於金壇縣南五里之雇龍山麓。

## 三、南宋書院的興盛

南宋時期，書院教育同樣呈現出繁盛的狀況。據《續文獻通考》卷五十所載，理宗時，蘇州、丹陽、徽州、建陽、紹興、益州、桂州、合州、丹徒、興化、金華、寧波、崇安、全州等地均有書院。這種情況，多是由於當時地方州縣學日趨凋落，加以理學盛行，理學家到處聚徒講學所致，這從客觀上又為進一步推動書院教育的發展提供了契機。就兩宋書院發展狀況的比較來看，據《文獻通考》記載：「北宋諸儒，多講學於私家。南宋諸儒，多講學於書院，故南宋時書院最盛。」現擇其一例，便可說明此況。

孝宗淳熙六年（1179年），朱熹知南康軍，三月到任，十月即令軍學教授楊大法和星子縣令王仲傑主持復興白鹿洞書院。此年三月竣工。書院修復後，聘請楊日新為書院堂長，並置建昌東源莊田，作為贍養學生及其他開支所需。淳熙八

年（1181年），又奏請朝廷賜給監本《九經注疏》。朱熹為了建置書院規範，又親自制訂白鹿洞學規，教導生徒，質疑問難。此學規，在中國文化教育的發展史上是一份重要的珍遺文獻，現轉錄於下：

白鹿洞書院教條

父子有親　君臣有義　夫婦有別　長幼有序　朋友有信

右五教之目。堯舜使契為司徒，敬敷五教，即此是也。學者學此而已。而其所以學之之序，亦有五焉。其別如左：

博學之　審問之　慎思之　明辨之　篤行之

右為學之序。學問思辨，四者所以窮理也。若夫篤行之事，則自修身以至處世接物，亦各有要。其別如左：

言忠信　行篤敬　懲忿窒欲　遷善改過

右修身之要。

正其誼不謀其利　明其道不計其功

右處世之要。

己所不欲勿施於人　行有不得反求諸己

右接物之要。

熹竊觀古昔聖賢所以教人為學之意，莫非使之講明義理以修其身。非徒欲其務記覽，為辭章，以釣聲名取利祿而已。今之為學者，則既僅是矣。然聖賢所以教人之法，具存於經。有志之士，固當熟讀深思而問辨之。苟知其理之當然，而責其身以必然，則夫規矩禁防之具，豈待他人設之，而後有所持循哉？近世於學有規，其待學者為已淺矣；而其為法，又未必古人之意也。故會不復施於此堂，而持取凡聖賢所以教人為學之大端，條例如右，而揭之楣間。諸君其相與講明遵守而責之於身焉，則夫思慮雲為之際，其所以戒謹恐懼者，必有嚴於彼者矣。其

有不然，而或出於禁防之外，言之所棄，則彼所謂規者，心將取之，固不得而略也。諸君其亦念之哉！[17]

朱熹的書院教條鮮明地表明了他反對「務記覽，為辭章，以釣聲名取利祿」的腐敗風氣，主張樹立「講明義理以修其身」的學風。淳熙八年（1181 年）春，朱熹又邀請陸九淵來白鹿洞書院講《論語》中「君子喻於義，小人喻於利」的思想。陸九淵在講授中也反覆強調教育士子不要追求「官資案卑，祿廩厚薄」，唯利是圖的「小人」，而要做一個「專志守義」，「供其職，勤其事，心乎國，心乎民」的「君子」。這就是理學家所要培養的目標。

朱熹的白鹿洞學規，對當時及後代教育思想的影響甚大。如葉武子調彬州官學教授，「一以白鹿洞學規為諸生準繩」[18]；劉爚「遷國司業，請刊行所注《學》、《庸》、《論》、《孟》，以備勸講，及白鹿洞規示大學」[19]。這是在當時。後世元、明、清三代的書院，也都奉白鹿洞學規為圭臬。

白鹿洞書院的修復，為南宋書院的復興起到了重要的推動作用。據《續文獻通考》記載，南宋時代的許多時期均設書院，如寧宗開禧年間（1205-1207 年），在衡山設有南嶽書院，「掌教有官，育才有田，略仿四書院之制」；寧宗嘉定年間（1208-1224 年），在涪州設有北岩書院；理宗年間（1225-1264 年），設有應天明道書院，蘇州鶴山書院，丹陽丹陽書院，太平天門書院，徽州紫陽書院，建陽考亭書院，廬峰書院，崇安武夷書院，金華麗澤書院，寧波甬東書院，衢州柯山書院，紹興稽山書院，黃州河東書院，丹徒濂溪書院，道州濂溪書院，興州涵江書院，桂州宜城書院，全州清湘書院；度宗朝（1265-1274 年），設有淳安石峽書院，衢州清獻書院等。以上書院中許多都與朱熹重修白鹿洞書院，釀就書院熱潮有關。

但就南宋時期整體書院的輯錄來看，上述諸書院僅僅為當時書院中的一部

---

17 《朱文公文集》卷七十四。
18 《宋元學案》卷六十九《滄州諸儒學案上·修儒葉息奄先生武子》。
19 《宋元學案》卷六十九《滄州諸儒學案上·文簡劉雲莊先生爚》。

分，除此以外，據一九三四年出版的盛郎西先生所著《中國書院制度》的書中輯載，至少尚存有以下書院：

| | | | |
|---|---|---|---|
| 泰山 | 泰山書院 | 無錫 | 東林書院 |
| 建寧 | 建安書院 | 曲江 | 相江書院 |
| 洛陽 | 龍門書院 | 慈溪 | 慈湖書院 |
| 信州 | 象山書院 | 南劍州 | 延平書院 |
| 夾江 | 同人書院 | 吉州 | 白鷺州書院 |
| 公安 | 公安書院 | 郢州 | 南陽書院 |
| 漳州 | 龍江書院 | 袁州 | 張栻書院 |
| 建康 | 明道南軒書院 | 隆興 | 宗濂書院 |
| 台州 | 上蔡書院 | 溫州 | 虎邱書院 |
| 桃源 | 桃源書院 | 新喻 | 金鳳書院 |
| 永嘉 | 浮止書院 | 東陽 | 石洞書院 |
| 建陽 | 鐘山書院 | 建陽 | 建安書院 |
| 建陽 | 雲谷書院 | 建陽 | 廌山書院 |
| 建陽 | 橫渠書院 | 建寧 | 建安書院 |
| 東陽 | 西園書院 | 餘干 | 東山書院 |
| 東陽 | 橫城書院 | 東陽 | 南湖書院 |
| 武夷 | 寒泉精舍 | 武夷 | 洪源書院 |
| 贛州 | 臨蒸精舍 | 慈溪 | 棱氏精舍 |
| 慶源 | 傳貽書院 | 贛州 | 槐蔭精舍 |
| 崇德 | 白社書院 | 建州 | 雲莊書院 |
| 湖州 | 安定書院 | 郢州 | 翁州書院 |
| 貴溪 | 石林書院 | 尤溪 | 南溪書院 |
| 晉江 | 東湖書院 | 莒潭 | 化龍書院 |
| 金華 | 道一書院 | 黎州 | 玉淵書院 |
| 蘇州 | 學道書院 | 泰州 | 安定書院 |
| 撫州 | 臨安書院 | 慈溪 | 杜洲書院 |

| 慈溪 | 石坡書院 | 常州 | 龜山書院 |
|------|----------|------|----------|
| 休寧 | 西山書院 | 常州 | 城南書院 |
| 六安 | 龍山書院 | 休寧 | 柳溪書院 |
| 建陽 | 鰲峰書院 | 無為 | 林泉書院 |
| 阜陽 | 西湖書院 | | |

　　當然，上述所列書院中，有一些是北宋時期創立的，但大多數是南宋時代的書院。南宋書院的興盛，數量之大，遍及區域之廣，可從一個方面說明問題的實質。

　　從書院教育與地方州縣學相比，則前者遠較後者重要。這不僅表現在講學的層次和規模，建設的龐大和士大夫們的重視上，而且也表現於在此基礎上所形成的社會文化傳播和教育氛圍。前規後隨，皆務興起，其教養之規，遠遠過於官學和私學。所以，宋代書院教育的發展，是其文化發展的一個重要標誌。而伴隨著書院的興起，兩宋講學之風亦大盛，在客觀上也釀造了學術百家的爭鳴。宋儒不同學派之間，常常是相互辯難，如朱陸「鵝湖之會」和朱陳「王霸義利之辯」等，即使是師生弟子之間，亦互相質疑，如程門弟子多次向程頤提到王安石變法的論點，而且評價和肯定王安石論點的正確與先進，而程頤又不得以勸辯鑑復。當然，在這些辯難中，有時也不免意氣用事，流於偏激，但辯難之風的興起，無疑對於活躍思想，促進學術交流與傳播，推動文化教育發展，是一個極為有利的因素。

## 第三節·
# 科舉制度
# 新發展

　　宋代登用人才，完善學校規制，仍舊是實行科舉。其主要辦法是科舉與學校並行。北宋前期仍沿襲唐代舊制，舉進士第。但科舉的舉行並無定期，內容以唐代舊制為主。到了王安石變法時期，設用經義取士，即獲取人才不問家世，限制勢家與孤寒競進，嚴防考官營私，學生作弊，全憑經義、詩賦、策論取士。這其中重士人的政治治國雄略與胸懷抱負，不專重文詞是當時取士的一大特點。因此，重知識才能，絕門第血統不僅是宋代科舉制的一大進步，而且也是宋代科舉的一大標誌。但就培養良才，完善教育體制的意義上說，宋代科舉制的發展，是宋代文化教育發展中的一個重要方面。它不僅能廣泛地選拔人才，推動宋代文化發展，乃至整個社會文化教育素質的提高起著積極的作用，而且對推動和完善學規也產生著一定的影響。

　　中國科舉制度肇始於隋，奠基於唐，而完善於宋。唐代科舉有秀才、明經、進士、俊士、明法、明學、明算諸科。唐中葉以後，進士科日益重要，日益成為庶族地主熱衷追逐的科目，因此進士科就成為統治者網羅人才的主要途徑。宋代的科舉，較之唐代有了變化，儘管科舉有貢舉、制舉、童子試等，但最重要的還是貢舉。

# 一、貢舉

宋代的貢舉有進士、九經、五經、開元禮、三史、三禮、三傳、學究、明經等科。科目雖多，但士人最重視的還是進士科。進士科也就成了宋代科舉的主要內容。因進士歷來為朝廷所重，所以士人趨之若鶩，人才也多出此科。

宋代貢舉考試，主要有三種形式：一是解試，二是省試，三是殿試。

解試，即由諸州、開封府、國子監將合格舉人貢入禮部的一種考試。地方的解試一般在秋季舉行，所以又稱「秋賦」。解試時一般由諸州判官主持進士考試，其他科目由錄事參軍主持。若地方官不懂經義，則選低一級官員充任，但要經判官監考。解試要求非常嚴格，試捲上要加蓋長官之印，主考官和監考還要同時簽名。若發現考生有舞弊行為，即當場驅逐，若主考官收受考生賄賂，也要受到嚴厲處分。

省試，通過解試的考生，宋人稱之為「舉子」和「貢生」，於當年冬季到京師集中，於次年春季參加省試。省試由禮部主持。「舉子」到京後，到禮部報名，並寫明家狀、年齡、籍貫及參加科舉次數，獲取考試資格。考前禮部先發一「都榜」，即座次表。考試之日，考生依次就座。主考官出題後，考生可開始答卷。至晡後，開門放考生出，試卷入櫃。省試也有嚴格規定：「舉人除書案外，不許將茶廚、蠟燭等帶入；除官員外，不得懷挾書策。犯者挾出，殿一舉」[20]。宋初，省試共分四場，第一場試詩賦，第二場試論，第三場試策，第四場試帖經，以分場定去留，詩賦在省試中有著重要的作用。重詩賦承繼了唐代遺風，並不能代表士子的真才實學，這才引發了對貢舉的改革。

殿試，實際上是省試的複試形式之一。宋代的殿試，始於太祖開寶六年（973 年）。因當時李昉知貢舉，發生了考場作弊一事，太祖召見落第舉子三百六十人，選其中一百九十五人，另考其詩賦，得進士二十六人，附於省試進士之後，省試第一名在殿試時不一定為第一名，這才有了省試和殿試的區別，出

---

20 王栐：《燕翼詒謀錄》卷二《禮闈禁懷挾》。

現了「省元」和「狀元」的名稱。殿試，宋初考詩賦和論，神宗時殿試進士，罷詩、賦、論，而專以策，後又加律義、斷案。哲宗元祐更化後，恢復詩、賦、論。紹聖以後，又遵熙寧試策之制。南宋殿試專以試策。

宋的貢舉，尤其是進士科，考試的內容前後多有變化，這種變化與宋代社會的變革和文化不同時期的發展有著緊密的聯繫。總的來說，宋代的貢舉有三次大的改革。宋初，科舉考試一依李唐，進士以詩賦分等第，明經（諸科）以帖書，墨義定去留。前者是唐代重文辭之風的延伸，後者是漢學貴記誦之風的遺留。但是宋代科舉，承襲唐代遺風甚濃，重進士而輕經生。「焚香禮進士，撤幕待經生」[21]就是這種情況的真實寫照。經生之所以在宋代受到冷落，一則是世運變化，儒學不振；二則是經學本身走入死胡同，「所謂明經，不過帖書、墨義，觀其記誦而已，故賤其科。」[22]所謂帖書，即帖經，具體做法是掩住所習經書某頁兩端，中間留出一行，讓考生讀其上文或下文，或用紙貼住某一行中的幾個字，令考生讀出被貼的字。墨義即以書面的形式用經書上的原話回答問題。不論是帖書，還是墨義，內容上重章句注疏，形式上尚死記硬背。這既不能反映應試者的實際能力，又無法發揮關於經義的個人心得和創造性見解，難怪宋人要賤其科。明經不振，舉子的視線自然要轉移到進士科。宋代進士考試項目，太祖時只有詩、賦，太宗時增加論，詩、賦、論並為「三題」，成殿試的學格。「三題」之中尤重詩、賦，「比來省試，但以詩、賦進退，不考文論。江、浙之士，專業詩賦，以取科第」。[23]既然進士科承襲唐代，因此重詩賦輕策論也就不足為怪了。但進士考試重詩賦很難選拔出有治世真才的人。魯宗道曾言：「進士所試詩賦，不近治道。諸科對義，但以唸誦為工，罔究大義」。[24]范仲淹也對科舉重詩賦輕策論頗為不滿，曾說：

國家專以辭賦取進士，以墨義取諸科，士皆舍大方而趨小道，雖濟濟盈庭，求有才有識者，十無一二。況天下危困，乏人如此，將何以濟？在乎教以經濟之

---

21 沈括：《夢溪筆談》卷一。
22 《宋史》卷一五五《選舉志一》。
23 《續資治通鑑長編》卷六十八。
24 《續資治通鑑長編》卷九十。

業，取以經濟之才，或可救其不逮。[25]

　　不論他們從何角度出發，都對宋初以來取進士重詩賦輕策論，選不出真才實學者的科舉政策提出了批評，這才導致了仁宗天聖年間的在文化史上具有深遠影響科舉改革。

　　仁宗天聖年間科舉改革突出的成就是以策論升降天下士。天聖五年（1027年）科舉改革前，關於科舉進士，已不完全只重詩賦，開始兼考策論，考試分為三場，一日試詩賦，一日試論，一日試策。在貢院取進士時，「不得只於詩賦進退等第，今後參考策、論以定優劣」[26]。也就是說考進士除注重詩賦外，兼以策論定去離。到天聖五年策論就放在詩賦之前，成為首要。天聖二年進士科放榜，史載：

　　賜宋郊（庠）、葉清臣、鄭戩等一百五十四人及第……郊與其弟祁俱以辭賦得名，禮部奏祁名第三，太后不欲弟先兄，乃推郊第一，而置祁第十。劉筠得清臣所對策，奇之，故推第二。國朝以策擢高第，自清臣始。[27]

　　葉清臣之所以能得第二，不是因辭賦好，實是對策有水平。葉清臣以對策壓倒「以辭賦得名」的宋氏兄弟在當時產生了不小的影響，這才有了後人所說的「浚學偉文，發於妙齡，決策三篇，萬儒竦聽，闊視霄路，直步雲庭」[28]的盛況。從此以後策論成為科舉考試的一項重要內容。天聖年間的科舉改革，對當時儒學復興產生了深遠影響，與北宋古文運動相表裡。科舉考試側重面的變化必然引起社會價值取向的改變。

　　北宋科舉改革的第二次是慶曆年間，它是與慶曆新政相一致的。慶曆新政，頒布了貢舉新制。主要改革措施有兩點：一是「進士試三場，先策，次論，次詩賦，通考為去取，而罷帖經、墨義」；二是「士事通經術，願對大義者，試十

25 范仲淹：《范文正公文集》卷一《答手詔條陳十事》。
26 《宋會要輯稿・選舉三》之十五。
27 《續資治通鑑長編》卷一○二。
28 范仲淹：《范文正公集》卷十。

道，以曉析意義為通，五通為中格」[29]。慶曆科舉改革突出成就在於先策，次論，後詩賦，一改天聖年間的「通較工拙」為「逐場去留」，增加了策、論成績在進士考判終審中的比重。原來處於末位的策試，現在代替詩賦成為進士進退的關鍵，使重策論輕詩賦成為科場的指導思想。儘管慶曆新政不到一年便夭折，但科舉改革的成就卻被不折不扣地保留下來。尤其是嘉祐二年（1057 年）歐陽修重登中央政壇，以翰林學士權知禮部貢舉，大張旗鼓執行這一措施。嘉祐二年的科舉，在宋代文化史上是一件大事，其重大意義不僅在於唐宋古文運動取得了最後的勝利，而且使蘇軾、蘇轍、曾鞏等優秀古文家脫穎而出，為宋代文化繁榮期的到來提供了一種簡易傳道的工具和組織了一支宏大的隊伍。關學、洛學、蜀學、王學四大流派，有三派的代表人物出自歐陽修之門，如洛學開山程顥及弟子朱光庭，關學鉅子張載及弟子呂大鈞，蜀學代表人物蘇軾、蘇轍，都是嘉祐二年進士出身。這些文化鉅子的脫穎而出，與科舉改革有密切的關係。

北宋科舉改革對宋代文化影響較大，較為徹底的是第三次，這次科舉改革是與王安石變法同步進行的。按王安石的設想，科舉改革分兩步走：第一步，「宜先除去聲病對偶之文，使學者得以專意經義」；第二步，「俟朝廷興建學校，然後講求三代所以教育選舉之法」[30]。在王安石變法期間，主要進行的還是第一步。當時新定貢舉大概有兩點極為重要：一是廢罷明經及諸科，名額推入進士一科；二是進士科墨試詩賦、帖經、墨義。考試的程序是：「每試四場：初本經，次兼經，並大義十道，務通義理，不須盡用注疏。次論一首，次時務策三道」。從內容上看，熙寧改制比前兩次更為徹底，首先罷試詩賦，獨留策論；其次新增大義，地位在策論之上。即如馬端臨所總結的「變聲律為議論，變墨義為大義」[31]。即以策論代替詩賦，以義理代替記誦。標誌著北宋科舉改革的成功。從文化史角度看，前者標誌著唐以來的文章之學在科場的終結，後者標誌義理之學對訓詁之學鬥爭的勝利。宋代三次科舉改革促進了理學的形成，推動了理學的發

29 《續資治通鑑長編》卷一四七。
30 王安石：《王文公文集》卷三十二《乞考科條制》。
31 馬端臨：《文獻通考》卷三十一《選舉四》。

展,「士皆趨義理之學」[32]，成為北宋中葉前後出現的學術思潮，不僅標誌著理學確立和走向成熟，也代表了中國文化發展的大轉折、大趨勢，王安石、張載、二程都是這一時代潮流的代表。

熙寧科場改革的另一重大貢獻在於王安石主持編纂、作為經義考試統一標準的《三經新義》，即《周禮》、《詩》、《書》三經義，成為科場和學官的法定教科書。王安石變法失敗後，元祐時期，新法被一一廢除，在科舉取士方面恢復了詩賦，但與經義並行，雖要求士子習經不准專用王氏新義，禁用王氏學說，但王氏科舉改革原則和《三經新義》仍得以延續。迄至南宋，取士雖有以詩賦和經義之別，但從高宗紹興三十一年（1161 年）後，進士考試分為兩科，即詩賦和經義。各考三場，永為定制。從宋代科舉改革的情況來看，科舉從內容到形式的前後變化與宋代文化學術的發展一脈相承，科舉改革促進了宋代文化的發展，文化的繁榮又對科舉產生了重大的影響。

宋代科舉分貢舉、制舉、童子試等，但制舉和童子試在宋代不起多大作用，或設或廢，倒是貢舉成為科舉的主要內容。宋代貢舉有進士科、九經科、五經科、開元禮或三史科、三禮科、三傳科、學究科、明經科。進士科和明經科最為主要，但隨著社會的變化，明經科受到冷落，進士科獨步青雲，成為統治者選拔人才、培養人才的主要途徑。同唐代相比，科舉制度到宋代完全確立，科舉取士日臻嚴密，科舉向所有人開放，「取士不問門第」，「家不尚譜牒，身不重鄉貫」[33]，只要你肯用功，符合錄取條件，均可考試為官。所以從宋代以後，科舉成為士人躋身政界，改變一生命運的唯一途徑，也是統治階級網羅人才的主要手段。

宋代社會與唐代社會有許多不同，雖同是封建社會，但生產關係出現了某些變化，這在科舉方面得以充分體現。

其一，每次科舉取士的數額遠遠超過唐代。唐代進士每次只有三四十人，最

---

32 《續資治通鑑長編》卷二四三。
33 陳傅良：《止齋文集》卷三十五《答林宗簡》。

多的只有七十人[34]。宋初，士人懼於五代慘禍，並不熱衷於做官，加之考試甚嚴，每次錄取進士少則幾人，多者百多人，平均每次錄取四十餘人。太宗時因州縣缺官，開始大規模錄取士人，加之國家一統，政局穩定，入試者很多，往往達一兩萬人。朝廷每次錄取進士二百三十餘人。真宗朝後，進士錄取人數大增，平均每次錄取在四百五十多人，到北宋末，達到六百八十多人[35]。

其二，由於生產關係的變化，「取士不問家世」，因此參加考試的舉子不再是世家大族，多為出身貧寒的中小地主或較富裕的農民，且不少出身工商雜戶的子弟也可以參加科考，且幾代為官者很少。「取士不問家世」，使許多出身孤寒的士人能與官宦子弟同場公平競爭，據有人統計《宋史》有傳的一九五三人的材料來看，由布衣入仕者達百之五十五點一二[36]。像在宋代文化領域風雲一時的人物范仲淹、孫復、胡瑗、李覯、蔡襄、邵雍、蘇洵、蘇軾、蘇轍等其出身都比較貧寒，正是公平的競爭，才使他們脫穎而出。因此，他們在入仕或執政後，自覺地把國家命運和個人命運聯繫起來，在學術上體現出來的是百花齊放、百家爭鳴。工商階層在過去歷來受到鄙視，但宋代商品經濟的發展，改變了人們的觀念，允許其中有「奇才異行者」參加科舉考試，因而出現了「今世之取人，誦文書，習程課，未有不可為吏者。其求之不難，而得之甚樂，是以群起而趨之。凡今農工商賈之家，未有不捨其舊而為士者也」[37]的現象。這種現象的產生，具有劃時代的意義，突出表明宋代社會的時代特徵。

其三，為了杜絕官僚結黨營私，防止主考官和考生結成「恩師」和「門生」的關係，宋初規定：「國家懸科取士，為官擇人，既擢第於公朝，寧謝恩於私室？將懲薄俗，宜舉明文。今後及第舉人不得輒拜知舉官。……如違，御史台彈奏。……不得呼春官為恩門、師門，亦不得自稱門生」[38]。這就避免了唐代「恩出私門，不復知有人主」的情況，使應試舉人都是天子門生。宋代官員互為攻

---

34 《宋會要輯稿‧選舉七》之二《舉士十三‧親試》小注。
35 《宋會要輯稿‧選舉一》之十三。
36 轉引陳植鍔《北宋文化史述論》，66頁，北京，中國社會科學出版社，1982。
37 蘇轍：《欒城集》卷二十一《上皇帝書》。
38 《宋會要輯稿‧選舉三》之二。

擊，標榜自我，學術上標新立異，但在對國家、君主上卻極為忠誠，實與科舉改革有著密切的聯繫。

其四，為限制勢家與孤寒之士競爭，採取了諸種措施：一是複試。太祖開寶元年（968 年）三月下詔：「自今舉人凡關食祿之家，委禮部具析以聞，當今覆試」[39]。後依唐制，增加殿試。殿試與省試不同。在殿試時，不分貴冑子弟或平民舉人，一律另出題考試。在殿試時有意限制勢家子弟，表面上是怕別人說皇帝有私心，實則是打破唐以來「科名多為勢家所取」[40]的壟斷局面，使更多的孤寒之士能有機會進入官僚政體之中。二是別試。別試濫觴於唐代，但僅限於禮部侍郎與考功員外郎親戚之間互相移試，不為定規。宋代別試有考官親戚別試，差官主開封府、國子監的發解權，另選考官主試開封府、國子監別試，後來又推廣到外郡發解試。除殿試外，所有貢舉均有別試。三是鎖廳試。鎖廳試即現任官無出身者應進士試，宋代對此類人限制極嚴，「試鎖廳者，州長吏先校試合格，始聽取解；到禮部不及格，停其官，而考試及舉送者，皆重置罪」[41]。考試時，有官者別設場屋，以防作弊。考試成績優異，亦不能擢為狀元，即便殿試第一，亦降為第二。這些措施，均為限制勢家。

其五，為防止考官和舉子作弊，也有嚴格的措施。一是鎖院。宋初貢舉襲依唐代，知貢舉官受命後，不立即入闈鎖宿，有足夠時間接受請託，營私舞弊。太宗淳化三年（992 年），翰林承旨蘇易簡受命知貢舉，直接進入貢院，以避請託，後來形成定規，凡一經任命的知貢舉官員必須立即鎖宿。真宗時重申此制，即使是各類發解官的考官也一樣鎖宿。二是別頭試。真宗時，監察御史張士遜任考場巡鋪官，因有親戚應試，向主考官提出辭呈，以避嫌疑。真宗立即下詔：自今舉子與試官有親嫌者，移試別頭[42]，遂稱為「別頭試」。三是封彌，又稱「糊名」。淳化三年（992 年），殿試禮部奏名合格進士，太宗採納將作監丞陳靖的建議，實行「糊名考校」法，即糊住舉子試卷前面的姓名、鄉貫，也要糊住考官定

---

39 《續資治通鑑長編》卷九。
40 《宋史》卷一五五《選舉一》。
41 《續資治通鑑長編》卷二十九。
42 王林：《燕翼貽謀錄》卷五《初立別頭試》。

的等第。在決定錄取名單時，再行拆封，藉以革除考官「容私之弊」[43]。不僅殿試糊名，省試糊名，州郡發解試也糊名，而且連開封府、國子監以及別頭試都糊名。四是謄錄。封彌制實行後，有些考官指使舉子在試捲上作暗號，所以真宗大中祥符八年（1015 年）又創設謄錄院，派書吏將試卷抄成副本，考官評卷時只看副本，防止考官辨認筆記以及其他事先商定的密記。

其六，為籠絡士人，宋代科舉除擴大錄取名額外，還有其他措施：一是設立特奏名制，即為照顧屢試不中的舉人，而設立特奏名制，對其法外施恩。太祖開寶年間規定：凡舉子參加十五次以上考試終場者，特賜本科「出身」。真宗時又賜特奏名五次以上應試者本科等「出身」，年老者授將作監主簿。到景祐元年（1034 年）正式規定：「進士五舉年五十，諸科六舉年六十，嘗經殿試；進士三舉、諸科五舉及嘗預先朝御試，雖試文不合格，毋輒黜，皆以名聞，自此率以為常」[44]。二是廢除釋褐試。唐代進士及第後，不立即授官，尚須應吏部釋褐試，而朝中無人的寒士，多不能中選。宋代取消釋褐試，進士及第後，可直接授官，而且不需多年，就可「赫然顯貴」[45]。

宋代的科舉取士，較之唐代，日趨完善，成為宋以後選拔人才的主要途徑。這一政策的實施，產生的社會作用是很大的，從政治上講，打破士族門閥的壟斷地位，取士面向社會各階層，既加強了中央集權，又為統治階級網羅了優秀的人才，有利於政治穩定。從思想文化上講，這一政策影響更深，宋代文化之所以繁榮發達，學術上百花齊放、百家爭鳴，也與士人階層被重視分不開。從社會心態上講，宋人重視氣節、忠君愛國，也與科舉改革有著莫大關係。

---

43 同上。
44 《續資治通鑑長編》卷一一四。
45 《文獻通考》卷三十一《選舉四·舉士》。

# 二、制舉

制舉也稱制科、賢良科、大科等。宋代的制舉已不像唐代那樣被人視為「雜色」之科，隨著科舉的改革，範圍的擴大以及在社會中所產生的影響，制科也已成為體現皇帝對臣下恩寵的「大科」了。宋太祖乾德二年（964年），准兵部尚書張昭之請，制科內設有「賢良方正能直言極諫」、「經學優深可為師法」、「詳閑吏理達於教化」等科目，並規定現任官員或普通百姓均可以自薦應考，應試者「對御試策一道，限三千字以上」[46]。所以，當時的宋朝人多在詩文中讚揚此科之「公正」，稱此科為「賢良科」。

宋代最初的制舉考試是應考人直接接受皇帝的考試。宋仁宗以後，則選派考官先在秘閣（宋代收藏古今圖書典籍的地方）舉行預試，通過者才可以參加皇帝的御試。所以，史料中也有把制舉考試稱為「閣試」的，把閣試合格通過者稱為「過閣」。在制舉中，當時的朝廷規定：官員考取後可以陞官，百姓考取後可以得官，而且這些官職都不設置在邊遠偏僻的地方。這些優厚的待遇也表明了宋代制舉優於貢舉，為眾科之最，所以宋代稱它為「大科」。宋代舉行的制舉考試並不很多。據統計，南北兩宋共計不超過二十二次。其幾次主要的制舉情況是：

開寶八年（975年），宋太祖詔地方官薦舉孝悌力田，奇才異行和文武幹才，雖當時被推薦應舉者七百四十人，但經考試，均不合格。

真宗景德二年（1005年），根據盛度的建議，制舉設置賢良方正能直言極諫，博通墳典達於教化，才識兼茂明於體用，武足安邊洞明韜略，運籌決勝軍謀宏遠材住邊寄，詳明吏理達於從政六科。但後經人提議，以「國泰民安」為由，不再設此科。

仁宗天聖七年（1029年），准夏竦之請，恢復制舉，並增設為十科，新科為：高蹈丘園，沉淪草澤，茂才異等，書判拔萃。

---

46 《卻掃編》卷下。

熙寧七年（1074年），朝廷以「進士已罷辭賦，所試事業，即與制舉無異」[47]為辭，再罷制舉。

哲宗元祐二年（1087年），再次恢復制舉。但在紹聖元年（1094年）九月，又以「制科試策，對時政得失，進士策亦可言」[48]為由，第三次廢除制舉。

南宋高宗紹興元年（1131年）正月，又一次恢復制舉，但此次只設賢良方正能直言極諫一科，且應試甚少，「自復制科七十年，但李仲信一人而已」[49]。

宋代的制舉，共分為五個等級。第一、第二等級不授人；而事實上只有第三等級以上才頒授，因此第三等級便是最高一檔，相當於進士科的第一名；第四等級相當於進士第三名，都賜制科出身；第五等級相當於進士科第四名，賜進士出身。制舉由於錄取名額少，要求嚴格，待遇優厚，因而考取也相當困難，其地位也高於進士科，其中選中者極少，而選中者在數年之後，即可為高官。據統計，南北兩宋共有四十人中制科，其中富弼一人高至官為宰相，此外，位至高官的還有夏竦、吳育、張方平、田況、蘇軾、蘇轍、余靖、范百祿等人。

# 三、童子舉、武舉、「三舍法」

宋代童子舉沿襲唐代舊制，設童子科或稱神童試。凡十五歲以下，能通經做詩賦的童子，可由州官推薦，均可參加應舉。太祖時，賈黃中六歲中童子舉；太宗時，楊億十一歲中童子舉；真宗景德二年（1005年），十四歲的晏殊和十二歲的姜蓋參加童子舉，晏殊被賜進士出身並授秘書省正字，姜蓋賜學究出身。然真宗以後，童子舉時興時廢。到南宋度宗咸淳三年（1267年）廢除童子舉後，再無恢復。

---

47 《續資治通鑑長編》卷二五三。
48 《宋史》卷一五六《選舉志二》。
49 《建炎以來朝野雜記》卷十三。

武舉在北南兩宋時期都曾實行。武舉也分省試、殿試。一般先是試騎射，然後再試筆試策問，最後以對策的成績來評定錄取資格，以騎射弓馬的成績決定等級高低。

　　在宋代，與科舉相配，曾在一個時期內實行過「三舍法」取士。北宋初年，京城開封府設置國子監，為貴族官僚子弟之專用，當時規定國子監的畢業學生可以直接參加科舉的省試。但由於學生太少，不久便擴大生源，允許一些學業優異的普通士人，在本鄉官員的保舉下，入監學習。宋神宗時，王安石實行變法，強調辦學校對選官取士有重要意義，於是便把國子監的學生分為外舍生、內舍生、上舍生三個等級。如果成績優異，外舍生可升為內舍生，內舍生可升為上舍生。如果考至上舍上等，即可以直接授官；若考至上舍中等，則可以直接參加科舉的殿試；若考為上舍下等的，可直接參加科舉的省試。這時候三舍法取士便與科舉考試同時並行了。

　　宋哲宗時，又詔令各地方州縣學校也實行三舍法。各州每年以其上舍生一人，內舍生二人貢入太學；州之上舍生補入國子監的內舍，州之內舍生補入太學的外舍。宋徽宗崇寧三年（1104 年），停辦科舉，專設三舍法。這種情況延續了二十年，至徽宗宣和三年（1121 年），又恢復了舊的科舉制度，並且規定三舍法只限於國子監實行。

## 第四節·
# 獨具特色
# 的教育思想

　　兩宋時期的教育思想，內容十分豐富。不僅表現為理學教育思想內部有各種不同的派別，而且還表現為與理學教育思想異趣的「新學」教育思想和事功學派的教育內容，湧現出了一大批有重要影響的思想家、教育家和實踐家，他們分別從各自不同的角度，對教育理論、教育問題和教育方法進行了深入的探討，發表了不同的看法，顯示出了獨具特色的教育主張，極大地豐富和充實了中國古代教育思想寶庫。


## 一、重教思想

　　自孔子以來，儒家的歷代學者都以「治國平天下」為己任，以為有善人才能有善政，興教育培養人才是治國平天下的大事。因此，在宋代，著名的政治家、思想家、教育家都繼承了這一傳統，對教育的作用、目的和方法均作出了頗為精彩的論述，稱教育可以興國立邦，可以教人從善。

　　宋代較早的教育思想家胡瑗（993-1059 年）一生不進科場，淡泊功名，但對教育卻竭心盡力。北宋初年，針對當時學校凋敝，只付科舉的狀況，胡瑗提

出：「致天下之治者在人才，成天下之才者在教化，教化之所本者在學校。」[50]在他看來，教育是治國的根本，要治理好國家必須要造就人才，而人才又必須要通過學校來培養。因此，只有大力興辦學校，真正以學校來作為培養人才的基地，才能達到「明教化、成風俗」的目標。所以，必須改變目前「科舉日益重，學校日益輕」的狀況，鞏固教化之本。為此，他自己貢其一生之精力，「夙夜勤瘁二十餘年，專切學校。始於蘇湖，終於太學，出其門者，無慮數千人」[51]。

在培養人的方針上，胡瑗強調「以體用為本」。就是以「明體達用之學授諸生」[52]。他認為不但要「通經」，而且要「致用」，只有「明夫聖人體用」[53]，才能夠「以為政教之本」[54]。「明體」的目的在於「達用」，學而不能用，就無任何意義可言。胡瑗在湖州教授時，立經義、治事二齋。「治事則一人各治一事，又兼攝一事。如治民以安其身，講武以御其寇，堰水以利田，算歷以明數是也。」[55]這是他「明體用之學」的必然邏輯，也是針對當時宋王朝政治、經濟、軍事等現實要求而產生和形成的教育思想。他認為「致天下之治者在人才」，因而確立了這條可貴的主張，並見之於教育實踐。

在培養人的實踐上，胡瑗強調三個方面：一是注重發揮和發展學生的特長，即「各因其所好，類聚而別居之」，使得學生中「好尚經術者，好談兵戰者，好文藝者，好尚節義者，皆使之以類群居，相與講習」[56]。顯示了胡瑗「因人施教」的特點；二是強調與實踐結合。即「每講罷，或引當世之事以明之」，[57]或「使論其所學，為定其理；或自出一義，使人人以對，為可否之，或就當時政事，俾之折中」[58]。顯示出把學生能力與教師誘導相結合的特點；三是注重社會調查。

50 《松滋縣學記》。
51 《宋元學案》卷一《安定學案》。
52 同上。
53 同上。
54 同上。
55 同上。
56 《宋元學案》卷一《安定學案附錄》
57 《塵史》。
58 《宋元學案》卷一《安定學案附錄》。

即「必遊四方，盡見人情物態，南北風俗，山川氣象，以廣其聞見，則為有益於學者矣」[59]。體現了他重知識來源，重與實際結合的特點。

范仲淹（989-1052 年）是「慶曆新政」的倡導者，一生重視教育發展。無論是擔任地方行政官員，還是指揮邊防軍事，或是參政中央，都非常重視興辦學校，建立書院。提出了「欲治天下，必先察學」的主張，認為「善國者，莫先育才，育才之方，莫先勸學」[60]。只有大力興辦學校，才能使士子入仕之後，「列於朝則有制禮作樂之盛，布於外則有移風易俗之善」[61]。由此便可王道興，天下治。事實上，他在慶曆年間大興學校，就是基於這種思想。

在大力興辦學校的同時，范仲淹也提出了明確的教育目的，即既要培養治國治人的人才，也要培養其他方面的實用人才。他說：「天下治亂，繫之於人，得人則治，失人則亂。」[62]認為：「國家之患，莫大於乏人」。[63]而缺乏人才的原因，就在於「誠教育有所末路，器有所未就而然耶」。[64]所以，必須重視教育，培養人才，「敦教育之道，則代不乏人。」[65]

王安石（1021-1086 年）是宋代著名的教育改革家。他的教育思想有許多獨到之處。他從廣闊的社會改革這種大背景來觀察和思考問題，把教育理論和實踐，始終同他的政治實踐與變法改革活動交織在一起。他指出：人才是國家的棟梁，人才得失事關國家的盛衰安危。又說：「國以任賢使能而興，棄賢專己而衰。此二者必然之勢，古今之通義，流俗所共知耳。」[66]寥寥數語，言簡意賅，反映這位「中國十一世紀的改革家」在人才問題上的遠見卓識。正是基於此，王安石十分注重學校的興辦，說：「古之取士，皆本於學校……自先王之澤竭，教

---

59 《默記》卷下。
60 《范文正公集》卷九《上時相議制舉書》。
61 《范文正公集》卷三《代人奏乞王洙充南京講書狀》。
62 《范文正公集·得地千里不如一賢賦》。
63 《范文正公集·邠州建學記》。
64 同上。
65 《范文正公集·上執政書》。
66 王安石：《臨川文集》卷四十二《興賢》。

養之法無所本，士雖有美才而無學校之友以成就之，議者之所患也。」[67]並且多次向朝廷呼籲：「天下不可一日而無政教，故學不可一日而亡於天下」！[68]


## 二、重視德行修身的思想

宋代的教育家十分重視德行修身，始終把道德教育放在首位。他們在道德建設方面最突出的特點就是強調學校、社會和家庭三重教育並舉。在官學、私學和書院教育中都很重視加強對學生的道德教育，大力提倡教書育人的思想。要求教師不但要學識淵博，還要力行仁義道德；教師不但對學生傳授知識，還要培養學生的道德人格。張載認為，學習就是為修身進德。即：「博學於文以求義理。……勤學所以修身也，博文所以察德也，唯博文可以力致。」[69]他要求教師應以身作則，自己德性充實，便可使他人隨而自化。即：「天理者時義而已。君子教人，舉天理以示之而已。其行己也，迪天理而時措之也。」[70]「己德性充實，人自化矣，正己而正物也。」[71]程顥（1032-1085 年）、程頤（1033-1107 年）在從事教育實踐的幾十年中，總結出了「涵養須用敬，進學在致知」的教育指導思想，提出了教育的目的是為了培養出德才兼備的人才。朱熹（1130-1200 年）是儒家學術思想的集大成者，是儒家教育思想的重要代表人物。在教育指導思想上，他始終把道德教育放在首位。他說：「立學校以教其民……必始於灑掃、應對、進退之間，禮、樂、射、御、書、數之際，使之敬恭，朝夕修其孝悌而無違也。然後從而教之格物致知以盡其道，使之所以自身及家，自家及國而達之天下者，蓋無二理。」[72]

重視社會教育，並把社會教育同地方政權建設、社會風俗改造和封建道德知

---

67 《乞改科條制札子》。
68 《慈溪縣學記》。
69 《張載集・經學理窟・氣質》。
70 《張載集・正蒙・誠明》。
71 《張載集・語錄上》。
72 《尤溪縣學記》。

識的普及結合起來是宋代進行德行修身的一個特色。一些政治家、思想家和教育家紛紛從不同的角度對百姓進行德性教育和道德灌輸。如范仲淹十分重視品德教育，提倡人們要樹立先天下而後自己的人生觀。宋朝統治者大力宣揚尊孔崇儒，對民眾進行封建倫常的教育，時常用詔令、文告的形式訓育民眾。而理學家們更是身體力行，把「布宣德化、導迪人心」，「正名分原風俗」[73]看作是己任。要求百姓做到「家家孝友，人人雍和，息事省爭，安爭循理」[74]。同時，還把道德教育深入到基層，藉助鄉里、宗法和家庭的力量，利用封建基層行政組織和家族組織施行教育，其主要的形式有「鄉約」、「宗規」、「家訓」。宋代著名的「鄉約」是北宋呂大忠、呂大鈞兄弟制的《蘭田呂氏鄉約》。南宋時，朱熹在此鄉約的基礎上，「取其他書及附己意稍增損之」，形成了《增損呂氏鄉約》加以推廣。「宗規」、「家訓」宋以前已有之，從宋代開始便逐漸增多。范仲淹制訂的范氏「義莊規矩」為宋代封建家庭組織的族規、家規的建立樹立了典範。這些措施對團結、教育族人起了重要的作用。

宋代把家庭教育作為道德教育的重要組成部分。宋代重視家規、家訓，通過家教，使人們從小就受到道德教育，有助於士庶百姓接受傳統的思想道德。宋代家教因當時社會現實所致，尤其突出了愛國主義教育，湧現出了許多愛國世家。如楊（繼業）家，岳（飛）家等。不僅形成了好的家風，而且成為中華民族寶貴的精神財富，為人民世代效法。

宋代十分重視道德教育的方法，許多思想家都各自從不同的角度闡發了自己的思想主張：二程重視「敬」的功夫和「誠」的境界，提出主敬存誠。「敬」是專心、主一，心不分散。「誠」是真實、無邪、不虛猾。要達到誠的境界，必須從敬入手。他們認為，敬是學聖入道的突破口，「敬為學之大要」[75]，「入道莫如敬，未有能致知而不知在敬者」。敬的作用在於祛除私欲的干擾，二程說：「一不敬，則私欲萬端生焉。害仁，此為大。」[76]他們認為，有了敬的功夫，才能達

---

73 真德秀：《譚冊論俗文》。
74 真德秀：《再守泉州勸諭文》。
75 《河南程氏粹言》卷一。
76 同上。

到「誠」的境界。當然，不敬就無誠可言。二程還反覆強調道德教育必須知其理，做其事，真知力行，知行統一。在他們看來，道德教育必須以知為本，落實到「行事動容周旋」之中。指出，學是為了致用，知是為了行；學者不患不能知，患知而不能行。如果徒知其理，不做其事，甚至言行相悖，那就無益於社會，是學者之大患，為二程所堅決反對。

朱熹主張以立志、主敬、存養和省察為四大端的修養方法。「所謂志者，不是將意氣去益他人，只是直截要為堯舜。」[77]也就是要樹立學為堯舜或為聖賢的遠大目標。所謂「主敬，不是萬慮休置之謂，只是隨事專一，謹畏不放逸耳。非專是閉目靜坐，耳無聞，目無見，不接事物，然後為敬。整齊收斂這身心，不敢放縱，便是敬。嘗謂敬字似甚字，卻是個畏字」[78]亦即培養小心謹慎的道德態度。所謂「存養」，就是要求學者專心。說：「如今要下工夫，且須端莊存養，獨見昭曠之原，不須枉費工夫鑽紙上語。待存養得此昭明洞達，自覺無許多窒礙，恁時方取文字來看，則自然有意味，道理自然透徹，遇事自然迎刃而解，皆無許多病痛。」[79]所謂「省察」就是在人的私欲「將發之際」和「已發之後」，進行反省和檢察，把私念去除。說：「深察私意之萌多為何事，就其重處痛加懲窒，久之純熟，自當見效。」[80]

王安石提出：「善教者浹於民」的思想。他認為，教育方法的根本精神在「浹於民心」，即潤澤浹洽於受教者之心，使他的思想真正有所感動，有所變化，不在於「暴為之制，煩為之防，劬劬於法令誥戒之間」[81]。如果單純依賴規章制度為手段，這是「以道強民」，是形式主義的東西，不可能得到圓滿的效果。教育的良好方法在於「以道擾民」，用現在的話來說，就是以正確的思想來打動受教育者的內心世界，使其從心坎裡心悅誠服。王安石還認為，道德教育必須從實際出發，按規律辦事。根據社會的具體情況和可接受的道德標準來「因材

77 《朱子語類》卷八。
78 《宋元學案·晦翁學案》。
79 同上。
80 《性理精義》。
81 《原教》。

施教」，注重思想教育的微妙性。

## 三、蒙童教育思想

　　宋代的許多教育家十分重視兒童教育。他們在總結前人教育經驗和自身教育實踐的基礎上，從人的心理特徵出發，提出對兒童進行學前教育和學校教育的主張，並認為二者是相互聯繫的一個整體，是整體中的不同階段。而每個階段其心理和生理的特徵又不盡相一，因此，所實施的教育內容和方法也應有所不同。

　　兒童教育是青年與成人教育的基礎。朱熹把八歲以前這一階段的教育稱之為學前教育。認為這一階段對兒童管教要嚴，做到有教有愛，倘若嬌生慣養，任其所為，致使「驕惰壞了，到長亦凶狠」。朱熹把學校教育分為「小學」和「大學」兩個階段。這兩個階段的劃分是以年齡和智力為標準的。因而在學習的內容和培養的目的、要求上也有所不同。在他看來，八歲至十五歲是小學階段，是打基礎的階段，教授的內容是「學其事」，即須從灑掃應對進退開始，將倫常禮教教給兒童，進而再教給他們詩、書、禮、樂之文，使兒童在日常生活和具體行事上，熟悉倫理綱常，達到存養已熟，根基已深的程度。他指出：「人生八歲，則自王公以下，至於庶人之子弟，皆入小學，而教之以灑掃、應對、進退之節，禮、樂、射、御、書、數之文。」[82]兒童通過「興其事」而知其然並養成習慣，形成封建教育所要培養的人格。

　　朱熹非常重視小學階段的教育，他曾專門編著《小學》作為這個階段的教材。在《小學》一書裡，他把古人賢人的「嘉言懿行」彙集起來，分為內篇和外篇，共三百八十五章，以立教、明倫、敬身、稽古為綱，以君臣、父子、夫婦、長幼、朋友、心術、感化、衣服、飲食為目，引用許多格言故事，具體而形象地向學生舉出榜樣，使學生即讀、即教、即知、即行，通過行動，學習榜樣，達到

---

82 《朱子文集》卷七十六《大學章句序》。

「習與智長，化與心成」。朱熹的這些主張，是有著一定的教育心理意義的。與此同時，他還提出了兒童教育內容、方法的特點及其理論根據，如「小學是事，如事君、事父兄等事」。「小學之事，知之淺而行之小者也。」「學之大小，固有不同，然其為道，則一而已。是以方其幼也，不習之於小學，則無以收其放心，養其德性，而為大學之基本。……是則學之大小所以不同，特以少長所習之異宜，而有高下，深淺，先後，緩急之殊。」[83] 由此來看，朱熹強調對兒童進行教育，不僅要求講究教育規律的一般性，而且也已初步觸及了兒童年齡階段的特點，要求教育者要適應兒童生理、心理的具體情況來實施教育手段。這些見解，反映了朱熹對學生培養規律上的一定認識，從一定意義上說豐富和發展了中國古代教育理論的內容。

程端蒙（1143-1191 年）和董銖（1152-？年）是南宋時期著名的理學家、教育家。他們在廣泛傳播理學的同時，也十分重視研究兒童教育的理論和方法。其中他們所著的《性理字訓》和《程董二先生學則》就是這方面的代表。

《性理字訓》，是程端蒙為小學編著的教科書。其內容是將《四書集注》的基本理學思想精練成命、性、心、情、才等三十個基本概念，然後用易接受的事例，通俗地加以闡釋，並和以聲韻，作為小學生學習理學的啟蒙書。在這本書裡，程端蒙把教育目標與理學修養目標統一在一起，就是要通過這種啟蒙，使學生從小就能達到「存天理，滅人欲」的精神境界。而在教授的方法上，則是先使學生明白：「性即理也」，然後引導他們樹立堅持天理的大志，從「明理」、「修身」兩個方面進行修養和內省體驗，從而達到滅去人欲，改變氣質，恢復天命之性的目的。這本書沒有按照一般理學家的著書習慣，從理的方面去展開討論，而是從性論講起，以闡述如何做人，如何去惡從善為內容，同時又十分注重聲韻，淺近易懂，易誦易記，在社會上產生了廣泛的影響。可見，他對兒童教育必須重視思想化、知識化、通俗化相結合的規律已有所認識，此等認識是值得稱道的。

《程董二先生學則》，是程端蒙和董銖二人合著的小學生學則，共十八條。

---

83 《朱文公文集·小學輯說》。

根據朱熹關於小學階段的教育目標，《學則》主要分為兩個部分，一部分為有關對兒童進行道德培養的基本原則，另一部分為引導學生學習的方法。通過這些規定，我們可以看出，程、董二人具體地發揮了朱熹的教育思想和主張，並由此而構成了一個理學教育的模式。如在《學則》中規定：「居處必恭」、「步立必正」、「視聽必端」、「言語必謹」、「飲食必省」等，完全是朱熹關於對小學生應教之以「灑掃進退禮節」的具體體現。這部《學則》與朱熹的《白鹿洞書院教條》相配合，構成了一整套培養道學家的教育大綱。

# 四、務實循序的教育方法

宋代的學校，無論官學、私學、書院還是私塾，掌教者大多是有一定聲望和教養頗深的學者。他們在長期從事教學實踐，耕耘探索的過程中，積累和創造出了許多成功的經驗，形成了一套行之有效的，帶有規律性的教學方法。這些方法不僅是中國古代教育思想中的精華，而且在文化的發展史上也應占有一定的位置。歸納起來，著重介紹以下幾個方面：

1. **分齋施教**　胡瑗長期從事教學活動，經驗十分豐富。事實上，考察胡瑗一生的教育實踐，其中最精彩的部分之一，就是他的「分齋施教」的教學方法。他一反過去那種「仕進尚文辭而遺經業，苟趨祿利」的學風，主張經義實學並重，設經義、治事二齋，對學生實行分齋教授。經義齋，「則選擇其心性疏通，有器局，可任大事者，使之講明六經」。[84] 顯然，這是專門研究儒家經典為主要教學內容的，其目的是為其統治階級服務的。治事齋，「一人各治一事，又兼攝一事，如治民以安其生，講武以御其寇，堰水以利其田，算曆以明其數是也」。[85] 可見，治事齋實則是分科教學，所開科目主要有：治兵、治民、水利、算數等，學生專治一門主科，同時兼治一門副科，或專或兼，各因不同情況而定。這種分

---

84　《宋元學案·安定學案》。
85　同上。

齋教學和設立主副科的制度，在當時來說是件了不起的改革。

**2. 因材施教**　「因材施教」是一條教學原則和教學規律。因此，多為宋代教育家們所重視。胡瑗重視因材施教。《宋元學案·安定學案》中說：「先生（胡瑗）初為直講，有旨專掌一學之政。遂推誠教育多士，亦甄別人物。故好尚經術者，好談兵戰者，好文藝者，好尚節義者，皆使之以類群居講習。先生也時時召之，使論其所學，為定其理；或出自一義，使人人以對，為可否之；或即當時政、俾之折中。故人人皆樂從，而有成效。」在因材施教的過程中，胡瑗的具體做法也是靈活多樣的，但總的精神是從學生的實際出發，發揮教師的主導作用，把學生和教師的積極性很好地結合起來，所以取得了「人人皆樂從，而有成效」的卓越業績。胡瑗的這種方法對宋以及宋以後的學校教育影響甚大。張載的「教人至難，必盡人之才乃不誤人，觀可及處然後告之。……人之才足以有為，但以其不由於誠，則不盡其才」[86]的思想，朱熹的：「草木為生，播種封植，人力已至，而未能自化。所少者，雨露之滋耳，及此時雨之則其他迷矣，教人之妙，亦猶是也」。[87]把因材施教比喻為雨露對草木的滋養的思想，可以說是繼承和發揮了胡瑗因材施教的教學主張。

**3. 循序施教**　「循序施教」是教學原則和教學規律的另一重要方面。張載認為，教學過程是知識積累的過程，通過知識的積累和深化，才能掌握事物的根本道理，所以教學要循序施教。他說：「教人當以次，守得定，不委施。」[88]「窮理亦當有漸，見物多，窮理多，如此可盡物之性。」[89]朱熹根據教學內容和學生心理特點，提出了在教學中要貫徹由近及遠，由淺入深，由易到難，循序施教的教學原則和方法。他說：「事有大小，理無大小。故教人有序而不躐等。」[90]「必自易知而易從者始。」[91]「先傳以小者近者，而後教以大者遠者。」[92]又說：「學不

---

86 《張載集·語錄抄》。
87 《朱子語類》卷三。
88 《張載集·語錄上》。
89 同上。
90 《小學·嘉言》。
91 同上。
92 同上。

可躐等，不可草率，徒費心力。須依次序，如法理會，一經通熟，他書亦易看。」[93]教學是如此，讀書也是如此。「只在眼前日用的便是，初無深遠幽妙。」[94]「於顯處平易處見得，則幽微底自在裡許，且於近處加功。」[95]這裡所說的低處、平易處、眼前的日用處，都是指的基礎，為學就應當從基礎抓起，扎扎實實去做，才能夠最終達到高處，幽微處，深遠幽妙處。因此，朱熹說：「讀書之法，當循序而有常。」[96]所謂循序施教，就是要求讀書必須由易到難，由近及遠，「如攻堅木，先其易者而後其節目；如解亂繩，有所不通，則如置而徐理之，引讀書之法也」[97]。

當然，以上的教育思想代表著宋代諸位思想教育家的基本觀點和內容。除此之外，還有許多教育實踐者從不同的方面，提出過有著一定價值和特色的教育思想，如呂祖謙（1137-1181 年）的「教以國政，使之通達政體」，重視實踐與理論結合的學以致用的觀點，以及「學者須當為有用之學」[98]，「為學要須日用間實下工夫」，「以務實躬行為本」，重在實用的思想；陸九淵（1139-1193 年）的以心學為主，「教人做個人」，強調內心自省，注重個人人格修練，主張「自省、自覺、自剝落」的思想；周敦頤（1017-1073 年）的「學為聖人」的思想以及石介（1005-1045 年）的「張而不急，弛而不廢」，注重學生勞逸結合，以達「優游而至道」的思想等。這些均對今天的教育發展有著一定意義的借鑑價值。

綜觀宋代諸家的教育思想，我們不難看出，他們都是在繼承前代思想家、教育家的基本教育思想的基礎上，並根據各自的哲學，政治觀點加以發揮和改造，從而形成了各具特色，觀點鮮明的教育理論和教育思想；而各家又相互影響，相互揚棄取捨，不斷地加深著自己對教育本身的認識，不斷使自己的教育方法趨於成熟和完善。這些思想和主張不僅促進了當時教育的發展，而且也為後世的教育事業起到了相當大的推動作用。

---

93 《朱子語類》卷十。
94 《續近思錄》卷二。
95 《朱子語類》卷八。
96 《學規類編》。
97 《朱子大全·讀書之要》。
98 《左氏傳說》卷五。

第八章

# 繁榮的史學和
# 史學的走向

　　我們這裡不是簡單地羅列宋代史學的成就，也不是談宋代史學史，而是從文化史角度審視宋代史學，考察它體現出的時代精神，著重把宋代史學放在文化思潮的大背景下，討論它的特點與價值。

第一節‧

# 中古史學
# 的極盛時期

兩宋史學出現了許多新的變化，這些變化概括起來有以下幾個方面：一是史學觀念的深化，從資鑑求治到貫通天人古今，思考歷史的走向，反映出史家、思想家從更高層次上對歷史的總結。二是修史制度和修史機構日臻完善並得到了統治階級的高度重視。三是史家輩出，群星燦爛。四是史學典籍豐富，新的史書體裁出現。特別要提出的是，史學是文化的重要組成部分，它的變化是社會變動的反映，同時史學與其他學科的發展又是緊密相關的，就兩宋文化來說，理學與史學的相互作用是我們要著重探索的課題。

## 一、修史機構的完善

宋代的修史機構主要有起居院、日曆所、實錄院、國史院、會要所、玉牒所等。修史機構的完善是宋代右文政策的體現，也反映了宋代帝王力求從歷史中、從前朝帝王理政的得失上，尋找值得借鑑的經驗教訓，以擺脫危機，鞏固自己的統治。

　　**1. 起居院**　宋代設立的起居院，是起居注編修的地方，其官佐由左、右史發

展而來。宋初在門下省設起居郎一員，中書省設起居舍人一員，名義上是記注之官，而實際上是「以起居郎、舍人寄祿，而更命他官領其事，謂之同修起居注。」[1]起居郎、起居舍人「不治本省事，以三館校理以上修起居注。天子御正殿，記注官不侍左右，唯朝對立於香案前。常日則更番遞直於崇政、延和二殿，行幸則從上出入，皆所以書言動，備記錄以授史官」[2]。宋初雖設起居院，但「關勒送史館，不復撰集」[3]，也就是說宋初起居院並無多大職掌。到淳化五年（994年），起居院徙移禁中，並制訂起居格式，擬修注制度，這樣起居院才開始修注工作。神宗熙寧四年（1071年）曾詔諫官兼修注者，因後殿侍立，許奏事。宋代起居之官的選用比較慎重，因為記注之官接近帝王，有時參與朝政，所以選任時「例以制科進士高第，與館職有才望者兼用」[4]。起居注官是被視為榮耀的職官，更甚者，館職升遷，起注官是其中介和台階，誠如歐陽修所說：「選三館之士當升擢者，乃命修起居注」[5]。宋代所修的起居注，並非只記皇帝的言行，有時也記重要的朝政，諸如朝廷命令、赦宥，執政官以下進對，文臣御史、武臣刺史以上除拜、祭祀、燕享、臨幸、引見之事，日月、星辰、風雲、氣候之兆，郡縣祥瑞之符，閭閻孝悌之行，戶口增減之數等[6]。修起居注的根據，除左、右史所記內容外，「間有不得預聞者，並以台、省、寺、監及諸處供報文字修纂」[7]。起居注作為當代史，主要是記述帝王的言行，帝王本人是無權看的。但是宋初修起居注「先以進御，後付史館」[8]，皇帝是必須首先審閱的，結果造成記注之人「唯據諸司供報，而不敢書所見聞」，「事關大體者，皆沒而不書」[9]，因此許多重要的東西因為怕引起帝王反感而不敢寫進去。宋代的起居注從太宗淳化五年（994年）開修，一直到南宋末年都沒有停止，但大多散佚，尚存者有周必大

---

1 《宋史》卷一六一，職官一《起居舍人》。
2 《宋會要輯稿》職官二之十。
3 同上。
4 《宋會要輯稿》職官二之十三。
5 歐陽修：《歐陽修全集》奏議集卷十二《論史館日曆狀》，北京，中國書店，1986。
6 《宋會要輯稿》職官二之十三。
7 《宋會要輯稿》職官二之十五。
8 《宋會要輯稿》職官二之十一。
9 《歐陽修全集》奏議集卷十二《論史館日曆狀》。

《起居注稿》一卷，周密輯《乾淳起居注》一卷。

2. **日曆所**　日曆所創建於唐朝後期，宋立國之初即建日曆所，並把編修日曆作為一種制度固定下來。宋初日曆所歸門下省編修院，專掌國史實錄，修纂日曆。元豐四年歸史館。元祐五年（1090 年）又歸國史館，北宋末年又還歸秘書省。日曆所「以著作郎、著作佐郎掌之。以宰相時政記、左右史起居注所書會集修撰，為一代之典」[10]。所以編修日曆，一般以宰相提舉，所依據的資料是「依時政記、起居注及諸司報狀，排日甲乙，編而集之」[11]；同時也廣泛蒐集一些文臣武將的墓誌、行狀等。因此宋代編修日曆材料是比較豐富的，制度也相當嚴密。諸司提供的文字有期限要求，過則罰之；編修官若出現文字錯誤，同樣也要受到處罰。宋代修日曆，從太宗朝開始一直未斷。現存宋代的日曆有《熙豐日曆》和《建炎日曆》等。

3. **實錄院、國史院（或作國史實錄院）**　實錄院和國史院都是國家修撰正史的機構，實錄是官修當代編年體的成書，國史是官修紀傳體的成書。宋初史館是修史機構，元豐改制後，「每修前朝國史、實錄，則別置國史、實錄院」[12]。一般以宰相為提舉，修史人員則為別曹貼職學士為之。國史院、實錄院隸屬於秘書省。元祐五年（1090 年），國史院隸門下省。後又歸秘書省。宋代編修實錄，「以日曆為根底；日曆之紀次，以時政記、起居注與諸司之關報為依據」[13]，同時還要徵集大量的私家撰述以及元老舊臣的回憶錄等，所以實錄資料是相當豐富的。宋代歷朝都有實錄的修撰，大多已佚，今存者有錢若水、楊億等人所修的《太宗實錄》殘本。

宋代所修的國史，屬於後一朝修前一朝的正史，從太宗雍熙四年（987 年）開始修太祖朝正史，到南宋寶祐五年（1257 年）修成高宗、孝宗、光宗、寧宗四朝國史。兩宋寫成十三部正史，不過都已佚散。宋朝所修的國史，屬於當代人

---

10　《宋史》卷一六四，《職官四》。
11　《宋會要輯稿》職官二之十七。
12　程俱：《麟台故事》卷四。
13　《宋會要輯稿》職官十八之一〇七。

所修，可信程度較高，但由於受到政治形勢的影響，國史在撰寫過程中難免有溢美隱惡、褒貶失當的情況，同時宋代又流行御覽國史的陋規，史書中出現曲筆現象難以避免，出現了所謂「國史凡幾修，是非凡幾易」[14]的情況。

**4. 會要所**　會要所也是秘書省下設置的修史機構。編修會要，也是以宰相提舉，行政隸屬上基本與日曆所、實錄院、國史院同為一套組織，只是編修官及所修書的內容不同，故有不同的機構名稱。會要所編輯會要分別門類，記錄一代典章制度及文獻掌故。主要是為當政者提供垂鑒的材料。王應麟說：「自昔帝王之興，必有一代之制，著在方冊，作則垂憲。若夫國有大典，朝有大疑，於是稽以為決，操以為驗。使損益廢置之序，離合因革之原，不待廣詢博考，一開卷而盡見，此會要之書所以不可廢也。會要之書，典故盡在，所以彌縫律令之闕，相為表裡」[15]。把會要的作用提得相當高，這就要求編修會要應力求完備、準確，以便達到「信疊矩重規之盛，便遺訓故實之求」[16]的目的。宋代編修會要引用的資料是很豐富的，大致有國史、日曆、實錄、詔令等等。因為會要許多內容涉及朝廷機密，因此，嚴禁雕印和傳抄。如元祐四年（1089 年），蘇轍使遼回國後，曾上書神宗要求立法禁絕雕印和傳抄會要、實錄，他認為：「凡議時政得失，邊事軍機文字，不得寫錄傳布。本朝會要、實錄不得雕印」[17]。如果不這樣做，「若使得流傳北界，則洩露機密」[18]。南宋時立法規定：「諸雕印御書、本朝會要及言時政邊機文書者，杖八十。並許人告。即傳寫國史、實錄者，罪亦如之」[19]。法律雖有嚴格規定，在實際過程中，官僚往往需要援引舊例，還是有寫本流傳的。

宋三百多年共修會要十一部，皆已散佚。

**5. 玉牒所**　玉牒所主要是掌修皇室族譜。其機構設置一般在祕閣之中。宋代

---

14 周密：《齊東野語》自序，北京，中華書局，1983。
15 王應麟：《玉海》卷五十一《嘉定國朝會要》，四庫全書本。
16 王珪：《華陽集》卷九《進國朝會要表》，叢書集成初編。
17 蘇轍：《欒城集》卷四十一，北京，中華書局，1990。
18 《宋會要輯稿》刑法二之三十八。
19 《慶元條法事實》卷十七，文書門二《私有禁書敕》。

的玉牒所始設於太宗至道初年，宰臣提舉。宋代所修的玉牒有四種，即皇帝玉牒、仙源積慶圖、宗藩慶系錄、宗支屬籍[20]。皇帝玉牒類似於正史中的帝紀，「專書一代大事」[21]。玉牒所雖屬修史機構，但因其內容專屬帝室，所以其規模要比實錄院、國史院、日曆所、會要所要小得多。

官修史書，宋代為盛，修史機構的完備，修史制度的健全都比前朝有很大進步，尤其官修史書屬於當代史範疇，更推動了統治者對修當代史的重視。宋代重視修史，主要出發點在於「訂正舊史，以明國論」[22]，完全是出於鞏固統治的需要。但是官修史書彙集了大量的文獻，這就為私家修史提供了極大的方便。因此官修史書促進了宋代當代史的發達；完備的修史制度，對宋代史學的輝煌發展起到了重要的作用。


## 二、新史體的創立

宋代史學的另一個顯著變化是新史體的創立。宋人是富有創新精神的，宋代文化的創新是多方面的，其中在史學上的突出成就就是史書體裁多樣化和新體裁的創立。

首先是振興編年體史書，其代表作是司馬光的《資治通鑑》。兩漢以後，編年體史書也有一些名著，如荀悅的《漢紀》、袁宏的《後漢紀》，但相對紀傳體史書的情況而言，編年體史書名家少，傳世之作更少。從唐後期，史家開始不滿意這種情形，就紀傳、編年體孰優孰劣展開爭論。北宋建立，宣傳春秋大一統的《春秋》學發達，要求貫通歷史總結盛衰的思潮出現，這些都促使編年體史書再度繁榮。其次是紀事本末體的創立，袁樞的《通鑑紀事本末》，是以事件為中心，同時吸收以時間為中心的編年體及以人物為中心的紀傳體的長處，自成一

---

20 《宋史》卷一六四，職官四。
21 《宋會要輯稿》職官二十之五十二。
22 李心傳：《建炎以來繫年要錄》卷一二一，「紹興八年八月壬午」。

體。宋孝宗稱讚袁樞的作品，說是「治道盡在是矣。」再者是朱熹創立的綱目體，其代表作是《通鑑綱目》，此種體裁的特點是「表歲以首年」，逐年上行外書年歲甲子等；「因年以著統」，即正統之年，歲下大書，非正統者，兩行分注；「大書以提要」，用醒目大字把該年史事以提要形式寫出來；「分注以備言」，概括來說，是詳注史事，輯錄史論、史評。這種形式能更好體現出朱熹理學觀點，又能反映歷史過程的連續性，突出歷史大事，把敘事與評史論史糅合為一個整體。另外一種是學術史體裁，李心傳的《道命錄》與朱熹的《伊洛淵源錄》是學術體裁史書，它開啟了後世學案體史書之先河。

## 三、史學思想的發展

　　兩宋史學思想發展經歷四個階段。第一階段，是宋太祖趙匡胤建立北宋（960 年）至仁宗慶曆元年前，即康定元年（1040 年）前。這一時期史學思想沒有大的突破。這一時期學術思潮的主旨是「尊王」、「求鑑」。孫復等的《春秋》學，強調「尊王」，適應了北宋的加強皇權專制統治的需要。太宗、真宗時期完成的四大部書，即《太平御覽》一千卷，《太平廣記》五百卷，《文苑英華》一千卷及《冊府元龜》一千卷，突出文化學術及史學編纂主旨，這就是求歷史的「龜鑑」。

　　這一階段史學思想沒有大的創新，但新的因素已經萌發，經學上要求「不惑傳注」，反對墨守舊說，提倡致世的主張。

　　第二階段是從慶曆元年（1041 年）至北宋滅亡（1127 年），這一階段史學思想的主題是「資鑑」、「求理」。歐陽修的《新五代史》與司馬光的《資治通鑑》是兩部不同風格的史著，就史書體裁說，一是紀傳體，一是編年體。但兩者都強調從歷史中尋求經驗教訓，以史學作為「資治」的途徑。慶曆年間疑經惑古與發明經旨兩方面結合，導致理學勃起。從歐陽修、程頤到邵雍都在求歷史盛衰之「理」。如果說盧陵史學還只是提出歷史盛衰之理的話，那麼，程頤則是全面論述天理支配社會興衰的思想家。邵雍的《皇極經世書》是把宇宙與人類社會打

通，論述歷史的皇帝王霸發展各個階段，以元會運世週期說，解釋歷史的變動。

第三個階段是南宋高宗、孝宗、光宗、寧宗四朝，即所謂的中興四朝。「恢復」、「中興」是當時政壇上的兩大口號，也是史家治史的兩個興奮點。史家、思想家希望以自己的學術工作，推動皇帝去恢復失去的土地，使社稷中興。具體地說，這一階段史學思想主要特點，可以歸納為以下諸端：

一是總結當代史的意識增強。李燾的《續資治通鑑長編》、李心傳的《建炎以來繫年要錄》、《建炎以來朝野雜記》和徐夢莘的《三朝北盟會編》等一大批史著，寫當代史、本朝史，為的是從歷史中找到興亡教訓。

二是關注民族關係交往的意識增強。這一階段是宋金交爭到宋金分立的時期。李燾、李心傳、徐夢莘以及熊克、洪皓、樓鑰、范成大等人的作品都涉及民族關係的記載，並記錄了金人的社會生活、風習等。

三是歷史盛衰過程認識的發展。朱熹與陳亮展開義利王霸之爭以及葉適關於社會經濟的作用的論述，都從深層次上思考歷史過程問題。

四是史學的社會價值的思考。有的史家主張要使史學成為一門「實學」、「有用之學」；有的史家重視典章制度研究，作為治理社會的借鑑。

五是史學批評的發展。鄭樵的《通志》是一部紀傳體通史，但這部史書中突出的是史學批評精神。《通志·總序》對宋代學術作了一個總的評價，是「經既苟且，史又荒唐」。他在《詩辨妄》中主張：「《詩》、《書》可信，而不必字字可信。」從前一階段的疑古惑經到史學批評的深化，是史學發展的重要方面，也是人文精神在史學中的反映。

六是史學的理學化的發展趨向與堅持史學自身獨立發展之間的矛盾在發展。鄭樵在《通志》中批評理學是「空谷尋聲」的虛無之學，提倡史家寫史應當只紀實事，不應當任情褒貶。朱熹強調史書紀實事的要求，卻又要使史學會歸理學之純粹，以宣傳天理綱常之正，基於這一點，他不滿意司馬光的《資治通鑑》。朱熹改作的《資治通鑑綱目》確實做到了「歲周於上而天道明矣，統正於下而人道

定矣，大綱概舉而鑑戒昭矣，眾目畢張而幾微著矣。」[23]這是一部典型的理學化了的史書。就總體來說，史學出現了理學化的傾向，但沒有成為理學的附庸。

第四階段是從理宗朝（1208 年）到南宋滅亡即帝昺祥興二年（1279 年）。南宋後期，朝政腐敗是一日盛於一日，中興夢破滅了。理學家地位日益上升，而理學也發生了新變化，一方面朱陸水火，又一方面朱陸門人相互出入，其流弊則是朱學流於訓詁，陸學流於禪。前一時期史學思想是生機勃勃，南宋後期史學思想顯現出來的是雜駁景觀，文獻學重訓詁、重考訂之風漸盛。史學思想的主題也是兩個：言邊圉，講節義。分而言之：

一是史學總結意識進一步發展。黃震的《黃氏日抄》對理學作了總結，王應麟的《困學紀聞》、《玉海》體現出學術總匯、歷史總結的特點。宋末元初馬端臨《文獻通考》從文獻彙編的角度總結中國歷史，突出的是對宋代三百多年興衰變通張弛之故的思考。

二是文獻學的興趣增強，重文獻、重考訂史學風氣興盛。王應麟、黃震的考證之學、胡三省記注之學、馬端臨的文獻彙集考索，彙集成這一時期文獻學的氣勢、規模。總的說來，史學思想是墨守有餘而創新不足。

三是史著中凝聚民族情感。南宋衰敗，終於亡國。作為大宋遺民，黃震、胡三省在自己著作中寫出亡國的痛苦，反映出民族的情思。一些史家，入元不仕，倡導「節義」，黃震甚至餓死於寶幢山。由於對歷史前途的迷茫，因而在總結歷史興亡經驗時，對天命史觀、讖緯學說持更多的保留態度。

兩宋史學思想的發展，歐陽修的廬陵史學開出新風氣，然後進入到眾帆競發、百舸爭流的局面。二程、邵雍及朱熹以天理論歷史興衰，司馬光的涑水史學重名分等級，言「資治」，稍後鄭樵突出的是史學批評與會通思想，二李及徐夢莘著重當代史的總結。及至朱熹的考亭史學後，史學思想突出的是當代史總結意識與言節氣的民族意識。

---

23 《資治通鑑綱目序例》。

第二節 ·

# 理學和史學
# 的相互影響

## 一、理學和史學

　　宋代理學對史學的影響，首先是體現在歷史的認識上。理學家認為，自然界和社會的運動是天理流行，是陰陽消長的氣化的運行。二程認為：「往來屈伸只是理。」「有盛則必有衰，有終則必有始，有晝則必有夜。」「時所以有古今風氣人物之異，何也？氣有淳漓，自然之理。有盛則必有衰，有終則必有始。……氣亦盛衰故也。」[24]朱熹進一步發展了二程的觀點。理學家討論天人問題，以「理」對宇宙自然和歷史社會作深層次的概括，把人類社會作為宇宙總過程的一個組成部分。「求理」思維的特徵之一，是通天通地，貫古貫今。周敦頤的《太極圖》從根本上說，是「究天人合一之原」。張載以氣說明人與自然相統一，世界萬事萬物和人都是氣的體現。氣有清濁昏明，人與物才有分別。《西銘》說：「民吾同胞，物吾與也。」這種氣化史觀是打通天人的理論。邵雍寫的《皇極經世書》把自然發展和人類的歷史行程作為一個統一的過程，編排出從「開物」到

---

24 《程氏遺書》卷十五。

「閉物」的運動的週期。

這些是中唐以後的史學思想的發展。史學的通識明顯地表現這一點。

理學家用「理氣」說，貫通天人古今，以天理流行的情況作為劃分歷史的依據。在理學家、史學家中，較為普遍的看法是，中國歷史可以劃分成兩個階段，分成先王、後王，或者說分成三代以前和三代以後兩個明顯不同的階段。用二程的話說是，先王之世，是以道治天下，後世以法把持天下。邵雍以皇、帝、王、霸四段概括中國歷史的變化。朱熹提出的歷史過程論，完全滲透理學思想，把中國歷史打成兩截：三代和三代以後。他說這兩個階段不同：三代天理流行，漢唐人欲橫流。史學家同樣表現出對三代的推崇，司馬光是這樣，馬端臨同樣有這樣的傾向。他一方面指出，制度要因時變化，「返古實難」；另一方面，他認為三代以前是公天下，夏以後是家天下，秦始皇滅六國後，「尺土一民，皆視為己有」。

理學家認為對歷史興衰起作用的是天理，「理」是封建綱常名分。理學家、史學家多從這樣的角度談歷史的興衰，以「理」總結興亡得失。司馬光認為維持綱常名分的等級制度，是使「上下相保而國家治安」的根本的辦法。史臣論贊、史評、史論作品，大多數是嚴守天理標準評價歷史事件，議論歷史人物的功過，討論歷史的興衰。

兩宋以後，讖緯神學、災祥說的天人感應理論受到進一步的批判。理學家從理的高度分析歷史的問題，不滿意讖緯神學對歷史變化所作的粗鄙解說。一般來說，他們沒有否定天命論，但分析歷史的興亡，很少談天命，不贊成以災異說去牽強附會地解釋歷史的變動，認為言災異須達理。這是大多數史家解說歷史的理論。相比較，史學家在肯定天理對歷史支配的同時，對天命論持保留的同時，又強調人事的作用。用歐陽修的話說，是：「盛衰之理，雖曰天命，豈非人事哉。」[25]

---

25 《新五代史》卷三十七。

理學對史學產生的影響，另一個表現是理學觀點反映到史書編纂的思想上。這種效應又體現在兩個方面：一是史法、史例，二是史書編纂體裁。

這裡要提到兩宋的《春秋》學。理學家對《春秋》的解釋和研究，形成《春秋》學。它對史學的影響可從三個方面來說。一是所謂的《春秋》的褒貶筆法。這一點也不完全是宋人的發明，他們大多數人不過更加突出這一點，從而形成一種思潮。他們認為孔子作《春秋》寓褒貶，甚至認為《春秋》中字字有褒貶，句句有聖人的用心。二是所謂的正統論，寫史書要嚴統閏，別夷夏。與前二者有關係的是所謂的《春秋》義例。史家很重視史例。呂夏卿作《唐書直筆》，系統解釋《新唐書》的史例。徐無黨注歐陽修的《新五代史》，著重發明《新五代史》的史例。朱熹作《資治通鑑綱目》，尹起莘等發明朱子的一套史例。當然，這些史例不一定合乎史書的本意，他們立凡例，力圖把理學思想滲透到史學中去。

史書體裁發生的變化，同樣也可以看出理學對史學的侵蝕。朱熹和他的學生改作《資治通鑑》為《資治通鑑綱目》，其動機是要使史書更好地宣傳天理之正。史書的新體裁綱目體出現了。學術史體裁著作得到較大的發展，一個重要原因是理學家寫學術史作品，如朱熹的《伊洛淵源錄》、李心傳的《道命錄》等的編寫，是為宣傳理學的觀點，以適應道統建立的需要。

史學對理學發展的影響也是明顯的。第一，理學的發展不能不包括史學思想。理學的求「理」，離開「考古今」、「多識前言往行」，是無法實現的。天理的論證，很重要的一點，是要說明封建社會等級制度的永恆，綱常名分道德為天理的體現。這一方面，少不了歷史的說明，萬物一理，理一分殊，離開歷史的闡釋，理氣說只能是半截子的理論；少於「歷史」的說明這個「半壁江山」，理學就不成其為體系。所以，理學家儘管在形式上輕視史學，提出經先史後、經細史粗等觀點，但在實際上，他們不能不藉助歷史的說明，建構理學體系的大廈。而且理學的終極目標是以理來治天下，「修身齊家治國平天下」，維持封建的統治。缺少歷史的驗證，理學的說教沒有落腳點，也很難為封建帝王所接受，理學的價值也難以為封建人君所認可。所以，史學的理學化是理學發展的需要。

其次，前面已經提到，理學與史學是在相互聯繫、相互吸收又相互矛盾、相

互鬥爭中發展的。朱熹改作司馬光的《資治通鑑》為《資治通鑑綱目》，固然是不滿意司馬光在理學思想上存在缺陷，但從另一方面說，他還是承認《通鑑》的作用，還是吸收了司馬光的史學成果的。朱熹的思想在主要方面與鄭樵的史學思想對立，但是對鄭樵在史學批評上的很多觀點，卻是加以認可，並且有所吸收，作為他理學的因素。

在宋代的史學思想上，一方面是史學表現出理學化的傾向。從理學在古史、史評有關著作中浸潤，到朱熹的考亭史學，明顯地表現出這一點。另一方面，從司馬光涑水史學到李心傳、李燾的二李為代表的蜀中史學，以及浙中史學的經世思想，則是另一種情形。在史學思想上，宋代的史學既有理學化的一面，又有重考訂、求致用的一面，存在著非理學化的一面。既以天理評論、解說、編排歷史；又講史學致用，講修心、治國、平天下各個層次上的致用，以事實講盛衰，兩者並存於史學中。我們不能簡單地把宋代的史學看成是理學化或者是非理學化的發展，但是確實是存在兩種傾向。從主導方面上看，鄭樵史學是和理學化的史學相對立的異軍。理學也是在這種矛盾鬥爭中得到發展的。

## 二、天理論和歷史盛衰論

上面概說了理學對史學的影響。為了認識理學對兩宋文化的浸潤，有必要結合具體的事例，深入地討論史學家、思想家關於歷史的具體見解。

歐陽修是開一代學術新風氣的學人。清人全祖望說：

有宋真、仁二宗之際，儒林之草昧也。當時濂洛之徒方萌芽而未出，而睢陽戚氏在宋、泰山孫氏在齊，安定胡氏在吳，相與講明正學，自拔於塵俗之中。亦會值賢者在朝，安陽韓忠獻公、高平范文正公、樂安歐陽文忠公皆卓然有見於道之大概，左提右挈，於是學校遍於四方，師儒之道以立。而李挺之、邵古叟輩共

以經術和之。說者以為濂、洛之前茅也。[26]

歐陽修被視作「濂洛之前茅」的學人之一，這是正確的。

歐陽修像

歐陽修以「道」與「理」來談歷史的盛衰。他認為「道」高於萬事萬物，通過「理」支配世界上的萬物，說：「道無常名，所以尊於萬物；君有常道，所以尊於四海。然則無常以應物為功，有常以執道為本，達有無之至理，適用舍之深機，詰之難以言窮，推之不以跡見。」又說：「儒者學乎聖人，聖人之道直以簡，然至其曲而暢之，以通天下之理，以究陰陽天地人鬼事物之變化。」「道」支配自然，也支配社會人事的變化，它是通過「理」來實現這種支配，「理」是「詰之難以言窮，推之不以跡見。」而且「天人之理，在於《周易》否泰消長之卦」[27]。他又說：

所謂窮則變，變則通，通則久也。久於其道者，知變之謂也。天地升降而不消，故曰天地之道久而不已也。日月往來，與天偕行而不息，故曰日月得天而能久照。四時代謝循環而不息，故曰四時變化而能久成。聖人者，尚消息盈虛而知進退存亡者也。故曰聖人久於其道而化成[28]。

因為有變化，世界上的事物才得以存在，各種事物包括自然的、社會的，變化的形態不盡相同，但變化是絕對的，聖人深知這一點，「尚消息盈虛而知進退存亡」，「故曰聖人久於其道而化成」。但，變化是不是進化的呢？歐陽修沒有回答。

---

26 《宋元學案》卷三，北京，中華書局，1986。
27 《居士集》卷四十二《送張唐民歸青州序》。
28 《易童子問》卷一。

也應該指出，歐陽修沒有能建構起理學的體系，他對理的論述缺少系統。對於其他範疇，如「氣」、「性」、「命」等，也沒有作進一步的討論。歐陽修曾談到「氣」，說：「人稟天地氣，乃物中最靈，性雖有五常，不學無由明。」[29]至於理與氣、性之間的關係，也沒有說明。凡此，都表現出歐陽修的理學思想的不成熟性，因此他也只能歸於「濂洛之前茅」中。

歐陽修認為支配社會興衰治亂的是「人理」，所謂的「人理」是封建的綱常倫理。

五代是一個亂世，用歐陽修的話說，是陷入「賊亂之世」，這個時代，「禮樂崩壞，三綱五常之道絕，而先王之制度文章掃地而盡於是矣……是豈可以人理責哉」[30]。綱常倫理道德淪喪，國家也就要衰亡。他說：

> 禮義，治人之大法；廉恥，立人之大節。蓋不廉，則無所不取；不恥，則無所不為。人而如此，則禍亂敗亡，亦無所不至。[31]

認為維持綱常倫理道德，為一個社會興盛的關鍵，這不是什麼新見解。歐陽修的貢獻在於他以「理」的概念來概括綱常倫理，認為社會的興衰治亂為「理」所支配。一個社會的綱常倫理的變化，造成歷史變化的大勢。他說：

> 道德仁義，所以為治，而法制綱紀，亦所以維持之也。自古亂亡之國，必先壞其法制，而後亂從之。亂與壞相乘，至蕩然無復綱紀，則必極於大亂而後返，此勢之然也，五代之際是已。[32]

歷史盛衰之理的內涵是綱常道德，影響歷史興衰之理的變化又是什麼呢？歐陽修的看法具有兩面性的特點，一面是，也是他的歷史思想的側重點，是認為人事在歷史興衰之理的變化中起作用。他說：「盛衰之理，雖曰天命，豈非人事哉。」後唐的大理寺少卿康澄提出關於為國應有「五不足懼」、「六深可畏」的

---

29 《居士外集》卷三。
30 《新五代史》卷十七。
31 《新五代史》卷五十四《雜傳》。
32 《新五代史》卷四十六《雜傳》。

觀點。歐陽修很贊成他的意見。所謂「五不足懼」，也就是：三辰失行不足懼，天象變見不足懼，小人訛言不足懼，山崩川竭不足懼，水旱蟲蝗不足懼。「六深可畏」是：賢士藏匿深可畏，四民遷業深可畏，上下相徇深可畏，廉恥道消深可畏，毀譽亂真深可畏，直言不聞深可畏。這是把「盛衰之理」的重人事思想具體化了。概括而言，為國者對天象災變不足懼，深可懼者是人事上的失誤。歐陽修說：「然（康）澄之言，豈止一時之病，凡為國者，可不戒哉。」[33]

《新唐書》的《五行志一》，對天人感應說的「災異之學」進行批判，說：「至為災異之學者不然，莫不指事以為應，及其難合，則旁引曲取而遷就其說。蓋自漢儒董仲舒、劉向與其子（劉）歆之徒，皆以《春秋》、《洪範》為學，而失聖人之本意。至其不通也，父子之言自相戾，可勝嘆哉。」《春秋》記災異為的是譴告人君。災異說並無根據，其應驗有合有不合，所以，真正的學者對此無所用心，而後世說災異的人「為曲說以妄天意」。歐陽修在這裡否定天意支配社會治亂的觀點。但另一面，歐陽修給天命觀保留地盤，這就是「兩存說」，既不絕於天人，也不以天參人，兩者可常存而不究。[34]

歐陽修的理學思想雖沒有形成體系，但是理學對史學的影響在歐陽修的史學上已經看出端倪。

歐陽修，字永叔，吉州永豐（今屬江西）人，生於宋真宗景德四年（1007年），卒於宋神宗熙寧五年（1072年），享年六十六歲。二十四歲中進士，任過館閣校勘等。因為參加范仲淹的慶曆新政，受到打擊，被貶，先後任滁州、揚州、潁州、南京（今河南商丘）等地方官。仁宗至和元年，奉調回京，拜翰林學士，刊修《新唐書》。書成，遷禮部侍郎，後任樞密副使、參知政事。神宗即位，歐陽修受誣告被貶，先後任亳州、青州、蔡州等知州。熙寧四年（1071年），以觀文殿學士、太子少師致仕，退居潁州，次年卒。他一生遭遇坎坷，但不曾挫傷他的志向。他的政治活動與治史、提倡古文革新運動結合在一起。他中

---

33 《新五代史》卷五十九《司天考第二》。
34 《新五代史》卷六《唐本紀》。

進士後不久，即著手修《五代史》，貶官夷陵期間，條件相當困難，他也沒有中止修史的事業。《新五代史》從開始收集材料到成書，前後歷二十餘年。《新唐書》編修期間，也是他政治上最活躍的時期，任刊修官，「先生在翰林八年，知無不言」。

歐陽修的文章、學問、人品為世人景仰，成為一代宗師。在他的周圍，有梅堯臣、尹洙這樣一批學人，迭相師友，交遊唱和，政治上主張革新，文學、史學上開一代新風。

在兩宋的史學史上，論歷史興衰的重要史著是司馬光的《資治通鑑》。

司馬光，字君實，陝州夏縣涑水鄉（今屬山西）人，生於宋真宗天禧三年（1019 年），卒於宋哲宗元祐元年（1086 年），年六十八歲。

司馬光於仁宗寶元初中進士。父母相繼去世後，司馬光服喪五年。這期間，他閉戶讀書，著《十哲論》、《四豪論》、《賈生論》、《機權論》、《才德論》、《廉頗論》、《龔君實論》、《河間獻王贊》等及史評十八篇，其中許多內容成為後來《資治通鑑》「臣光曰」的內容。所以在事實上，司馬光的修史工作已經開始。英宗

司馬光像

治平元年至四年（1064-1067 年）期間，司馬光始作《歷年圖》五卷，是書為上起戰國、下迄五代的大事年表，治平元年進。又作《通志》八卷，起周威烈王，迄秦二世三年，其內容成為以後《通鑑》的前八卷的內容。治平三年，司馬光由諫官改龍圖閣直學士、兼侍講。夏四月，英宗命司馬光設局於崇文院，自行選擇協修人員，編輯《歷代君臣事蹟》。治平四年，神宗即位，三月，司馬光除翰林學士。十月，《歷代君臣事蹟》書成，因其書「鑑於往事，有資於治道」，賜名《資治通鑑》，神宗親製《序》。司馬光反對王安石變法，與王安石不合，居西京洛陽，「自是絕口不論事」，專修《通鑑》。神宗元豐七年（1086 年）書成，加資政殿學士。次年，哲宗即位，司馬光為尚書左僕射兼門下侍郎，廢新法。為相

八個月去世。這短短幾個月的政治生涯，他全力以赴的是廢新法，實在不光彩。但畢竟他在助手的協助下，完成了《資治通鑑》這部偉大的史學巨著，在中國史學史上留下了他的光輝一章。

《資治通鑑》二百九十四卷，記敘了上自周威烈王二十三年，到後周世宗顯德六年的一三六二年的歷史。這部書突出的是歷史盛衰總結的意識。司馬光說他修《通鑑》的動機是：「每患（司馬）遷、（班）固以來，文字繁多，自布衣之士，讀之不遍；況於人主，日有萬機，何暇周覽。臣常不自揆，欲刪削冗長，舉撮機要，專取關國家興衰，繫生民休戚，善可為法，惡可為戒者，為編年一書。」相對地說，司馬光雖然可與周敦頤、張載、二程及邵雍，並稱為「北宋六子」，但其理學思想有很多不足，用《宋元學案》的評價，是「未為醇粹」。司馬光更多的是從歷史變化的事實中，討論歷史盛衰經驗教訓。

司馬光強調封建統治者人君在歷史興衰中的作用。他認為，人君的素質、才能、品質，直接影響歷史的興衰。所以人君特別要修心。修心的內容是三：一曰仁，二曰明，三曰武。「三者兼備，則國治強；闕一焉，則衰；闕二焉，則危；三者無一焉，則亡。自生民以來，未之或改也。治國之要亦有三，一曰官人，二曰信賞，三曰必罰。」此話見《溫國文正公文集》卷三十六中的《初除中丞上殿札子》；又見卷四十六，《進修心治國之要札子》及《稽古錄》卷十六的《臣光曰》。「仁」、「明」、「武」三字經式的盛衰論，司馬光說這是他一生治史的最大的心得，「平生力學所得至精至要，盡在於是。」[35]

《資治通鑑》手稿

仁、明、武和官人、信賞、必罰，是

---

35 《初除中丞上殿札子》。各篇見《溫國文正公文集》，僅注篇名。

一種內和外的關係。前三者，是人君的內在素質。後三者，是人君行使權力，施之於外。司馬光說：「夫治亂安危存亡之本源，皆在人君之心，仁、明、武，所出於內者也。用人、賞功、罰罪，所施於外者也。」[36]歸根結底，司馬光的歷史觀是「君心」決定歷史盛衰論。

「禮」是人君仁、明、武的體現，又是用人、賞功、罰罪的依據。內在和外在的統一在封建等級的禮制上，因此「禮教」的保存或破壞，就成了衡量一個社會盛衰的標尺。《資治通鑑》開篇說：

臣光曰：臣聞天子之職莫大於禮，禮莫大於分，分莫大於名。何謂禮？紀綱是也。何謂分？君、臣是也。何謂名？公、侯、卿、大夫是也。

在這裡，禮的根本在分與名。那麼禮與分、名是一個什麼關係呢？司馬光說：

夫禮，辨貴賤，序親疏，裁群物，制庶事，非名不著，非器不形；名以命之，器以別之，然後上下粲然有倫，此禮之大經也。名器既亡，則禮安得獨在哉？

在這裡，所謂「名」，是概念；「器」為具體的事物。以具體的事物，如君與各級官員的物質待遇俸祿、爵位名號相應的服飾車馬、儀仗樂舞等，以這種種差別顯示出等級來，這就是「分」。所以司馬光說：「非器不顯」。他以為用了這種辦法，「然後上下粲然有倫，此禮之大經」。這又是說「禮」是根本。但下面又說：「名器既亡，則禮安得獨在哉？」事實是，名器是由於等級禮制的破壞，才會錯亂、亡失。司馬光在哲理上，不只是顛倒「名」與「實」的關係，而且表現出思維相當的混亂。歷來史學家只應取其基本用心，即維持封建等級制度的「禮」，才能使社會安定、興盛。

這裡又陷入新的混亂。在封建專制統治下，維持了等級制度，社會才能興

---

36 《溫國文正公文集》卷四十六《進修心治國之要札子》。

盛；社會動盪，等級制度也就不能維持；而要國家興盛，就要維持等級制度。這樣議論是同義語反覆，司馬光等於什麼也沒有說。他的歷史盛衰論除了其中的重人事的思想外，是相當貧乏的。司馬光在《通鑑》中發了兩百多條「臣光曰」，如果把它們集中起來，實在看不出有什麼新意，多數是前人已談過的「老調」。《通鑑》的主要價值在「史」，以史事留給人的思考，而不在「論」。

這樣說，不是簡單地否定。上面說過，司馬光歷史盛衰論中值得重視的是他的重人事的思想。前面說的「君心」決定興衰，其中同樣包含有重人事的思想成分。它由此把人君分成五類。他在《稽古錄》卷十六中說：人君之道一，是用人。人君之德有三，即仁、明、武。人君之才有五，也就是在歷史上有五類的人君：第一種是創業之君，為智勇冠一時者。第二種是守成之君，為中才能自修者，兢兢業業，奉祖考之法度。第三種是凌夷之君，是中才不能自修者，習於宴安，樂於怠惰，不辨忠邪，不察得失，不思永遠之患。第四種是中興之君，這種人君是才能過人而善自強者，知下民艱難，悉下層情偽，勤身克意，尊賢求道，見善則遷，有過則改。第五等為亂亡之君，是下愚不可移者。這種君王，舍道趨惡，棄禮縱欲，用讒陷之小人，誅殺正直人士，荒淫無厭，刑殺無度，內外怨叛而不顧。司馬光說：「夫道有得失，故政有治亂；德有高下，故功有小大；才有美惡，故世有盛衰。上自生民之初，下逮天地之末，有國家者，雖變化萬端，不外是矣。」

司馬光特別強調「用人」對於治理社會的意義。人君的官人、信賞、必罰，其落腳點是「用人」。他說：「為治之要，莫先於用人，而知人之道，聖賢所難也。」[37] 關於用人之道，司馬光總結出一些有價值的意見。

其一，選人、用人、察人，據不同的職事的要求，考察實績。司馬光說：

欲知治經之士，則視其記覽博洽，講論精通，斯為善治經矣；欲知治獄之士，則視其曲盡情偽，無所冤抑，斯為善治獄矣；欲知治財之士，則視其倉庫盈

---

37 《資治通鑑》卷七十三。

實，百姓富給，斯為善治財矣；欲知治兵之士，則視其戰勝攻取，敵人畏服，斯為善治兵矣。至於百官，莫不皆然。雖詢謀於人而決之在己；雖考求於跡而察之在心，研核其實而斟酌其宜。[38]

其二，用人不講門第、閥閱。司馬光說：「選舉之法，先門第而後賢才，此魏晉之深弊，而歷代相因，莫之能改也。」他以為，君子與小人之分，不在於祿位，也不在於是在朝，還是在野，而在德與才。宋代地主階層中占支配地位的是品官地主。品官地主的特點是一般沒有世襲的特權，門第閥閱的觀念相對地說是淡化了。這是一種現實。另一種情況，是司馬光由於反對王安石的革新，長期居洛陽，以「在野宰相」的身分冷眼旁觀，等待收拾新政行不下去後的殘局，他把一批革新的人士視為「小人」。因此，他絕不會主張用銳意改革之士。所以一種史學思想中有合理的因素，但其中又有其一定的背景，這是我們研究史學思想時應當注意的。

其三，用人不論親疏。在用人上應當「無親疏、新故之殊，唯賢、不肖為察。」區別賢與不肖，做到不論親疏用人，一個重要的思想是有「公」心。司馬光說：

> 古之為相者則不然，舉之以眾，取之以公。眾曰賢矣，己雖不知其詳，姑用之，待其無功，然後退之，有功則進之；所舉得其人，則賞之；非其人，則罰之。進退賞罰，皆眾人所共然也，己不置毫髮之私於其間。」[39]

在封建社會裡，一切政治集團，都是一定政治傾向的「眾」，即使「己不置毫髮之私於其間」，所謂的「公」，也只是一定政治範圍內的「公」。司馬光臨終前為相八個月，何嘗不論親疏去用人？

其四，用人當容其短。《資治通鑑》論到敵國材臣可用，舉到歷史上的人物有秦用由余而霸西戎，吳得伍員而克強楚，漢得陳平而誅項羽，曹魏得許攸而破

---

38 《資治通鑑》卷七十三。
39 《資治通鑑》卷二二五，「代宗大曆十四年」。

袁紹。這些例子，表明「彼敵國之材臣，來為己用，進取之良資也」。[40]

其五，用人不疑。既要用人，「任以大柄，又從而猜之，鮮有不召亂者也」。[41]

總之，《資治通鑑》突出了「用人」在歷史治亂興衰中，具有關鍵作用。司馬光認為，這是為君之「道」，「為君之要，莫先於用人」。他在《功名論》中說：「人臣雖有才智而不得其施，雖有忠信而不敢效，人主徒憂勞於上，欲治而愈亂，欲安而愈危，欲榮而愈辱矣。」這些在司馬光的歷史盛衰論中是有價值的部分。

司馬光反對災異的神祕主義的觀點，也是他重人事的思想的組成部分。唐玄宗開元二年，發生兩件事，一件是太史預報庚寅日將有日食發生，結果沒有出現日食。宰相姚崇上表祝賀，請求把這件事記到史冊上。玄宗同意姚崇意見。第二件是太子賓客薛謙光把武則天製作的一口鼎獻給玄宗。鼎上有銘文，這篇銘文的結尾是「上玄降鑑，方建隆基」。姚崇上賀表，說是玄宗（李隆基）的受命之符，並請宣示史官，頒告中外。司馬光批評這樣的做法，說：「日食不驗，太史之過也；而君臣相賀，是誣天也。采偶然之文以為符命，小臣之諂也；而宰相因而實之，是侮其君也。上誣於天，下侮其君，以明皇之明，姚崇之賢，猶不免於是，豈不惜哉！」[42]

司馬光史學思想有積極的內容，但是他的折中主義的哲學觀點，使得他的思想顯現出矛盾與駁雜；他的政治態度，給他的史論打上烙印。

司馬光批評了天人相關的災異論，但又肯定「天」是支配社會的有意志的力量。他說：

天者，萬物之父也。父之命，子不敢逆；君之言，臣不敢違。……違天之命

---

40 《資治通鑑》卷一二〇，「海西公太和五年」。
41 《資治通鑑》卷一〇〇，「穆帝永和十一年」。
42 《資治通鑑》卷二一一，「玄宗開元二年」。

者，天得而刑之；順天之命者，天得而賞之。……君明、臣忠、父慈、子孝，人之分也。僭天之分，必有天災；失人之分，必有人殃。[43]

司馬光的名分禮教觀，最終還是由天命論來支持。司馬光思想上缺少哲理，比較膚淺，這是一些理學家如程頤所不滿的地方。司馬光著重從現實、從用人上論歷史的興衰，同樣為理學家看不起。加上司馬光在評論歷史人物和從實際出發編纂史書，和天理的教條不一致，凡此都說明司馬光和理學有相通的一面，又有矛盾的一面。程頤對《資治通鑑》有微詞，司馬光修《通鑑》的助手范祖禹，另寫《唐鑑》，在觀點上和司馬光有相當大的分歧。理學家包括後來的朱熹等都批評司馬光。朱熹把司馬光列入宋代理學家「六先生」中，但「於涑水，微嫌其格物之未精」[44]。其原因可以從中得到一定的解釋。

南宋時期理學家朱熹認為歷史的盛衰完全為「理」所支配，整個中國歷史依據天理流行情況分為兩個階段，用他的話來說，三代天理流行，漢唐人欲橫流。這是一種歷史倒退論，也是為把史學納入理學的範疇中去，「會歸理之純粹」。

和朱熹同時代的呂祖謙（1137-1181）認為天理支配歷史運動，但他和朱熹不同的是，更強調從歷史運動自身談盛衰。朱熹對他不滿意的地方，在於呂氏過多言史；呂祖謙重史亦重經，而沒有把經放在最高位置上，導致對理學地位的重要性認識不足。朱熹批評呂祖謙宗太史公之學，說：「抬得這司馬遷不知大小，恰比孔子相似。」[45]但這正是呂祖謙的優點，能繼承司馬遷的史學傳統，所以呂氏的歷史盛衰論在兩宋的史學史上顯現出自己的獨有的光澤來，把宋代理學家關於歷史盛衰的認識向前推進一步。

首先，呂祖謙提出讀史要看「統體」。他說：

讀史先看統體，合一代綱紀風俗消長治亂觀之，如秦之暴虐，漢之寬大，皆其統體也。（其偏勝及流弊處皆當深考）復須識一君之統體，如文帝之寬，宣帝

---

43 《迂書·士則》。
44 《宋元學案》卷七。
45 《朱子語類》卷一二二。

之嚴之類。

統體，蓋謂大綱，如一代統體在寬，雖有一二君稍嚴，不害其為寬。一君統體在嚴，雖有一兩事稍寬，不害其為嚴。讀史自以意會之可也。[46]

呂祖謙強調要從主導的方面去評定一代或一個人君統治時期的盛還是衰。但僅僅認識歷史的統體還不夠，還要從盛衰的現象中作出分析，找到原因，這稱之為「機括」。他說：

既識統體，須看機括。國之所以興，所以衰；事之所以成，所以敗；人之所以邪，所以正，於幾微萌芽時，察其所以然，是謂機括。[47]

說到具體的歷史興衰轉變的機括，他又稱這種機括為「樞機關紐」。論到戰國時楚國滅亡時，他說：「大抵觀一國之興亡，有樞機關紐處。楚之所以亡，執政者眾而乖，莫適任患，其樞機關紐在此，雖地以六千里，無一個擔當國事人，安得不亡。然又須看其所以亡。……楚國人臣雖眾，都無人把國事為己事，最為國之巨患，人主所當深憂。」[48]這就是要求從深層次上找出興亡的原因，也就是他說的：「看《左傳》，須看一代之所以升降，一國之所以盛衰，一君之所以治亂，一人之所以變遷。能如此看，則所謂先立乎其大者，然後看一書之所以得失。」[49]在《左氏傳說》中，呂祖謙又從歷史盛衰互為聯結上，具體分析戰國時期的各國的歷史變化，分析中原諸侯國的盛衰與周邊少數民族建立的政權之間的關聯。這些都是呂祖謙史學思想中的深刻處。

歷史興衰的變動使歷史的過程顯現出階段來，呂氏把這稱作為「節」。他說，看《左傳》「須分三節看，五霸未興以前是一節，五霸迭興之際是一節，五霸既衰之後是一節」。[50]

---

46 《東萊文集·別集》卷十四《讀書雜記二》。
47 《大事記解題》卷五。
48 《左氏傳說》卷十七，「吳子問伍員」。
49 《左氏傳說·看左氏規模》。
50 《左氏傳說·齊小白入於齊》。

在論及天人關係時，呂祖謙一方面強調天與理對歷史興衰的支配，說：「至理所存，可以心遇而不可以力求」。[51]又一方面指出人事的重要作用。第一，統治的興盛，靠人君的自強，這稱作為「依己」。他說：「為國者，當使人依己，不當使己依人。己不能自立，而依人以為自重，未有不窮者也。所依者不能常盛，有時而衰，不能常存，有時而亡。一旦驟失所依，將何所恃乎。」[52]第二，人君當識治亂大體，使謀臣人才得其所用。第三，要培養百年好風氣。周朝文武成康涵養百年風氣，才有一代忠臣義士，周代的盛世也由此而出現。第四，「物之祥不如人祥」，「物之異不如人之異」。呂祖謙雖沒有否定災祥說，但著重強調人事的作用。

兩宋時期的史學思想中的歷史盛衰論，在呂祖謙那裡已經達到一個新的高度，但「呂學」的博雜，在他的史學思想上也反映出來。這表現在他的「心學」的思想成分，也表現在給「災異說」相當多的保留。

## 三、正統論和史書編纂

中世紀史學思想中的正統論，是一種先驗的歷史聯繫觀點，它直接影響史書的編纂和對歷史材料的處理。它和各種史書編纂體例、體裁主張合在一起，構成史書編纂思想。正統論肇始於三統五運說，歷三國魏晉南北朝的爭議而有所發展，而構成系統是在兩宋。

歐陽修對正統的解釋是「臣愚因以謂正統，王者所以一民而臨天下」[53]。這是以尊王大一統的觀點作為正統論的內涵。這同以夷夏之別來定正統不一樣。以這樣的觀點看中國歷史，他以為稱得上是正統的王朝，有三類。第一類，是「居天下之正，合天下於一」。例如堯、舜、夏、商、周、秦、漢、唐各個王朝。第

---

51 《左氏傳說・賦詩》。
52 《東萊博議・鄭忽辭婚》。
53 《居士集》卷十六《正統論・序論》。

二類，「雖不得其正，卒能合天下於一」。如晉、隋。第三類是，「居其正，而不能合天下於一」。如「周平王之有吳、徐是也」。東周時期，一統的局面不存在，但周天子仍是號令天下，所以是正統所在。有爭議的是三段時期：周秦之際，東晉、後魏之際，五代之際。在這樣歷史紛爭時節，怎樣確定歷史的統閏，各種意見大相逕庭。歐陽修以為其間原因有兩點。一是學者「挾自私之心而溺於非聖之學」。如寫南北朝史的人，有的人「私東晉者，曰隋得陳，然後天下為一，則推其統曰：晉、宋、齊、梁、陳、隋。私後魏者，曰：統必有所受，則推其統曰：唐受之隋，隋受之後周，後周受之後魏。」這是為一己之政權作辯解，先立本朝為正統所在，然後上推統系相承的聯繫。有的更是相互詆罵。寫南方的史書的人以奉朝為正統，稱北方的政權不合法，是「虜」。為北方政權寫史書的，則稱南方的政權是「夷」。二是依五行運轉說，強行編排。這種學說，「謂帝王之興，必乘五運者」，「故自秦推五勝，以水德自名。由漢以來有國者，未始不由於此說，此所謂溺於非聖之學也」。[54]其實，造成這種種曲說，都是「私己」之心，都是為自己爭正統。這實際是史學的另一種屬性，以歷史說明其統治是合理的合乎天意的。歐陽修指出前代正統論的要害，一種是以天人相關理論，如五行說，編排統系；一種是以民族偏見確立統閏，或先立本朝為正統，再逆求統系淵源。

歐陽修認為中國歷史上，正統是「三絕三續」。他說：

故正統之序，上自堯、舜，歷夏、商、周、秦、漢而絕。晉得之而又絕。隋、唐得之而又絕。自堯舜以來，三絕而復續。唯有絕而有續，然後是非公，予奪當，而正統明。[55]

這種正統「三絕三續」說，既可以貫穿尊王思想，又可以避免對歷史作過多的曲解。歐陽修尊王思想的正統論，最終還是為趙宋王朝添上一個光環，論說「大宋之興，統一天下，與堯舜三代無異」。

歐陽修寫五代史，首先碰到一個問題是怎樣看待唐宋之間的五代的歷史，給

54 《居士集》卷十六《正統論上》。
55 《居士集》卷十六《正統論下》。

這個時期的歷史以怎樣的歷史地位。宋人有人寫五代史，認為後梁不得為正統，稱「梁」為「偽」。這樣的書法，遇到一個麻煩，趙匡胤承後周，後梁為偽，則後唐、後晉、後漢、後周都是「偽」，這豈不是罵到了宋朝皇帝老子的頭上了。歐陽修發明正統「三絕三續」說，派上了用場，也就是說，五代時正統已絕，但不能把這一階段的所有政權稱為「偽」。對於梁，他說：「於正統宜絕，於其國則不宜為『偽』」。[56]

歐陽修寫《新五代史》，「不偽梁」的史法受到時人的譏刺，說這樣的史法是在鼓勵篡弒其君，有失《春秋》之旨。他對這樣的批評，不以為然，歐陽修說，《春秋》的史法獎善懲惡，但《春秋》書法謹嚴，在傳信求實。對於後儒從《春秋》中總結出一套書法義例，歐陽修批評這種做法，說：

> 凡今治經者，莫不患聖人之意不明，而為諸儒以自出之說汩之也。今於經外又自為說，則是患沙渾水而投土益之也，不若沙土盡去，則水清而明矣。魯隱公南面而治其國，臣其吏民者十餘年，死而入廟，立諡稱公，則當時魯人孰謂息姑不為君也。孔子修《春秋》，凡與諸侯盟會行師命將，一以公書之。於其卒也，書曰：「公薨」。則聖人何嘗異隱於他公也。……故某常告學者：慎於述作，誠以是也。[57]

應該說明，歐陽修的學生徐無黨在注《新五代史》中，大談歐陽修作《新五代史》的書法，說何事「書」，何事不「書」，用什麼字以示褒貶。對於這種做法，歐陽修是有看法的。他給徐無黨的信中，說到以前的儒生總結《春秋》書法，是「患沙渾水，而投土益之」。並且告誡學者，要「慎於述作」。這裡面，歐陽修的態度是很明朗的。《新五代史》「動輒嗚呼」，直接抒發自己的思想情感。包括他的學生徐無黨在內的一些學者發明歐陽修的史法，大多不合歐陽修的本意。學生歪解老師的學術精神，而且產生較大的影響，徐無黨也是一個代表。《新五代史》值得世人重視的地方，是那種強烈的歷史感和時代感，以及質樸的文風。

---

56 《居士集》卷十六《正統論下》。
57 《居士外集》卷十八《答徐無黨第一書》。

有關以前正統論的各種見解，在歐陽修之後，司馬光作了歷史的回顧。秦朝焚書坑儒；漢興，始推五行相生、相勝，以為秦在木火之間，霸而不王，不在五德相生之正運，是為閏位。漢為火德，上繼堯，正閏之論由此而起。南北各朝所纂國史，互為排黜，南謂北為「索虜」，北謂南為「島夷」。五代時期，後唐莊宗又以自己為繼唐為正，而梁則應為「篡」。司馬光說：「此皆私己之辭，非大公之通論。」他對正統的看法是：

> 臣愚誠不足以識前代之正閏，竊以為苟不能使九州合為一統，皆有天子之名而無其實者也。雖華夏仁暴、大小、強弱，或時不同，要皆與古之列國無異，豈得獨尊獎一國謂之正統，而余皆為僭偽哉！若以自上相授受者為正邪，則陳氏何所受？拓跋氏何所受？若以居中夏為正邪，則劉、石、慕容、苻、姚、赫連所得之土，皆五帝、三王之舊都也。若以有道德者為正邪，則蕞爾之國，必有令主，三代之季，豈無僻王！是以正閏之論，自古及今，未有能通其義，確然使人不可移奪者也。[58]

司馬光以歷史事實證明正統論之錯謬，是一種求實的史學思想，又是一種開闊的民族思想。因此，他寫史書重在論興衰，而不在爭正統。他說：「臣今所述，止欲敘國家之興衰，著生民之休戚，使觀者自擇其善惡得失，以為勸誡；非若《春秋》立褒貶之法，撥亂世反諸正也。正閏之際，非所敢知，但據其功業之實而言之。」周秦漢晉隋唐是大一統王朝，到了末期，王室子孫微弱，四方爭鬥也還是故臣，寫這一段歷史不應有所抑揚。南北朝、五代的時期，是「天下離析之際」，寫這一階段歷史，不當分統閏，其記歲時年代，當從事實出發。「據漢傳於魏而晉受之，晉傳於宋，以致於陳而隋取之。唐傳於梁以致於周而大宋承之。故不得不取魏、宋、齊、梁、陳；後梁、後唐、後晉、後漢、後周年號，以紀諸國之事，非尊此而卑彼、有正閏之辨也」[59]。

司馬光這種求實的史書編纂思想，據「功業之實而言之」，雖然合於「尊宋」

---

58 《資治通鑑》卷六十九，「文帝黃初二年」。
59 同上。

的要求，但沒有以天理之正、沒有以《春秋》大義來評品歷史，區分華夷，褒貶人物，在理學家看來，這是理之不純的表現。范祖禹是司馬光修史的助手，但是范祖禹寫《唐鑑》，和司馬光的思想有明顯的分歧。《唐鑑》這部書和《資治通鑑》不同的地方，很重要的一點，是范氏的史法，他不承認武則天統治的合法性。唐中宗已經被廢，中宗被遷至房州，范祖禹寫這一段歷史，以「帝在房州」為年號，來記時書事；視武則天的統治是「母后禍亂」。中宗被召回後，記年辦法，書「帝在東宮」。范祖禹認為這樣作史，才合於《春秋》之義。而《資治通鑑》把武則天統治的二十一年繫於「則天皇后」紀年之中。司馬光與范祖禹這種思想上的差異，過去在史學史的書中，不大說這一件事。這大約也是掩蓋二者思想上的差異吧。

范祖禹主張史法要合於理學的標準，受到理學家的稱道，程頤稱是「垂世」之作。他的門人看出「《唐鑑》議論，多與伊川同」[60]。程頤在對唐太宗、魏徵等歷史人物的評價上，同司馬光不盡一致。這些也是要注意的方面。

朱熹不滿意《資治通鑑》，很重要的方面是司馬光寫史依據自己對正統的理解，不以天理之正的思想編纂史書，由此，又引發出他對史法、史例等問題的議論。他評《通鑑》，說：

> 臣舊讀《資治通鑑》，竊見其間周末諸侯僭稱王，而不正其名；漢丞相（諸葛）亮出師討賊，反書「入寇」。此類非一，殊不可曉。又凡事之首尾詳略，一用平文書寫，雖有目錄，亦難尋檢。[61]

在朱熹看來，《資治通鑑》有兩大缺陷，一是不合於綱常、名分的史法，二是編排上眉目不清，難以檢尋。他在《答劉子澄》的書信中進一步闡明。說：

> 近看溫公論《史》、《漢》名節處，覺得有未盡處，但知黨錮諸賢趨死不避，為光武、明、章之烈，而不知建安以後中州士大夫只知有曹氏，不知有漢室，卻

---

60 《程氏外書》卷十二。
61 《朱文公文集》卷二十二《貼黃》。

是黨錮殺戮之禍有以驅之也。……邪說橫流所以甚於洪水猛獸之害，孟子豈欺予哉。[62]

朱熹認為離開「義理」評價歷史事件、歷史人物，是一種「邪說」。他批評《資治通鑑》出發點在此，驅使他改作《通鑑》的動機也在此。李方子作了概括，說：

至於帝曹魏而寇蜀漢，帝朱梁而寇河東，繫武后之年，黜中宗之號，與夫屈原、四皓之見削，揚雄、荀彧之見取，若此類，其於《春秋》懲勸之法，又若有未盡同者，此子朱子《綱目》之所為作也。[63]

《通鑑》不合義理的地方，一是涉及正統觀，司馬光寫史，「帝曹魏而寇蜀漢，帝朱梁而寇河東」，這不合朱熹的正統觀。二是《通鑑》的書法不合《春秋》的懲勸之法。再一個是史書的編排上的問題。

《資治通鑑綱目》作者是朱熹，但門人也是盡了力的。《綱目》的《凡例》是否出自朱熹之手，有爭議。但結合《文集》、《語類》等，可以肯定《通鑑綱目》及《通鑑綱目凡例》反映了朱熹的觀點。

《通鑑綱目》、《綱目凡例》中的主導思想是明正統。《語類》中有一段記載：

問：《綱目》主意？

曰：主在正統。

問：何以主在正統？

曰：三國當以蜀漢為正，而溫公乃雲：「某年某月『諸葛亮入寇』」，是冠履倒置，何以示訓？緣此遂欲起意成書，推此意，修正處極多。若成書，當亦不下《通鑑》許多文字。[64]

---

62 《朱文公文集》卷三十五。
63 《資治通鑑綱目·李方子後序》。
64 《朱子語類》卷一五〇《通鑑綱目》。

在《語類》等文獻中，朱熹的正統觀很明顯。他以為中國歷史的進程有兩種情形。第一，天下為一，諸侯朝覲，獄訟皆歸，便是得正統。另外有兩種情形，其一為「始不得正統，而後方得者，是正統之始」。如秦朝開初不是正統，秦始皇並天下後，方得正統。其他，西晉自泰康後才得為正統。隋朝在滅陳後，得正統。宋自太宗滅北漢後，始為正統。二是，「始得正統，而後不得者，是正統之餘」。如蜀漢、東晉。因此，司馬光稱蜀漢對北方用兵，是「寇」，朱熹以為是明顯不妥當、不合義理的說法。

第二是無統。「如三國南北五代，皆天下分裂、不能相君臣，皆不得為正統」。司馬光寫分裂時期的歷史，以一方為主，書「帝」，帝死書「崩」。其餘各方，書為「主」，主死書「殂」。朱熹認為不能這樣寫史，「此等處，合只書甲子，而附注年號於其下」[65]。

朱熹說到他寫《綱目》的緣起，說：「歲周於上而天道明矣，統正於下而人道定矣，大綱概舉而監戒昭矣，眾目畢張而幾微著矣，是則凡為致知格物之學者亦將慨然有感於斯矣。」[66]這裡說的「統正於下」，可以說是全書編纂的基本思想。至於《凡例》中列出七種統系的幾十種書法，越演越繁。這種凡例是其門人所作，不完全符合朱熹的思想。揭傒斯說：「然言愈煩而義愈密，非深得朱子之意。」[67]

《資治通鑑綱目》行褒貶，但是朱熹反對字字寓褒貶的所謂的《春秋》書法。所以，《綱目凡例》繁瑣的書法，同樣不完全合朱熹的本意。關於《資治通鑑綱目》的特點，朱熹說：「蓋表歲以首年，而因年以著統，大書以提要，而分注以備言，使夫歲年之久近、國統之離合、事辭之詳略、議論之同異，通貫曉析如指諸掌。」[68]本書前面對此已作了評析，這裡再作詳細一點說明。從形式上看，《綱目》的特點是：（1）表歲以首年。其解釋是：在大事發生的年歲之行外

---

65 同上。
66 《資治通鑑綱目序例》。
67 《資治通鑑綱目·揭傒斯書法序》。
68 《資治通鑑綱目序例》。

書寫某甲子，遇甲字、子字，則朱書以別之。(2)因年以著統。意思是：凡正統之年，歲下大書（甲子下書年號），非正統者兩行分注。(3)大書以提要。即以醒目大字把這一年的史事以提要形式寫出來。(4)分注以備言。簡要地說，詳注史事，輯錄史論、史評。這樣的編纂方法意圖是：「有追原其始者，有遂言其終者，有詳陳其事者，有備載其言者，有因始終而見者，有因拜罷而見者，有因事類而見者，有因家世而見者，有溫公所立之言，所取之論；有胡氏之說，所著之評，而兩公所遺與夫近世大儒折中之語，今亦頗采以附於其間。」

朱熹嘔心瀝血，吸收當世著述編纂的長處，會之於心，融合創作。創造這種編纂的形式，他的正統觀轉化為編纂思想，使史書更好地體現理學觀點。一種編纂形式，在一定程度上說，它總是反映一種學術觀點，有時也是一種政治觀點的折光。綱目體繼紀事本末體後，成為史書又一種重要的編纂體裁，很能說明這一點。在兩宋以後，這種體裁的史書為史籍中一大宗。

## 第三節 ·
# 歷史因革論和
# 經世事功之學

## 一、歷史因革論

兩宋社會矛盾相當複雜和尖銳，圍繞著如何解決社會危機的問題，史學家，包括思想家，提出各種歷史變革的主張。這些主張反映出他們的歷史觀點，也表

現出史學思想對社會的重要作用。史學的社會價值很重要的一個方面，就表現在這裡。下面從兩個方面歸納，一個方面是史學家、政治家對更革的理解，一個方面是理學家的有關言論。

可以說這一時期的史家、思想家，大多數對社會擺脫危機的出路，都有自己的思考，或是直接表述不同傾向的變革主張，參預變革的活動；或是通過史論、史評表達自己的改革社會的觀點。歐陽修、司馬光、王安石以及邵雍、二程，他們的變革觀具有代表性。南宋朱熹、呂祖謙是一種看法，到了南宋末年至元初，馬端臨變革觀點，體現在對兩宋歷史的總結中。

歐陽修是慶曆新政的主將之一，他的歷史變革思想較為突出地表現出通變的思想。

歐陽修看出變通是天地日月自然運動的法則，也是社會人事上的進退存亡的法則。他又把變化、變通稱作「理」，說「凡物極而不變，則弊。變則通，故曰『吉』也，物無不變，變無不通，此天理之自然也」。[69]他又說：「困極而後亨，物之常理也。所謂易窮則變，變則通也。」[70]「夫物極則反，數極則變，此理之常也。」[71]

依據變通之理的思想，他提出一系列變革政治的主張，他在《新五代史》中，表述出重民、重德政的思想以及關於朋黨的議論等，都是他的變革思想的組成部分。

歐陽修疑《周禮》，不能僅僅看作是他的文獻學方面的思想。他疑《周禮》，更有一層深意，是反對按《周禮》來處理社會問題。他有一段較長的議論，說：

……夫內設公卿大夫士，下至府吏胥徒，以相副貳，外分九服，建五等，差

---

69 《居士集》卷十八《明用》。
70 《易童子問》卷二。
71 《居士集》卷十八《本論下》。

尊卑，以相統理；此《周禮》之大略也。而六官之屬，略見於《經》者，五萬餘人，而里閭縣都之長、軍師卒伍之徒不與焉。王畿千里之地，為田幾井？容民幾家？……夫為治者，故若是之煩乎？此其一可疑也者。

秦既誹古，盡去古制，自漢以後，帝王稱號、官府制度，皆襲秦故，以致於今，雖有因有革，然大抵皆秦制也，未嘗有意於《周禮》者，豈其體大而難行乎？其果不可行乎？

夫立法垂制，將以遺後也，使難行而萬世莫能行，與不可行等爾。然則，反秦制之不若也，脫有行者，亦莫能興，或因以取亂，王莽、後周是也，則其不可用決矣。[72]

前兩條是從事理出發疑《周禮》：其一，它煩瑣，不可能行得通。其二，秦漢以來，儘管有因有革，但大體是行秦制。其三，說明後世按《周禮》行事，沒有一個不以失敗而告終。王莽、宇文周都是企圖按《周禮》變革，結果是「莫能興」、「以取亂」。

不幸的是歐陽修言而有中，王安石重演《周禮》的一幕。熙寧新政的流產，原因是多方面的，如果從王安石的歷史觀找根源的話，可以清楚地看到，一定的史學思想對社會變革的影響。王安石一方面提出了「天變不足畏，祖宗不足法，人言不足恤」的觀點，他敢於打破舊傳統的束縛，進行變革；但是他又確實是企圖從《周禮》中尋找革新的方案。他說：「百王之道雖殊，其要不過於稽古。」[73]新政的藍圖是從《周禮》中稽古所得。

王安石作《三經新義》，是他們變革的思想依據。邱漢生先生說：「王安石著《三經新義》為他推行新法服務，具有鮮明的政治的目的性。」[74]《三經新義》是《詩義》、《書義》、《周官義》。《三經新義》是王安石和他的學人所共同完成的，如陸佃、沈季長以及他的兒子王雱等。這部書始修於熙寧初年，成書於熙寧

---

72 《居士集》卷四十八《問進士策三首》。
73 《臨川先生文集》卷五十六《詔進所著文字謝表》。
74 《詩義鉤沉·序》。

八年。其中《周禮義》是王安石親自執筆寫就的。「從跟新法的關係說，《周禮義》最重要。《周禮義》是新法的理論根據，由王安石親自訓解」。[75] 關於《周禮義》與新法的關係，晁公武在《郡齋讀書志》中也作了說明：

……熙寧中，設經義局，介甫自為《周官義》十餘萬言，不解《考工記》。按，秦火之後，《周禮》比他經最後出，論者不一。獨劉歆稱為周公致太平之跡。……王莽嘗取而行之，斂財聚貨，瀆祀煩民，冗猝詭異，離去人情遠甚。施於文則可觀，措於事則難行。凡莽之馴致大亂者，皆其所致。厥後唯蘇綽、王通善之；諸儒未嘗有言者。

至於介甫以其書理財者居半，愛之，如青苗之類，皆稽焉。所以自釋其義者，以其所創新法，盡傳著新義，務塞異者之口。

後，其黨蔡卞蔡京紹述介甫，期盡行《周禮》焉。圜土方田皆是也。……何其甚也。久之，禍禮並起，與（王）莽曾無少異。[76]

《三經新義》成書是在熙寧的末期，但王安石以《周官義》行新法，青苗法、保甲法、募役法、方田均稅法、市易法等都能在《周禮》中找出它的原型。這一方面是從中找依據，又一方面也是不得已，在當時行新法，沒有一種經作旗幟，很難推開。至於蔡京這一夥人搞所謂紹述，則是假《周禮》之名，行搜括之實，最終導致北宋的滅亡。

《周禮義》一書現在有清人的輯本。無論如何，《周禮義》一書的歷史觀點是一種歷史倒退論。《周禮義》的《序》說：

自周之衰，以致於今，歷歲千數百年矣，太平之遺跡，掃蕩幾盡。學者所見，無復全經。於是時也，乃欲訓而發之，臣誠不自揆，然知其難也。以訓而發之之為難，則又以知夫立政造事，追而復之之為難也。……以所觀乎今，考所學乎古，所謂見而知之者，臣誠不自揆，妄以為庶幾焉。

75 參見侯外廬：《中國思想通史》第4卷（上），442頁，北京，人民出版社，1980。
76 《郡齋讀書志》卷一上《新經周禮義》。

侯外廬先生《中國思想通史》第四卷的上編，對這一段序言作了分析，說：王安石的話是表述了「古之《周官》，為今日新法所從出；今日之新法，更足證古之《周官》的實際。這樣，就大膽地進行訓釋了。說明了這一關係，就揭露了王安石全部新法的根據。」王安石說從周代到當今，周代的太平之世的遺跡已經看不見了。所謂變革，不過恢復周代的太平盛世而已。其實，《周禮》不能說它是全部偽造，至少後人加進不少的理想成分。藉著舊日的衣冠，說出的是陳舊的思想，卻又發動一場革新運動，希望以此改造現實成為一個嶄新世界；思想體系上的矛盾反映出找不到歷史出路的困惑。他們找不到有效的改革措施。所以，一場革新運動，應當有一新的歷史觀作為指導，這種歷史觀在整個改革的進行過程中，都顯現出它的巨大的力量。變革的歷史嚴正地向後世人展示了這一道理。

　　這裡要說明的是，一代大政治家的歷史觀點也應當作為一代史學思想來進行研究。歷史學對社會的作用，途徑是多方面的，通過歷史教育，包含在各種文藝、文學作品中歷史知識歷史觀點的影響，轉化成一種觀念、思想，影響人們的行動、行為。這些都能體現出史學的作用。而史家依據自己對歷史的理解，參與現實的活動，以及政治家依據一定的歷史觀點，進行的政治治理、改革，都明顯地看出史學的意義，看出史學思想反映一定的社會現實，又從思想上給社會以巨大的反彈力。

　　從形式上看，王安石是輕視史學的。但他在進行歷史變革時，同樣要考古今，熙寧新政的成敗從某一方面上說，和「史」都有聯繫。

　　南宋末、元初，史學家馬端臨作《文獻通考》。作為大宋的遺民，他總結王安石變法，一方面稱讚王安石進行變法的「勇於任怨，而不為毀譽所動」的勇敢精神，肯定「荊公新法，主於理財」的一面。同時，馬端臨揭露新法諸多弊端，從思想上說，一個突出的問題是「不知時適變」。如王安石的保甲法是借鑑古代的籍民為兵的方法，這在古代行得通，但是後世的條件發生了變化，按老套子辦事「則無益而有害。言其無益者，則曰田畝之民不習戰鬥，不可以代募兵；言其有害者，則曰貪污之吏並緣漁獵，足以困百姓」。說到助役法，馬端臨又說：「蓋介甫所行，刻核亟疾之意多，慘怛忠利之意少。故助役雖良法，保甲雖古法，而

皆足以病民。」[77]

王安石看重實際，勇於革新，思想中有唯物主義的因素；但無可否認，王氏的變革歷史觀卻固化在一定的、陳舊的思維範式裡面，正缺少一種通變的思想。馬端臨對王安石的評論還是抓到了問題的關鍵。

馬端臨，字貴與，饒州樂平（今屬江西）人，生於理宗寶祐二年（1254年），卒年不詳。元英宗至治二年（1322 年）饒州路以《文獻通考》付刊時，年六十九。除《文獻通考》三百四十八卷外，他還著有《多識錄》一百五十三卷、《義根墨守》三卷及《大學集傳》等，俱失傳。其父馬廷鸞官至參知政事兼同知樞密院事，進右丞相兼樞密使。馬廷鸞的著作中，史學作品最重要的是《讀史旬編》。他對馬端臨的史學產生直接的影響。當然，父子在封建制度一些問題上也不盡一致。《文獻通考》共二十四考：田賦考、錢幣考、戶口考、職役考、征榷考、市糴考、土貢考及國用考，這幾考是關於封建國家經濟制度的；選舉考、學校考、職官考是關於封建專制主義政治制度的；與禮制有關的是郊社考、宗廟考、王禮考、樂考；關於國家專制統治的有兵考、刑考；關於文化典籍的有經籍考；關於國家、皇族統系的有帝系考、封建考；有關天象和地理的有象緯考、物異考、輿地考；關於周邊問題的有四裔考。各「考」合起來對整個封建社會各個時期的各個方面作了全面的總結。白壽彝先生說它是「封建社會的素描的圖景」。這部書對中國歷史，特別是對兩宋的變革的歷史變動作了系統的總結。我們要重視的是他在歷史的總結中，表現出的一種通變的歷史眼光。如宋人企圖以封建、井田的辦法來解決社會危機的主張，他批評說：

夫封建者，古帝王所以建萬世之長策。今公心良法一不復存，而顧強希其美名以行之，上則不利於君，中則不利於臣，下則不利於民。而方追咎其不能力行，此書生之論，所以不能通古今之變也。[78]

以通變的眼光來思考歷史、總結歷史變革，是兩宋的歷史因革論的一個特

77 《文獻通考》卷一五三《兵法五》。
78 《文獻通考》卷二七五《封建考十六》。

點。

理學家如邵雍、二程、朱熹對歷史的「因」與「革」都有自己的看法，其中心是以天理作為變革社會的準則。因此，他們高談天理對正人心、風俗以及復三代的至治中的重大作用，但是他們拿不出切實有效的振興社會的辦法。極有諷刺意味的是，當真德秀一批理學大儒，在理宗上台時，政治上也最為風光之日，卻是南宋疾速走下坡路之時。這樣說，並不是說他們中一些人不能提出一些值得重視的觀點，也不是說他們歷史的因革思想沒有任何價值。下面列出幾點。

**1. 隨時變易以從道**　這是理學家程頤歷史因革論的集中表述。程頤在《上仁宗皇帝書》中，說到北宋到非變革不可的地步。他指出：

臣請議天下之事。不識陛下以今天下為安乎？危乎？治乎？亂乎？烏可知危亂而不思救之之道！如曰安且治矣，則臣請明其未然。方今之勢，誠何異於抱火厝之積薪之下而寢其上，火未及然，因謂之安者乎？

他說一想到社會的動盪，「每思之，神魂飛越」[79]。程頤認為變革要把「稽古」和「不泥於常」兩者結合起來，認為這兩者不能分開。在《又上太皇太后書》中說：

進德在於求道，圖治莫如稽古，道必詢於有道之士，古必訪諸稽古之人。若夫世俗淺士，以守道為迂，以稽古為泥，適足以惑人主之聽。[80]

稽古是復三代之治，但是稽古又能變常，才能得聖人之意。宋代很多人主張以行封建、井田的辦法，來緩和土地危機，如張載、李覯等，都是這樣主張的。王安石也是仿古之封建井田，定方田均稅的方案。程頤是另一種看法，他說：

必井田、必封建、必肉刑，非聖人之道也。善治者，放井田而行之而民不病，放封建而使之而民不病，放肉刑而用之而民不病。故善學者，得聖人之意而

---

79 《程氏文集》卷五。
80 《程氏文集》卷六。

不取其跡。跡也者，聖人因一時之利而制之也。[81]

他同意柳宗元的關於古之行封建是「勢也」的說法，程氏沒有說「勢」，而稱之是「不得已」。應當看到，程頤的觀點與王安石的差異，應在經濟中去找。方田均稅在一定程度上觸動了大地主、大商人的利益。所以，王安石的「荊公新學」與理學發生衝突，不少人說王安石的新學是「壞人心術」，其實這不過是觸動經濟利益而引出的一種仇恨心緒，因為即使在學術上的差異，也不至於達到不顧學者應有的氣度、非要這樣詆罵的地步。

**2. 慎慮而動**　這也是程頤提出來的。程頤說：「變革，事之大也，必有其時，有其位，有其才，審慮而慎動，而後可以無悔。」[82]在另一地方，程頤提出變要「漸」、「隨時」，特別是牽連到近戚、貴家時，更要慎重。他的話是這樣說的：「若夫禁奢侈則害於近戚，限田產則妨於貴家，如此之類，既不能斷以大公而必行，則是牽於朋比也，治泰不能朋亡，則為之難矣。」[83]從這個地方，可以看出程氏的歷史因革論，是一種保護近戚、貴家的變革論。一切都是以天理為準，說王安石是言利，壞人心術，實際不過是壞了近戚、貴家之利。所謂「治泰不能朋亡」，這裡提出一個問題，即行新法不能得罪、損害權貴，否則後果是「朋亡」。這清楚表明了程氏因革論的實質。

**3. 通變使簡易**　朱熹繼二程發展理學，成為理學的集大成者。關於歷史的變革，朱熹和二程基本的觀點一致，是順理而治。但是朱熹具有更多的通變的思想。他說：「使孔子繼周，必通變使簡易。」又說：「居今之世，若欲盡除今法，行古之政，則未見其利，而徒有煩擾之弊。又事體重大，阻格處多，決然難行。」[84]以井田封建的辦法，來解決宋代的社會問題，也是行不通的。他說：

封建實是不可行。若論三代之世，則封建好處，便是君民之情相親，可以久安而無患；不似後世郡縣，一二年輒易，雖有賢者，善政亦做不成。

---

81 《程氏遺書》卷二十二上。
82 《周易程氏易傳》卷四「革・九二」。
83 《周易程氏易傳》卷一「革・九二」。
84 《朱子語類》卷一八〇《論治道》。

他同意柳宗元對封建的看法，但又以為柳宗元把封建說得全不好，也不對。其實，柳宗元對封建是一種歷史的思考。朱熹提出行古制，當重在通其精神，其精神是在減輕百姓的負擔。他說：

今欲行古制，欲法三代，煞隔霄壤。今說為民減放，幾時放得到他元肌膚處。且如轉運使每年發十萬貫，若大段減輕，減至五萬貫，可謂大恩。若未減放那五萬貫，尚是無名額外錢。須一切從民正賦，凡所增名色，一齊除盡，民方始得脫淨，這裡方可以議行古制。[85]

朱熹仕宦生涯不過九載，主張輕民賦，知漳州任上，試行「正經界」，對百姓有利。為此他受到豪宗大姓的攻擊，朝中一些官僚以此為口實，排詆朱熹。在這些地方，他的歷史因革觀與程頤又不完全一樣。

**4. 言因革，當通其變**　邵雍的代表作《皇極經世書》提出一種通變的歷史的「因」「革」觀。他說：

為治之治道，必通其變，不可以膠柱，猶春之時不可行冬之令[86]。

這裡實際上提出了歷史的變革是一種必然，應有一種變的意識。

邵雍說歷史上的更革有四種類型：正命、受命、改命、攝命。對此他作了解釋，說：

正命者，因而因者也。受命者，因而革者也。改命者，革而因者也。攝命者，革而革者也。……革而革者，一世之事業也。革而因者，十世之事業也。因而革者，百世之事業也。因而因者，千世之事業也。可以因則因，可以革則革，萬世之事業也。一世之事業者，非五伯之道而何？十世之事業者，非三王之道而何？百世之事業者，非五帝之道而何？千世之事業者，非三皇之道而何？萬世之事業者，非仲尼之道而何？是知皇帝王伯者，命世之謂也。仲尼者，不世之謂

---

85 《朱子語類》卷一一一《論民》。
86 《皇極經世書》卷十一上《觀物外篇上》。

也。[87]

可以將上面的內容歸結為以下要點：

三皇之道：因而因者，千世之事業，正命。

五帝之道：因而革者，百世之事業，受命。

三王之道：革而因者，十世之事業，改命。

五伯之道：革而革者，一世之事業，攝命。

仲尼之道，又遠在此之上。是可以因則因，可以革則革，是萬世之事業。從中可以看出邵氏特別重視「因」，這是他的歷史因革觀的保守的一面。但他強調「可以因則因，可以革則革」，順歷史的形勢進行因與革，認為這樣則可以達萬世太平。這裡是以道家的思想對孔子的「損益觀」作了改造。

「可以因則因，可以革則革」，怎樣才能做到這一點呢？邵雍在同一篇文字中提出所謂的「善」的準則，即善化、善教、善勸、善率。這裡的化、教、勸、率，是一種方式。手段，是「用」；而「道、德、功、力」，是「體」。所以邵雍的歷史變革觀，一方面有通達的地方，特別重視「可因則因，可革則革」。另一方面，又是保守的、貧乏的、空洞的，最終還是天理、天道為萬世不變的結論。

## 二、事功之學與經世之學

兩宋一次次的變法、革新、更化，都解決不了社會危機的問題。理學家高談天人性命，同樣是無濟於事。另外，有許多思想家和史學家言義理而不空談性命，言義理又重事功。一些史學家力圖把歷史和各種社會的現實結合起來，思考解決一些具體的社會問題。南宋的浙東事功之學，以及呂祖謙的呂學都帶有這樣

---

87 《皇極經世書》卷十一上《觀物篇之四十五》。

的特點。

全祖望說：「水心較止齋又稍晚出，其學始同而終異。永嘉功利之說，至水心始一洗之。……乾、淳諸老既歿，學術之會，總為朱、陸二派，而水心斷斷其間，遂稱鼎足。」[88]朱陸二派對立，至於另一大宗是什麼學派，說法不盡一致，角度也不一樣。或說呂學，或謂湖湘之學。這裡不作辯論。從薛季宣（艮齋）、陳傅良（止齋）到葉適（水心）的永嘉學派和陳亮（龍川）的永康學派以及呂祖謙（東萊）的呂學在思想上相通，同朱熹的朱學有重大的分歧。所以，有的將它們統稱為「浙學」，儘管它們之間有差異。朱熹把浙學當作是學術上的大敵，說：

江西之學只是禪，浙學卻專是功利。禪學後來學者摸索一上，無可摸索，自會轉去。若功利，則學者習之，便可見效，此意甚可憂。

在朱熹看來，功利之學比禪學還要可怕。他又說：

陳同父（亮）學已行到江西，浙人信向已多。家家談王伯，不說蕭何、張良，只說王猛；不說孔、孟，只說文子，可畏，可畏！[89]

全祖望則稱之為「婺學」，他並且把呂祖謙作為婺學的代表。他說：

乾、淳之際，婺學最盛，東萊兄弟以性命之學起，同甫以事功之學起，而說齋（唐仲友）則為經制之學。考當時之為經制者，無若永嘉諸子，其於東萊、同甫，皆相互討論，臭味契合。東萊尤能并包一切，而說齋獨不與諸子接，孤行其教。

試以艮齋、止齋、水心諸集考之，皆無往復文字。水心僅一及其姓名耳。至於東萊，既同里，又皆講學於東陽，絕口不及之，可怪也。[90]

---

88 《宋元學案》卷五十四。
89 《朱子語類》卷一二三。
90 《宋元學案》卷六十。

可見，浙學，也就是全祖望稱的婺學，他們之間沒有往來，但有共同的學風特徵。之所以還不能稱為學派，一是它們之間存在差異，二是即如永嘉諸子，他們學術相互切磋的記錄在《集》中也沒有發現，全祖望對此感到不可以理解。當然全氏的說法不是很全面。但至少，要形成一個學派，必要的學術上的往復還是必要的。我一向認為，可以稱之為浙學、婺學或者浙東學術，但把它們作為一個學派，則是明顯不妥。

全氏說「東萊尤能并包一切」，說明呂學在浙學中的折中地位。浙學的第一個特點，是重經亦重史，講畜德致用。陳亮、葉適論史、議史並且把史和現實聯繫起來，是非常突出的。葉適在《習學記言序目》中說：

> 明於道者，有是非而無今古；至學之則不然，不深於古，無以見後，不監於後，無以明前。古今並策，道可復興，聖人之志也。

水心又謂：

> 古人多識前言往行，以畜其德。近世以心通性達為學，而見聞幾廢，狹而不充，為德之病。[91]

陳亮同樣言事功，所不同之處，龍川以同理學相對立的形式出現。全祖望說：「永嘉以經制言事功，皆推原以為得統於程氏。永康則專言事功而無所承。」[92] 黃百家說是「然其為學，俱以讀書經濟為事」。陳亮是「推倒一世之智勇，開拓萬古之心胸」的一世大學者，其論史言功利是其思想中一大特點。同時代的呂祖謙倡讀史變風氣，講畜德致用。他說：

> 多識前言往行，考跡以觀其用，察言以求其心，而後德可畜。不善畜，蓋有玩物喪志者[93]。

朱熹對呂祖謙不滿的地方，如前所說，是「於史分外仔細」。

---

91 《水心文集·題周子實所錄》。
92 《宋元學案》卷五十六。
93 《麗澤講義》。

浙學重史亦重經，朱熹以經為先，史為後，認為經細而史粗，把史學放在從屬的地位，朱熹是使史學會歸於理學之純粹；浙學與朱學不同，言經言史，重經也重史。在呂氏那裡，更體現為「言性命者，必究於史。」呂祖謙的作品中，史學著作是主要的。重要的有：《大事記》、《大事記解題》、《大事記通釋》、《左氏傳說》、《左氏傳續說》以及《東萊博議》。前三本書相互聯繫，構成一個系統。《大事記》十二卷，起自周敬王三十九年，止於漢武帝征和三年，是一本編年大事。《通釋》三卷，引諸儒文學評論歷史。其中引《易大傳》、《書序》、《詩序》、《論語》、《孟子》、劉向的《戰國策序》、《太史公自序》、《史記》，一直到《程氏遺書》。關於《大事記解題》十二卷的寫作意圖以及它和《大事記》、《通釋》的關係，呂祖謙說：

《大事記》者，列其事之目而已，無所褒貶抑揚也。熟復乎《通釋》之所載也，列其統紀可考矣。

《解題》蓋為始學者設，所載皆職分之所當知，非事雜博求新奇，出於人之所不知也。至於畜德致用淺深大小，則存乎其人焉。次輯之際，有所感發或並錄之，此特一時意之所及者，覽者不可以是為斷也。

這三本書組成一個整體，一是「畜德致用」的修史指導思想。也貫穿他的理學觀點。二是以編年載事為主要內容。三是把史考、史論綜合為一體。當然這樣「史」、「論」分開來寫，又給人以割裂的感覺。

由第一個特點，導出浙學的第二個特點，是倡經世致用之學，這裡不僅是通過畜德講致用。黃宗羲說：「永嘉之學，教人就事上理會，步步著實，言之必使可行，足以開物成務。」[94]呂祖謙在《與朱侍講書》中說薛士龍（季宣），「於田賦兵制地形水利甚下工夫，眼前殊少見比。」葉適說：「讀書不知接統緒，雖多無益也。為文不能關教事，雖工無益也。」[95]浙學言理財、言用兵、言民生日用，甚得要領。

---

94 《宋元學案》卷五十二。
95 《水心文集·贈薛子長》。

作為浙學的代表人物，呂祖謙在經世致用之學上，更為突出。他提倡「學者當須為有用之學。」他寫的《歷代制度詳說》，從十二個制度方面談致用。這本書和《大事記》、《左氏傳說》、《左氏傳續說》以及《文集》，言致用是主要內容。這些內容包括以下各個方面：選舉、學校、官制、賦稅（有的地方又單列財賦）、漕運、鹽法、酒禁、錢幣、荒政、治河、田制、屯田、兵制、馬政、刑法、政事。這裡已涉及官制以外的內容，後來的王應麟、黃震在史學上也具有這樣的特色。

經世致用的史學在南宋以後，發展很快，成為史學中的主要思潮之一。

浙學第三個特點是學術興趣廣泛。黃百家說，薛季宣在治學上「凡夫禮樂兵農莫不該通委曲，真可施之實用。」[96]陳傅良繼承這一傳統。從另一面說，這種廣博，在一些學者那裡，又有「雜」的一面。葉適是較為純粹的，而呂祖謙的學術既博又雜。朱學、陸學、湖湘之學、經制之學，乃至佛教思想在他的思想上都有反映。這影響他的史學的致用，也使他的史學發展受到了侷限。一些人談宋代的史學，對他的史學沒有給予足夠的重視，這和呂氏思想上的博雜有一定的關係。他的史學著作中理學色彩相當的重。《東萊博議》雖說是「少年場屋所作」，但無可爭辯的是，這本書中的史論、史評精見不少，議論文字亦規範，但反映出來的觀點卻是斑駁的色彩。

事功學者所論不合朱熹理學家的求於天理之正的要求。朱熹和陳亮的王霸義利之辨很可以說明他們之間的分歧。陳亮不同意朱熹的天理論，朱熹以三代為天理流行的至治之世，後世為人欲橫流的時代。學者當論天理之正，不當言功利。陳亮在《又甲辰秋書》中系統闡明自己的觀點，他說：

自孟、荀論義利王霸，漢唐諸儒未能深明其說。本朝伊洛諸公，辨析天理人欲，而王霸義利之說於是大明。然謂三代以道治天下，漢唐以智力把持天下，其說固已不能使人心服；而近世諸儒，遂謂三代專以天理流行，漢唐專以人欲行，

---

96 《宋元學案》卷五十二。

其間有與天理暗合者，是以亦能久長。信斯言也，千五百年之間，天地亦是架漏過時，而人心亦是牽補度日，萬物何以阜蕃，而道何以常存乎？

故亮以為，漢唐之君本領非不洪大開廓，故能以其國與天地並立，而人物賴以生息。惟其時有轉移，故其間不無滲漏。曹孟德本領一有曉欹，便把捉天地不定，成敗相尋，更無著手處。此卻是專以人欲行，而其間或能有成者，有分毫天理行乎其間出。諸儒之論，為曹孟德以下諸人設可也，以斷漢、唐，豈不冤哉！

陳亮認為不能把漢唐以下歷史，都看成是人欲橫流的時代，看成是歷史的倒退。漢唐時代是一種「與天理暗合」的時代，漢唐人君的本領同樣宏大開闊。陳亮駁斥了朱熹的歷史退化的議論。但也要指出，陳亮的思想又有不徹底的一面。他肯定漢唐人君的同時，又認為曹孟德一類人是應該否定的，果真如此，這千五百年，只有一二人君有與天理暗合之心，那歷史仍是「架漏過時」。這就給朱熹攻擊留下缺口。

在《又乙巳春書之一》中，陳亮回答朱熹的非議，進一步闡發道不離器、道不離人的觀點，這也為事功的思想提供了理論的說明。從這些方面，可以看出朱熹與浙學在思想上的分野。

經世的史學思想從南宋以後，得到長足的發展。

## 第四節 ·
# 史學批評
# 與《通志》

　　兩宋的史評作品相當多，如胡宏的《皇王大紀》、范祖禹的《唐鑑》和呂祖謙的《東萊博議》以及兩宋文集中的史論等。史評包括歷史評論和史學評論。論古史的起始，論封建，論井田，論歷史人物與事件，論天理綱常與歷史盛衰得失，構成歷史評論的方方面面。在史學評論中，最有生氣的是鄭樵（1104-1162）在《通志》兩百卷中的史學批評。

　　清代的梁啟超從史學批評的角度把鄭樵和劉知幾、章學誠三位史家聯繫起來，說：

　　批評史學者，質言之，則所批評即為歷史研究法之一部分，而史學所賴以建設也。自有史學以來二千年間，得三人焉：在唐劉知幾，其學說在《史通》；在宋則鄭樵，其學說在《通志·總序》及《藝文略》、《校讎略》、《圖譜略》；在清則章學誠，其學說在《文史通義》。[97]

　　梁啟超將劉、鄭、章三人並列是肯定三人在史學思想史上的重要地位，但三個人各有不同的特點。章學誠說，劉言史法，吾言史意，也是這個意思。鄭樵的

---

97 梁啟超：《中國歷史研究法》第二章。

史學批評在那個時代具有自己的特點。

第一，鄭樵的史學批評具有廣泛的特點。他對前代的大史家和學者，幾乎都有評論。他推崇孔子，但對《論語》卻有微詞，認為這是一本「空言著書」一類的著作。司馬談、司馬遷是孔子五百年以後的大著述家，《史記》是《六經》以後最重要的著作，但這部書也有兩點未可人意的地方。一是，限於客觀條件，司馬遷見到的書不多，因此《史記》有「博不足」之恨。二是，司馬遷寫史的語言風格不統一，又「間有俚語」，因而又有「雅不足」之恨。鄭樵對班固的《漢書》批評最多，歸結起來：其一，《漢書》斷漢為代，割斷了歷史的聯繫，「是致周秦不相因，古今成間隔。」人們從這種史書中，無法了解古今制度的「損益」情況。其二，班固宣傳「漢紹堯運」一套的無稽之談。其三，《漢書》的《古今人表》，強行把古今人物分為九等，失去司馬遷作《表》的用心。其四，班固「無獨斷之學，惟依緣他人以成門戶」。這表現在《漢書》中武帝以前的材料，取自《史記》；自昭帝至平帝記載，「資於賈逵、劉歆」，並且是班昭使《漢書》得以完篇。其五，《漢書》的《藝文志》寫得好，但《漢書》的《藝文志》出自劉向、劉歆的《七略》：「若班氏步步趨趨不離於《七略》，未見其失也；間有《七略》所無，而班氏雜出者，則躓矣。」還有班固對一代典制也缺乏了解。應該說，鄭樵的批評的主要部分還是不錯的。

對於其他的學者，鄭樵從不同的角度進行批評：董仲舒、劉向、劉歆宣傳災祥理論，影響很壞。劉向、劉歆不重視圖譜，使圖譜之學失傳。范曄、陳壽沿襲班固的路數，沒有創新的精神。魏晉南北朝和唐初的史臣，沒有糾正斷代史的缺點。這一時期的史書任意褒貶美刺，互相指責，南謂北為「索虜」，北謂南為「島夷」，這都是錯誤的。劉知幾不應該尊班而抑馬。劉知幾和司馬遷都「不通姓氏之學」，他們寫的作品，涉及這一方面，出現不少錯誤。歐陽修的《新唐書》的《表》依據譜牒，譜牒為「私家冒榮之書」，其記載不足信。司馬光寫《通鑑》紀年繁瑣，用歲陽歲陰之名。此外，對杜預、顏師古都有批評。[98]

---

98 以上引文見《通志・總序》。

鄭樵的史學批評反映他的歷史見解和史學的觀點，在當時來說，在理論上相當深刻。這是他史學批評的第二個特點。

首先，鄭樵認為五行為世界的本原，而五行的變化是無窮的，由此他對理學作了原則性的批評。他說：義理之學是「空谷尋聲」。他批評「災祥說」，指出：

說《洪範》者，皆謂箕子本《河圖》、《洛書》，以明五行之旨。劉向創釋其傳於前，諸史因之而為《志》於後，析天下災祥之變，而推之於金、木、水、火、土之域，乃以時事之吉凶而曲為之配，此之謂為欺天之學。

鄭樵稱「災祥說」為「欺天之學」，並且揭露歷代史《志》，如天文志、五行志、祥瑞志等的理論依據上的荒謬。他又說：

且萬物之理不離五行，而五行之理其變無方。「離」固為火矣，而「離」中有水；「坎」固為水矣，而「坎」中有火。安得直以秋為大水，為水行之應，成周宣榭火，為火行之應乎？況周得木德，而有赤烏之祥；漢得火德，而有黃龍之瑞。此理又如何邪？[99]

值得注意的是，其一，「萬物之理不離五行，五行之理其變無方」的提法，肯定「理」是不離五行的，而五行的變化並不是機械地運動。其二，以對立統一的觀點解說《周易》的卦義，擊破了災祥說的依據。「離」卦是「火」，但離中有「水」。「坎」卦是代表「水」，但是「坎」卦中有「火」。矛盾的事物是相互包含。固定以一種卦，代表一種徵兆也是沒有道理的。

這裡捎帶多說幾句，鄭樵對「離」、「坎」卦的解說，是取虞氏的卦變說，《離》與《坎》旁通。《坎》卦，虞氏注：「《乾》二五之《坤》，與《離》旁通。」同樣，《離》卦，虞注：「《坤》二五之《乾》，與《坎》旁通。」明末王夫之又作了進一步的發揮，他說：「故《頤》有《離》象而失位，二陽旋得乎中，則為《坎》。《大過》有《坎》象而失位，二陰旋得乎中，則為《離》。《頤》、《大過》、

---

99 《災祥略·災祥序》。

《坎》、《離》定位於中，而陰陽消長乃不失其權衡。」[100]清人錢大昕說：《坎》、《離》等八個卦，「皆以旁通為對者也」[101]。但是相比之下，鄭樵說「《離》固為火矣，而《離》中有水；《坎》固為水，而《坎》中有火」，更為簡潔、更富有辯證的特色。其次，鄭樵從歷史貫通的思想，提出他的古史觀點。

**1. 人類的起源**　鄭樵在《通志》中談到原始人的情形，說：

人與蟲魚禽獸同物，同物者，同為動物也。天地之間，一經一緯，一從（縱）一衡（橫），從而不動者，成經；衡而往來者，成緯。草木成經，為植物；人與蟲魚禽獸成緯，為動物。

然人為萬物之靈，所以異於蟲魚禽獸者，蟲魚禽獸動而俯，人動而仰；獸有四肢而衡行，人有四肢而從行。植物，理從；動物，理衡。從，理向上；衡，理向下。人，動物也，從而向上，是以動物而得植物之體。向上者，得天；向下者，得地。人生乎地而得天之道，本乎動物而得植物之理，此人之所以靈於萬物者，以其兼之也。[102]

這裡指出了人與動物同源，又具有動物、植物兩重優點，所以人為萬物之靈。他的解說，特別強調人的直立行走的意義。兩宋的邵雍以及程頤與後來的朱熹都有關於人的起源的論述，但是相比之下，鄭樵不只是沒有天理的說教，而且相對地說，也含有一定的真理因素。

**2. 關於初民社會的描述**　鄭樵綜合先秦思想家的論述，描述了人類最初的社會的情形。他說：

臣謹按：三皇伏羲但稱氏，神農始稱帝，堯、舜始稱國。自上古至夏、商，皆稱名，至周始稱謚。而稱氏者，三皇以來未嘗廢也。年代則稱紀。

厥初生民，穴居野處，聖人教之，結巢，以避蟲豸之害，而食草木之實，故

---

100 《周易外傳》卷七《序卦傳》。
101 《十駕齋養新錄》卷一。
102 《通志》卷三十五《六書略第五》。

號曰有巢氏，亦曰大巢氏，亦謂之始君，言君臣之道於是乎始也；有天下百餘代。民知巢居未知熟食，燧人氏出焉，觀星辰而察五木，知空有火麗木則明，故鑽木取火，教民以烹飪之利，號燧人氏。以夫燧者，火之所生也。時無文字，未有甲曆紀年，始作結繩之政而立傳教之台；始為日中之市而興交易之道，亦謂之遂皇。或言遂皇持斗機運轉之法，以施政教，此亦欽若昊天以授民時之義也。[103]

這段文字和《周易》的《繫辭》內容大致相同，而少了神道設教的說明。司馬光的《稽古錄》卷首，也寫伏羲氏，但著重是寫伏羲「以木德繼天而王」，說明皇權天授的由來。如果再和《韓非子·五蠹》篇、柳宗元的《貞符》篇相比較，《通志》增加了有關文字、文明產生的內容。鄭樵的描寫，是把人類的古史理解為一個不斷進化的過程。

在另一個地方，鄭樵寫到古代的君臣之道，有更加詳細的說明：

上古之時，民淳俗熙，為君者唯以奉天事神為務，故其治略於人而詳於天……唐虞之後，以民事為急，故其治詳於人而略於天。[104]

這裡實際上已經涉及有關國家職能的問題，雖然他不可能對這個問題有科學的理解，但他揣測到原始社會治理是「詳於天而略於人」；到了唐虞，管理職能發生變化，「詳於人而略於天」。這已經是性質上的變化。

此外，鄭樵對歷史發展的階段、對封建社會的興衰等問題都有獨到的論述，並以這些認識去評品歷史著作。

第三，鄭樵提出「會通」的思想。用「會通」思想評價史學作品，這裡面體現他對歷史一定的理解，也是他對史書編纂的要求。「會通」思想是一個體系。《通志》的《總序》開篇說：

百川異趨，必會於海，然後九州無浸淫之患；萬國殊途，必通諸夏，然後八

---

103 《通志》卷一《三皇紀》。
104 《通志》卷二《五帝紀》。

荒無壅滯之憂。會通之義大矣哉。

歷史前後互相聯結、相互因依，因此寫史應當反映這樣一個歷程。按照這樣的標準去衡量史學作品，他特別推崇通史著作，批評那種割斷歷史聯繫的斷代史。他強調歷史的前後聯繫，這是不錯的，但具有「通識」的史家寫斷代史，同樣可以成一家之言。突出一代盛衰變動，斷代史又有自身的優點。這裡，我們不爭論通史、斷代史的長短，也不去評論班、馬的優劣，重要的是從中看出鄭樵的歷史眼光。

第四，鄭樵批評前代史書以天人感應說、災祥說解釋歷史，反對以所謂的《春秋》筆法，在史書中搞「任情褒貶」。前面我們已經談到這一問題。鄭樵認為，在史書中以災祥說解說歷史興衰的變動，是一種「欺天之學」。他稱在史書中以所謂的《春秋》史法、搞字字褒貶是「欺人之學」。他說：

> 凡說《春秋》者，皆謂孔子寓褒貶於一字之間，以陰中時人，使人不可曉解，《三傳》唱之於前，諸儒從之於後，盡推己意而誣以聖人之意，此之謂欺人之學。[105]

鄭樵主張史家的職責在如實記載史實，而不在褒貶。他說：「史冊以詳文該事，善惡已彰，無待美刺。讀蕭（何）、曹（參）之行事，豈不知其忠良！見（王）莽、（董）卓之所為，豈不知其凶逆！」因此，他認為史家沒有必要在書中寫論贊，他說：「且紀傳之中既載善惡，足為鑑戒，何必於紀傳之後，更加褒貶；此乃諸生決科之文，安可施於著述！」在記載史事時，寫史書要平心直道，「著書之家，不得有偏徇而私生好惡，所當平心直道，於我何厚，於人何薄哉」。[106]

在中世紀，所謂的純客觀的史學是不會存在的。但鄭樵揭露封建史學「欺人」、「欺天」的實質，要求史家如實地反映歷史的真實，有進步的意義。

---

105 《通志》卷七十四《災祥序》。
106 《通志‧總序》。

另外，鄭樵在批評前代的文獻學時，提出了治學要用類例的方法。他說：

善為學者，如持軍治獄，若無部伍之法，何以得書之紀；若無核實之法，何以得書之情。[107]

這裡說的「部伍之法」，鄭樵解釋是：「古人編書，必究本末，上有源流，下有沿襲。」[108]「類例，猶持軍也。若有條理，雖多而治，若無條例，雖寡而紛。類例不患其多也，患處多之無術爾。」[109]「類例」主張強調治學、整理文獻，要分類研究；分類要在探究文獻本末源流的基礎上進行。這在文獻學史上有重要的意義，清人章學誠說：

自劉、班而後，文藝著錄，僅知甲乙部次，用備稽檢而已，鄭樵氏興，始為辨章學術，考竟源流。[110]

鄭樵的嚴格學術批評，招來不少非議。南宋陳振孫說鄭樵「譏詆前人，高自稱許」。「雖自成一家，而其師心自是」。[111]清人如錢大昕、王鳴盛、戴震、周中孚等，對鄭樵的學術批評很反感，說他「大言欺人」[112]、「賊經害道」[113]，鄭樵的史學批評受到這樣的指責，是不公平的，章學誠有中肯的分析。說：

鄭樵生千載而後，慨然有見於古人著述之源，而知作者之旨，不徒以詞采為文、考據為學也。於是遂欲匡正史遷，益以博雅，貶損班固，譏其因襲，而獨取三千年來遺文故冊，運以別識心裁，蓋承通史家風，而自為經緯，成一家言者也。學者少見多怪，不究其發凡起例，絕識曠論，所以斟酌群言，為史學要刪，而徒摘其援據之疏略，裁剪之未定者，紛紛攻擊，勢若不共戴天。古人復起，奚

---

107 《通志》卷七十二《明用》。
108 《通志》卷七十一《校讎略·編次必記亡書論》。
109 《通志》卷七十一《編次必謹例論》。
110 《校讎通義》卷二。
111 《直齋書錄解題》卷二。
112 《鄭堂讀書記》卷十八。
113 《戴震文集》卷九《與任孝廉幼植書》。

足當吹劍之一唊乎。[114]

鄭樵的史學批評給當時的學術界帶來一股新鮮空氣。鄭樵也說他的批評，其用意是要打破那種「經既苟且，史又荒唐」[115]的局面。他又說，他非好攻古人，其批評用意在「正欲憑此，開學者見識之門戶，使是非不雜糅其間」[116]。

總之，無論從哪一個方面來說，兩宋的史學思想都是中世紀史學思想的一個大的發展，在理學浸潤的學術氛圍中，鄭樵的史學是獨樹一幟，堅持實學的主張，具有反理學的意義。

## 第五節 ·
# 歷史文獻學
# 的發展

宋代歷史文獻學的發展首先要提到的是金石學。何謂金石學？劉節先生說就是現在的考古學的一個門類，也可以說是現在考古學的前身。「金」主要指殷周時期的青銅器，這些青銅器往往都有銘文。「石」主要指秦漢以後的石刻。鄭樵在其《通志·金石略》中講：「三代而上，唯勒鼎彝；秦人始大其制而用石鼓，始皇欲詳其文而用豐碑；自秦迄今，唯用石刻。」不論是刻於銅器上的金文或刻於石碑的石刻，都是研究古代歷史的寶貴資料，有些可以補歷史記載的不足，有

---

114 《文史通義》卷五《申鄭》。
115 《通志·總序》。
116 《通志》卷四十九《樂略一》。

些可以證歷史記載的謬誤，有些實物可以幫助人們正確認識古代歷史。

# 一、金石學成就

關於宋代發現的金石材料是很多的，總括起來有以下幾類：

一是殷周彝器，二是石刻，三是古泉布、錢幣，四是漢代竹簡，五是陶器，六是新石器時代的石斧、石刀等。

把金石資料作為新史料運用於學術研究的要首推劉敞，他將所收集到的先秦銅器十一件，請石工摹其文，繪其圖刻於石頭上，取名為《先秦古器圖》。在《公是集》自序中說：「三王之事，萬不存一。《詩》、《書》所載，聖王所立，有可長太息者矣，獨器也乎哉。」有了這些器物，就可以「禮泉，明其制度；小學，正其文字；譜牒，次其世諡」[117]。現存最早的研究銅器銘文和石刻文字的專書是歐陽修的《集古錄跋尾》十卷。後來又有趙明誠的《金石錄》三十卷，「古物奇器豐碑巨刻所載，與夫殘章斷畫摩而僅存者，略無遺矣」。他們認識到，史書中有關「歲月、地理、官爵、世次，以金石考之，其牴牾十常三四。蓋史牒出於後人之手，不能無失；而刻詞當時所立，可信不疑」[118]，已經認識金石對證史補闕糾謬的重要性，他們收錄金石是為了「載夫可與史傳正其闕謬者，以傳後學，庶益於多聞」[119]。呂大臨在其《考古圖序》中也說，他研究古器，是要「探其製作之原，以補經傳之缺亡，正諸儒之謬誤。」這些古器物「制度法象之所寓，聖人之精義存焉」。已認識到古器物的真正價值。

宋人蒐集青銅器、石刻拓片除官府收藏外，私人收藏的也不少，估計有三十八家。葉夢得在《避暑錄話》中說：「宣和間，內府尚古器。士大夫所藏三代、秦、漢遺物，無敢隱者，悉獻於上，而好事者復爭尋求，不較重價，一器有

---

117 劉敞：《公是集》卷三十六，叢書集成初編本。
118 趙明誠：《金石錄·序》。
119 《歐陽文忠公全集·集古錄目序》。

值千緡者。利之所趨，又竟搜剔山澤，發掘冢墓，無所不至，往往數千載之藏，一旦皆見，不可勝數矣。吳鈺為光州固始令，先申伯之國而楚之故封也。間有異物，而以僻遠，人未之知，乃令民有罪者入古器自贖。既而罷黑官，凡得五六十器，與余遇汴上，出以相示，其間數十器尚三代物。後余中表繼為守，聞之，微用其法，亦得十餘器」。可見收集金石古器是一些人謀生和發財的手段，這與史學家利用金石古器研究是背道而馳的，但是同時我們也應看到，正是社會蒐集古器物成風，大量的銅器石刻被人們從黃沙厚土中挖掘出來，為史學家研究歷史提供了新史料，也為金石學的形成奠定了良好的基礎。

對金石學創立作出不朽貢獻的是南宋鄭樵。鄭氏在其歷史巨著《通志》中首創《金石略》，並精闢指出：「方冊者，古人之言語；款識者，古人之形貌。方冊所載，經數千萬傳；款識所勒，猶存其舊。蓋金石之功，寒暑不變，以茲稽古，庶不失真」[120]。他重在強調用金石文物來考辨核實史事，歷史文獻與地下實物相互印證。這實際上為歷史研究開闢了一條新路。

正是由於大量的銅器出土，石刻拓片的豐富，宋代金石學研究成果豐富起來。

## （一）古器圖錄

**1. 呂大臨的《考古圖》** 呂大臨是宋代著名的學者，他著有《考古圖》十卷。本書收錄官私收藏銅器二百二十四件，石器一件，玉器十三件。這些古器均按年編排，摹有圖形、款識，並詳明尺寸、重量、容量，註明何人收藏及出土地

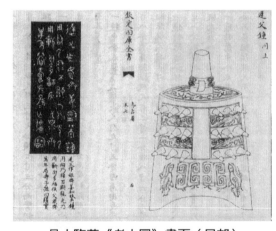

呂大臨著《考古圖》書頁（局部）

---

120 《通志‧總序》。

點。此書體例嚴謹，有疑則缺，成為中國最早而較系統的古器物圖錄。

**2.《續考古圖》** 容庚認為是南宋趙九成所撰，該書共有五卷，所收錄銅器、玉器、瓦當、瓦鼎共一百○一件。這些古器除各地進獻給朝廷者外，餘皆被二十九家收藏。此書不如《考古圖》體例嚴謹，基本上是流水帳，隨見隨錄，所收錄圖、銘文多有失誤，或有圖而未寫銘文，或有銘文而與原器不符，可以說是圖識失真。

**3.《博古圖》** 《博古圖》三十卷，為王黼等人奉詔編撰。該書收錄自商至唐古器共八百三十九件，分成二十大類，每一類都有總論，每件古器均有圖形，此外尚記其大小、重量、容器、銘文以及考證。這些古器對研究古代歷史頗有價值。

## （二）金石學著作

**1. 歐陽修《集古錄跋尾》** 歐陽修是著名史學家，長期用功於蒐集金石刻辭，其蒐集金石材料的範圍「上自周穆王以來，下更秦漢隋唐五代，外至四海九州，名山大澤，窮崖絕谷，荒林破冢，神仙鬼物，詭怪所傳，莫不皆有」。[121]他先編成《集古錄》，後又經詳加考訂，撰跋尾四百餘篇，分為十卷，此書成為最早的一部金石學專著。

歐陽修很重視用金石資料補正史的缺漏。嘉祐四年（1059 年），他給劉敞的信中就說他曾用收集的金石古器與正史相互參驗，「證見史家缺失甚多」[122]。他用金石資料驗證正史的很多，如他收集到的《唐孔穎達碑》和《唐書》相比較，發現了唐書中許多失誤和漏掉。如《唐書》不載孔穎達生卒年月，亦不載與魏徵共修《隋書》之事，且孔穎達的字碑上是沖遠，而傳上為沖達[123]。再如《隋郎茂碑》證郎茂不是死於京師，而是隨天子出遊江都而死。所以，「史書之謬，當以

---

121 《歐陽修全集·集古錄目序》。
122 《歐陽修全集·書簡》卷五《與劉侍讀原父》第二首。
123 《歐陽修全集·集古錄跋尾》卷五。

第八章｜繁榮的史學和史學的走向 ｜ 403

碑為正」[124]。因此《集古錄跋尾》主要是歐陽修以金石資料證史之不足、糾正史之謬誤的一部金石學研究專著。

**2. 趙明誠《金石錄》** 趙明誠是宋代有名的學者，人們多注意到他與著名女詞人李清照的愛情故事，其實他對金石學頗有研究，研究成果不下歐陽修。趙明誠長期訪求古器、石刻，尋得從商周到五代金石拓片二千多卷，後仿歐陽修《集古錄》體例，撰成《金石錄》三十卷。

趙明誠收集金石拓片，主要是重視金石刻辭的史料價值，他在《金石錄》自序中言：「竊嘗以謂，《詩》、《書》以後，君臣行事之跡，悉載於史；雖是非褒貶出於秉筆者私意，或失其實，然至其善惡大節有不可誣，而又傳之既久，理當依據。若夫歲月、地理、官爵、世次，以金石考之，其牴牾十常三四。蓋史牒出於後人之手，不能無失，而刻詞當時所立，可信不疑；則又考其異同，參以他書」。在此書中，趙明誠的確以金石刻辭在很多地方彌補正史記載的缺誤，而其用功最多的是以金石刻辭考證新舊唐書之失。

**3. 洪适《隸釋》、《隸續》** 洪适非常喜愛隸書，他蒐集了漢魏碑刻拓片一百八十九種，並將此與《水經注》、《集古錄》等前人所收錄的漢魏碑目五百多種編輯在一起，是有《隸釋》一書，共二十七卷。此後又陸續把所得的碑刻文字以及畫像、磚、鏡銘文等編輯起來，是為《隸續》一書，共二十一卷。這兩本書的重要之處在於所載碑文，均以原字書寫，並對碑文中的通假字有所說明，對一些史事進行考證。因此「自有碑刻以來，推是書為最精博」[125]。

此外，這方面的研究專著尚有陳思的《寶刻叢編》二十卷，專門收集碑刻，並將有地可考的碑刻分別編入，不詳者附於書後。在每條碑刻之下，收集各家考辨審定的材料。《寶刻類編》八卷，作者不詳，此書專門收集周秦至五代的碑刻，並依帝王、太子諸王、國主、名臣、釋、道、婦人、姓名殘缺八大類進行編排。每類碑刻均以書碑人名為綱，附所書碑目，注明年月地名。

---

124 同上。
125 《四庫全書總目》卷八十六《史部目錄類二》。

另外，在考釋金石文字方面的作品還應當提到的有這些：

**1. 薛尚功的《歷代鐘鼎彝器款識法帖》** 此書共二十卷，書中所錄器件款識，依原樣摹寫，並附有釋文，考證史籍中的有關史事。此書收錄夏器四十六件、商器一百六十五件、周器二百五十三件、秦器十八件、漢器二十九件，這些古器均有銘文，按朝代加以排列。這些古器並非都是銅器，也有石器和玉器。薛氏「嗜古好奇，又深通篆籀之學，能集諸家所長而比其同異，頗有訂訛刊誤之功，非鈔撮蹈襲者比也。」[126]此書主要輯錄的是篆文，目的在於鑑別書法，屬於專門辨訂古籀文字的專著。

**2. 王俅《嘯堂集古錄》** 此書中收錄有從商到漢銅器銘文以及各種印章三四五件，這些古器印章均摹其款識，並以當時的文字加以注釋，但不足之處是未作考證。

**3. 王厚之《鐘鼎款識》** 此書收錄了從夏到晉古器銘文五十九件，在每種古器前面均標出器件名稱，並記載其出土於何地，收藏在何人之手，解釋所刻銘文，也是研究古文字的專書。

**4. 婁機《漢隸字源》** 此書依洪适《隸釋》編排次序，彌補洪适所缺的部分，卷首收錄漢代到西晉碑刻三百四十件，並記載碑刻年月地理、書寫人的姓名。之後採用《禮部韻略》分類法，分成五卷，用楷書書目，以隸書排比其下，韻中不載的字附卷末，文字異同的隨字加以注釋。有些字加以考證，糾正前人之誤，此書亦為考訂古文字的專著。

## （三）器物石刻的著作

**1. 黃伯思《東觀餘記》** 黃伯思是宋代著名的古文字家，《宋史·黃伯思傳》云：「（黃伯思）好古文奇字，洛下公卿家商、周、秦、漢彝器款識，研究字畫

---

126 《四庫全書總目》卷四十一《經部·小學類二》。

體制，悉能辨證是非，道其本末」。他對前代典章文物，用古器考定真贗，議論多有發明。其著有《法帖刊誤》、《古器說》，後其子黃訓將這兩本書與自己所著的論辯題跋合併刊印，取名為《東觀餘記》。《法帖刊誤》主要是對碑刻、漢簡、古器銘文進行考證。

**2. 董逌《廣川書跋》** 此書分為兩部分，主要是對銅器石刻的題跋，前四卷題銅器跋，後六卷題漢唐以來的石刻跋。此書最大的特點在於「論斷考證，皆極精當」。[127]

**3. 翟耆年《籀史》** 翟氏所著《籀史》，其實是一部金石書目的提要，書中分別對作者生平進行介紹，對其內容進行評述，有些失傳的金石學著作，在此書中能了解到大概。此書對研究金石學史很有價值。

此外，宋代還有一些其他的專門性學術研究著作，如洪遵的《泉志》，是最早研究古代貨幣的專著。

宋代的金石學成就，不僅在於蒐集了大量的古器石刻，並對這些文物進行研究，也還在於一些學者利用發現的古器石刻驗證正史，補正史之不足，糾正史之缺誤，這些工作是不可磨滅的，也可以說是宋代金石學形成的最主要標誌之一。因此，王國維對此評價頗高，說：「自宋人始為金石之學，歐、趙、黃、洪各據古史遺文，以證經考史，咸有創獲」[128]。「凡傳世古禮器之名，皆宋人所定也」[129]。但我們說金石學是近代考古學的前身，只是從宋人對銅器石刻的重視程度以及所從事的研究工作來說明，它與考古學尚有一定的距離，但金石學在宋代的崛起，對宋代文化的繁榮，對史學研究向新的領域發展起到了很大的作用。

---

127 《四庫全書總目》卷一一二《子部‧藝術類一》。
128 《觀堂集林》卷十八《齊魯封泥集存序》，北京，中華書局，1959。
129 《觀堂集林》卷三《說觥》。

# 二、方志、雜史與筆記

宋代史學的發達，還表現在方志的繁榮以及雜史、別史、筆記的大量出現。

## （一）地方志

宋代的方志與唐以前的地理學有很多相似點，但也有許多不同之處，這就是增加了人物、藝文等方面的內容，使地方志體例從地理學中脫離出來，成為後世方志必遵循的原則。

**1. 方志在宋代的發展**　中國方志歷史悠久，內容豐富，是中國文化史上的一大特色。方志起源較早，王應麟說：「地志起於史官」[130]。方志最早見於文獻的是《周禮》卷四《地官司徒・誦訓》：「掌道方志，以昭觀事」。方即四方，志即記也。司馬光在《河南志序》中闡述了地方志來源的情況，他說：「周官有職方、土訓、誦訓之職，掌道四方九州之事，以昭王知其利害。後世學者，為書以述地理，亦其遺法也」[131]。戰國時就已出現方志，即《禹貢》。此書把全國分為九州，按州記述該地區的疆域、土壤、物產、貢賦等。東漢班固作《地理志》，對各郡國的行政區域、山川、物產、風俗、戶口等均加記載。尤其是東漢袁康等所撰的《越絕書》，已具有地方志的雛形。真正大規模編撰地方志是從隋唐開始，隋時編有《諸郡物產土俗記》、《區宇圖志》、《諸州圖經集》等志書。到了唐代，志書最具代表性的是李吉甫的《元和郡縣圖志》，是書簡明扼要記載當時全國各州縣的疆域、山川、要塞、道里、戶口、貢賦、物產等，是唐貞觀年間魏王李泰等修成《括地志》之後的又一部具有全國性質的總志。因而後人對此書評價頗高，認為該書「輿地圖經，隋、唐《志》所著錄者，率散佚無存，其傳於今者，唯此書為最古，其體例亦最善。後來雖遞相損益，無能出其範圍」[132]。但是我們應當看到，唐以前的志書，其內容基本上是侷限於地理書的範圍之內，強調

---

130 王應麟：《玉海》卷十四《祥符州縣圖經》。
131 《溫國文正公文集》卷六十六《河南志序》。
132 《四庫全書總目》卷六十八《史部地理類一》。

第八章｜繁榮的史學和史學的走向　407

的是「版圖地理之為切也」[133]，對人物和藝文等歷史方面的內容，涉及不多。因此，有些書把這些志書列為輿地而不視為地方志，是有一定的理由。我們之所以將其視為地方志，是因為從中可以幫助我們了解地方志發展演變的過程。

這種情況入宋以後發生了重大的變化，典型的是樂史所撰的《太平寰宇記》。此書除承襲《元和郡縣圖志》一書中的地理內容外，又增加了人物、姓氏數門；對歷代人物，一一登載，並詳其籍貫爵秩，或採其詩詞雜事。地方志編纂的體例到此始確定，故而《四庫全書總目》說：「後來方志必列人物藝文者，其體皆始於（樂）史。蓋地理之書，記載至是書而始詳，體例亦自是而大變」[134]。今人朱士嘉先生也認為從宋代開始，「由地理擴充到人文、歷史方面，人物和藝文志在宋代的地方志中占有重要的地位。在體例方面，上承《史》《漢》餘緒，下為方志編纂打下良好的基礎」[135]。宋代方志何以有如此的變化？這與當時社會經濟文化的發展分不開。宋代是中國封建社會的一個轉折時期，經濟發展水平是漢唐之後又一個高速發展的時期，生產力水平有較大提高，尤其是科學技術、哲學、史學、文學、金石學的發展，使宋代文化進入了繁榮時期。社會物質財富和精神財富的積累，經濟重心變動，地區性經濟特徵以及地區性文化特點形成，為新方志的編修打下了良好的基礎，宋代方志體例的變化，內容的增加也就不可避免。新方志體例的確立，使方志從此由地理書中獨立出來，成為史學領域的一個門類。

**2. 宋代方志的編修**　宋朝大規模編修地方志，興盛期主要在北宋，編纂的方志很多，主要的有以下幾種：

（1）**《開寶諸道圖經》。**此書從開寶四年（971 年），由盧多遜、扈蒙等人奉詔修天下圖經，但未完成。主要原因是當時全國未統一，宋只占據中原。後來盧多遜奉詔出使南唐，對李煜說：「朝廷重修天下圖經，史館獨缺江南諸州，願各求一本以歸。」盧多遜是否真有這種想法，固且不論，此舉明顯帶有刺探軍情的

---

133 李吉甫：《元和郡縣圖志·序》。
134 《四庫全書總目》卷六十八《史部地理類一》。
135 朱士嘉：《中國方志的起源、特徵及其史料價值》，《史學史資料》，1979年第2期。

目的，但一心想討好宋朝的李煜還是答應了盧多遜的要求，命徐鍇通夕達旦譯出校對後送與盧多遜，「於是江南十九州之形勢，屯戍遠近，戶口多寡，多遜盡得之矣」[136]。盧多遜得南唐諸州情況，對編《開寶諸道圖經》增添了不少內容，但其更大的意義在軍事方面，為宋朝滅南唐創造了條件。到了開寶八年（975年），宋准奉詔修訂諸道圖經，盧多遜等人多年的工作為其創造了條件，不久此書便完成。此書今不存。

（2）《太平寰宇記》。此書為宋代樂史所修，共二百卷。此書在中國地方志發展史上占有極重要的地位，其傑出貢獻在於總結前代修志的基礎上，提出了新的修志體例，此體例並為後世所遵。樂史編纂此書，引用了大量的資料，宋以前的志書多至百數十種，「吉甫以後，籍以考鏡今古，聯綴前後者，實無踰此書」[137]。除引用資料豐富外，樂史在編纂體例及內容安排上都有新的發展，如前所述，除地理方面內容外，「又編入姓氏、人物、風俗數門，因人物又詳及官爵及詩詞雜事」[138]。《四庫全書總目》卷六十八說：「蓋地理之書，記載至是書而始詳，體例亦自是而大變。」這種體例的變化成為後世方志遵循的原則。因此《太平寰宇記》一書在方志史上是劃時代的一部書。

（3）《元豐九域志》。此書為王存等人所修。此書是在王曾修《祥符九域圖》基礎上的重修，元豐三年（1080年）修成，王存上書稱「以舊事不繪地形，難以稱圖」[139]，神宗賜其名為《九域志》，此書共十卷。因該書修成於元豐年間，後人又稱其為《元豐九域志》。

王存在自序中說，此書編撰「一州之內，首敘州封，次及旁郡，彼此互舉，弗相混淆。總二十三路、京府四、次府十、州二百四十二、軍二十七、監四、縣一千二百三十五，離為十卷，文直事核，欲使覽者易知」[140]。從此書中可以看

---

136 《續資治通鑑長編》卷十四「開寶六年四月辛丑」。
137 王應麟：《玉海》卷十五《熙寧九域志》。
138 洪亮吉：嘉慶《重校勘太平寰宇記序》。
139 王存：《元豐九域志》序。
140 《玉海》卷十五，《熙寧九域志》條。

出，此書的鮮明特點是簡明扼要。各地的沿革僅說宋代的變化，記載各州情況，先寫戶口、貢賦、轄縣，其次再寫各縣情況，府州間距離方向，所轄鄉及境內的山川、市鎮均有交代。記載戶口分列主戶、客戶，土貢之下又列數額，這可以說是北宋時代自然地理和人文地理的重要資料。

北宋是極重視修志書的，官方所修的書均為全國性的總志，除上文所列的幾種重要總志外，此外尚有王曾修的《景德重修十道圖》，晏殊修的《熙寧十八路圖》，王洙等人修的《皇祐方域圖志》等。為了確保修志的準確性，宋代專門設立修志機構，並有屬員，「九域圖志，前朝固嘗修訂，止就館閣而不置局。崇寧雖就秘書省，然置局設官，以從官為詳定，館官為參詳，修書官為編修官，檢閱編修，其進用視秘書省官而無定員。當時宰執從官，大抵由此塗出。」[141]

到了南宋，淮河以北均被金朝占領，南宋轄地僅及北宋的三分之二，全國性的總志修纂比較困難，但有一點明顯不同於北宋，這就是區域地方志修撰成為一種風氣，各級地方官均重視和支持修地方志。陳耆曾言：「志苟工作，則古往今來，事事物物，皆無所考……此書不可一日無也。」[142]正是這種風氣驅動，許多地方官都以修志為榮，州縣方志的修撰十分普遍，「僻陋之邦，偏小之邑，亦必有記錄焉。」[143]不僅如此，修志方式也一改北宋時由奉詔官修的形式，皇帝不再親自組織人員編修地方志，主要是由地方官主持，拔舉聘選當時名人學者編修。因這些志書均為一地之志，編修人員又較熟悉當地情況，相對而言比編修全國總志要容易一些，全國總志不可能將各地情況詳加記錄，而地方性的志書卻能做到這一點，因此就其內容而言是相當豐富的。

就兩宋所修志書的情況而言，大致有三類志書：一是官修的全國性總志，如《太平寰宇記》、《元豐九域志》、《輿地廣記》、《輿地紀勝》、《廣輿勝覽》等。宋代官修的全國性總志很多，大多已佚，現在能見到的不過以上幾種。二是州縣

---

141 程俱：《麟台故事》卷四《職掌》，北京，中華書局，1991。
142 引《（康熙）崇德縣誌》中陳耆的《仙溪志序》。轉引自姚瀛艇主編：《宋代文化史》，鄭州，河南人民出版社，1992。
143 《仙溪志》黃岩孫寶祐丁巳《跋》。

地方志，這類志書大多由地方官聘人修撰，也有私人修撰，現能見到的有宋敏求的《長安志》、《河南志》，周應合等人的《景定建康志》，朱長文的《吳郡圖經續記》，范成大的《吳郡志》，羅願的《新安志》，周淙的《乾道臨安志》，潛說友的《咸淳臨安志》等數十種。三是私撰的山志、水志、古蹟志等，如凌萬頃等人的《玉峰志》、邊實的《玉峰續志》、常棠的《澉水志》、梁克家的《淳熙三山志》等書。

總體上講，宋代所修的志書很多，據有人統計，大概有六百多種，不過現在能見到的僅有三十多種。就這些志書而言，保存了大量的史料，且為當代人修當代志，可信程度是很高的，對研究宋史有重要的參考價值，也是研究宋代文化史的寶貴的資料。

**3. 宋代方志的成就及作用**　方志記載的是一個地區的詳細情況，為何要修志是有明確的目的，官修全國性的總志，是便於統治階級了解全國各地的情況，有備無患，為鞏固封建政權服務。而地方性的志書，其目的更為明確，即能使地方官知曉前世古蹟，了解該地的風土人情、風俗習慣，對於其治理有「借鑑」和提供資料的作用，也是一種輔治的工具書。同時，方志中為那些名宦忠義、孝友烈女樹碑立傳，宣傳封建倫理綱常，對封建統治的政治業績歌功頌德，也是地方官紳誇耀自己的一種工具，因此方志的作用是不可低估的。誠如林慮為朱長文等人所修的《吳郡圖經續記》所寫的《後序》中所說的：「舉昔時牧守之賢，冀來者之相承也；道前世人物之盛，冀後生之自力也；溝瀆滌浚水之方，倉庾記裕民之術；論風俗之習尚，誇戶口之蕃息。遂及於教化禮樂之大備」。馬祖光在《景定建康志序》中也說：「忠孝節義，表人才也；版籍登耗，考民力也；甲兵堅瑕，討軍實也；政教修廢，察吏治也；古今是非得失之跡，垂勸鑑也。夫如是，然後有補於世」。正因為地方志有這樣的政治功效，所以許多地方官在赴任之前，必「轉扣營官於是者，求郡乘一觀焉。」[144]

宋代修地方性的方志，一般聘選的編志人員多為熟悉地方掌故而又有志於此

---

144　《永樂大典》卷七八九五，《臨汀府題詠》。

者的學者擔任。有的是委託一人修志，如趙不悔欲修《新安志》，了解羅願有修志經驗，便委託他修《新安志》。有的地方志編修，組織了一套寫作班子，有時通過行政權力，徵集材料，以備修志所用。最典型的是馬光祖聘請周應合修《建康志》，專門設有修志局，在人員組合上，除錄用周應合的兒子周天驥、女婿吳疇協助檢閱校讎外，還「選差局吏兩名，分管書局事務，書吏十名，謄類草稿，書寫板樣。容司虞侯四名，以備關借文籍，傳呈書稿」。為了及早將書雕印，尚組織一批刻工「修書之稿未半，刻梓之匠已集」。要完成志書的編修，徵集資料的工作是少不了的，為了確保資料徵集的廣度和深度，馬光祖下令各級官吏和百姓，「凡自古及今，有一事一物，一詩一文，得於記聞當入圖經者，不以早晚，不以多寡，各隨所得批報本局」；「能記古今事蹟，有他人所不知者，並請具述，從學校及諸縣繳申」；「閥閱子孫，能收上世家傳行狀、墓誌、神道碑及所著書文，與先世所得御札、敕書、名賢往來書牘，並請錄副申繳」；「有能記憶舊聞，關於圖志者，並許具述實封投櫃，櫃置府門，三日一開類呈」[145]。條目規定得相當仔細，從而確保了修志工作所需材料的豐富，也為確保志書順利進行準備了條件。

宋代志書一般材料比較豐富，考訂比較嚴密。祝穆撰《方輿勝覽》，蒐集資料，包括「經史子集、稗官野史、金石刻、列郡志」；有時注重實地考察，「所至必窮登臨」；還收集口碑傳說，與人交談「必孜孜訪風土事」[146]。「積十餘年，方輿勝物，收拾略盡」[147]，從而使該書「事備而核」[148]。羅願的《新安志》同樣「博采詳摭，論證得失，皆有依據。」[149]

方志是中國特有的一份寶貴的文化財富，它記載了大量的有關人文科學、自然科學和哲學等方面的資料。宋代地域比較遼闊，其疆域雖比不上漢唐盛世，卻也相差無幾。在這樣遼闊的土地上，經濟、文化的發展隨自然條件、歷史情況的

---

145 周應合：《景定建康修志本末》。
146 呂午：《方輿勝覽序》。
147 祝穆：《方輿勝覽自序》。
148 呂午：《方輿勝覽序》。
149 趙不悔：《新安志序》。

不同發展極不平衡。據漆俠先生論證，宋代社會經濟發展的水平總體上是西不如東，北不如南。經濟發展的不平衡導致文化發展的不平衡，宋代文化發展的程度大致上，中原及東南高一些，其他地區相對低一些。這些差異也導致各地經濟文化的不同，在歷代正史、別史、典志政書中，多集中論述一朝的興衰，以及全國的大政，並不能詳細介紹各地的特點。宋代大型志書的出現，彌補了這一缺陷，它基本上以地區為中心，按行政區劃，從橫的方面記述本地區的歷史沿革，縱的記述與歷史史事相交織，比較能夠全面反映歷史面貌。所以，宋代方志不僅保存了大量正史、別史中沒有的資料，還可以補正史之不足，詳史之略、參史之錯，對研究宋代社會的變化，了解各地的經濟文化差異，都有很重要的意義。

## （二）別史、雜史和筆記

宋代史學的繁榮發達，其顯著標誌之一就是出現了大量的別史、雜史、野史和筆記。

**1. 別史**　所謂「別史」，《四庫全書總目》引陳振孫《直齋書錄解題》的說法，是「以處上不至於正史，下不至於雜史，義例獨善」者，又說這類書在史部中，「猶大宗之別子雲爾，包羅既廣，六體兼存。」因此，這類書在史部中有其重要的地位。宋代的別史除前面說的《通志》外，重要者還有蘇轍的《古史》、羅泌的《路史》、黃震的《古今紀要》、蕭常的《續漢書》，以及《大金國志》、《契丹國志》等。

**2. 雜史**　雜史在歷史文獻中同樣具有重要的學術價值，《四庫全書總目》給這類書籍作了解釋，即所謂雜史者，「義取乎兼包眾體……大抵取其事繫廟堂，語關國家，或但具一事之始末、非一代之全編：或述一時之見聞，只一家之私記，要期遺文舊事，足以存掌故，備讀史者之參稽雲爾。」宋代的雜史相當發達，重要的作品有王禹偁的《五代史闕文》、陶岳的《五代史補》、李綱的《建炎時政記》、曹勳的《北狩聞見記》、彭百川的《太平治跡統類》等。雜史大量出現，是宋代史學繁榮的表現，體現出人們對歷史、對現實的關心，這些是研究宋代歷史的重要文獻。

**3. 筆記** 宋代是一個文治的王朝，不論是入閣為官的官僚或隱居著書立說的士人，都有筆耕不輟的著述習慣，因此宋代留下了大量的筆記小說。

宋代筆記內容豐富，史料價值很高。如司馬光的《涑水紀聞》，多記有關國家大政的史事；歐陽修的《歸田錄》，內容涉及北宋前期的人物事蹟、職官制度和官場見聞；宋敏求的《春明退朝錄》，多記京師傳聞以及典章故事和雜說雜事；葉夢得的《石林燕語》，記載科舉、官制較詳；朱彧的《萍州可談》，記廣州海外貿易、蕃坊、市舶較詳，是研究宋代海外貿易及大食商人在中國生活活動方面的重要著作；張世安的《遊宦紀聞》，內容甚廣，有掌故、逸聞軼事、風土人情、文物、考古、藝文、曆法、醫學等；王明清之《揮麈錄》，專記朝廷故事，尤對高宗南渡記述詳盡；陸游的《老學庵筆記》，書中所記，多是他親歷、親見、親聞，內容豐富；洪邁的《容齋隨筆》專考訂經、史、諸子、詩文，亦有醫卜星曆；王應麟的《困學紀聞》，大量內容為考證經典、天文、地理、歷史、諸子、詩文、雜識等；沈括的《夢溪筆談》，記遺文舊典，但科技史的內容尤其值得重視。

有關中外交通和域外內容的書，有周去非《嶺外代答》、周達觀《真臘風土記》、汪大淵《島夷志略》及徐兢《宣和奉使高麗圖經》等。

**4. 文集** 宋代的文集很多。有人統計，文集有五百多種。這些文集都是宋人親自所撰，內容涉及廣泛，有政治的、經濟的、哲學的、軍事的、科技學術的、風土人情習俗等各個方面，雖各人所記側重面不同，但如果綜合起來，可以反映出宋代社會生活的各個方面。有些內容為正史、別史、雜史所不記，這些材料有極高的史料價值，是研究宋代文化史必不可缺少的內容。

有重要價值及常用的文集，如王安石的《臨川集》，是研究王安石變法及王安石新學的重要史料；《歐陽文忠公集》保存了歐陽修的史學思

《嶺外代答》

想、哲學思想等方面的內容；此外如《徂徠集》、《樂全集》、《欒城集》、《嘉祐集》、《李覯集》、《小畜集》、《渭南文集》等，都是研究宋代社會、宋代思想學術文化重要的參考文獻。

除我們在前面提到的正史、編年體史書以及別史、雜史和筆記等以外，在傳統目錄中的史書還有一些是應當提到的。「載記」類中有馬令的《南唐書》、陸游的《南唐書》等；「政書」類中有王溥的《唐會要》、《五代史會要》，徐天麟的《西漢會要》、《東漢會要》，李攸的《宋朝事實》，董煟《救荒活民書》等；史評類有孫甫《唐史論斷》、呂夏卿的《唐書直筆》等，都是有影響的作品。這些書也是兩宋枝繁葉茂史林中的組成部分，陳寅恪先生說：「中國史學莫盛於兩宋。」[150]史學在兩宋文化中發出奇異的光彩，體現出時代的特質。

南宋後期，朱陸和會，朱學流於訓詁，陸學流於禪，理學的變化影響史學的走向；文獻學、考證學興盛起來，重文獻，重文字音韻訓詁，重考證，成為一時風趨。理論不能有大的突破，反映出中世紀史學自身缺乏更新的能力。到了明清，這個問題會看得更清楚，包括史學在內的文化，在總體上只能在原有的軌道上向前延伸，只是在一些傑出的史家、思想家如王夫之那裡，才閃出耀眼的光輝。

---

150 陳寅恪：《金明館叢稿二編》，240頁，上海，上海古籍出版社，1980。

# 第九章

# 氣勢非凡的
# 宋代文學

　　宋代文學接續中晚唐和五代的文學，得到長足的發展，出現了新的特徵。一方面是重視功利，強調文學「載道」的功用，另一方面重視文學審美的價值。一方面是文學家、詩人、詞人的性靈情思的抒發，另一方面是「俗」文化在市井勾欄中流傳。人文因素的孕育、萌發，在文壇上是別樣的清新風尚。都城市民文學的話本、戲曲開創了中國白話小說的先河，為元明清戲曲的發展，創造了良好的條件。

詩歌創作在掃除西崑體浮靡柔弱詩風後發生了顯著的變化，形成了自己的特點。從內容上講，宋代詩人關心民瘼，抨擊時弊，在民族矛盾、社會矛盾十分尖銳的情況下，詩作蘊含憂患意識，故國情思以及愛國主義情感，讀之，使人歌、使人泣、使人鼓舞，成為致用思潮長河中的浪花。詩風上清麗平淡；另一方面刻意雕琢，以理性說教，也在詩作中反映出來，「以文字為詩，以議論為詩，以才學為詩」是宋代詩歌的一種潮流。錢鍾書先生謂：「唐詩多以豐神情韻擅長，宋詩多以筋骨思理見勝。」這是從根本上抓住了唐宋詩風的差異。

宋代散文在中國散文史上是一個非常重要的發展階段，它繼承唐代韓柳古文運動的成果，但又有新的發展。唐宋古文八大家，宋占六位，即歐陽修、蘇洵、蘇軾、蘇轍、王安石、曾鞏。宋代散文的重要成就是形成了一種穩健而成熟的散文風格，即平易自然、婉轉流暢，更適用於說理、敘事和抒情。

詞作為新興的詩歌形式，到宋進入全盛期。人們一般認為宋詞有兩大流派，即豪放派和婉約派。這兩種詞派在內容選材、手法風格，特別是體制聲律方面有很大的不同。大致說來，兩種詞派有明顯的區別：在內容題材上，婉約派詞多為「豔科」、「詩壯詞媚」的傳統，抒情多是傷春惜別、男歡女愛，狀物或是綺羅香澤，或是風花雪月。婉約派詞有自身的特點，亦有佳作。豪放派擴大了詞的題材，提高了詞的意境。豪放派的代表人物蘇軾把詞的內容擴大到了「無意不可入，無事不可言」的境界；辛棄疾則更多是表現愛國主義精神。在表現手法風格上，婉約派長於比興，以清切婉麗為特色，而豪放派直抒胸臆，以豪邁奔放為主流。在體制聲律上，婉約派強調合樂，豪放派抒發思想感情而不過於拘泥聲律。不論是婉約派和豪放派，均是代表宋詞發展的趨勢。宋詞在中國詞史上是最高峰，其影響波及以後的整個詞壇。人們習慣上稱「唐詩」、「宋詞」、「元曲」，其實是對不同時代文學最高成就的概括和讚許，這說明宋詞在宋代文學上的輝煌成就是非常高的。

宋代社會生活非常豐富，民間娛樂極為普遍，民間藝人活躍於社會的各個角落，其表現手法和藝術風格促進了宋代文學的進一步繁榮。在民間說唱歌舞表演藝術基礎上產生了戲曲，具有劃時代的意義。宋代的雜劇可以視為古代戲曲的雛形；南宋的戲文，是在雜劇和南方民間歌舞基礎上形成的戲曲形式。尤其重要的是民間藝人在說話藝術基礎上產生了話本，它是用口語和通俗易懂的文字寫成的，是宋代的說本，也可以視為中國白話小說的開端。

以上從四個方面概述了宋代文學的輝煌成就，可以看出宋人的文學成就在中國文學史上是極其重要的一章。

## 第一節·
# 古文運動
# 與散文名家

　　中唐之後，在唐代文壇上掀起了一場古文運動，其代表人物是韓愈、柳宗元。他們以復古為口號進行文風革新，以古文為手段，行濟世之抱負。其反對華而不實、浮靡輕薄的文風和講駢四儷六的駢體文，在創作理論和創作實踐上注重道，即文章的思想內容。唐代的古文運動對當時的文風產生了重大影響，但迄晚唐五代，文風又趨「秉筆多艷冶」，華而不實，浮靡輕薄。入宋後，這種情況絲毫沒有改變，文壇盛行的是楊億等人的「西崑體」和「太學體」。宋初的一些文人自覺站出來對這種文風進行了批判，他們繼承韓柳的古文運動，倡導古文運動。宋代的古文運動從宋初到宋中葉，歷時一百多年。這次古文運動大致可以分成四個時期，即宋初以柳開、王禹偁為代表；十一世紀中期以穆修、石介、尹洙、梅堯臣為代表；十一世紀中晚期以歐陽修、王安石、曾鞏為代表；十一世紀末、十二世紀初以蘇軾、蘇轍二兄弟為代表。在古文運動形成發展過程中，出現了幾位古文領袖，柳開、王禹偁為先驅，歐陽修為「宗師」，蘇軾為集大成者。

　　宋代的古文運動有其明顯的特徵。首先，他們繼承了唐代古文運動「文以載道」的傳統，提出了「傳道而明心」的主張，號召人們著文「必與道俱」，即重視文章的思想內容，強調文章要「言之有物」。其次，宋代古文家提倡古文運動，有較強的針對性，柳開、王禹偁反對的主要是五代不良文風，穆修、石介則

主要批判西崑體，歐陽修在前人的基礎上專對「求深」、「務奇」的「太學體」進行批判，而蘇軾則是對王安石「欲以其學同天下」的做法不滿，宋代古文運動從此走向蓬勃發展的道路。另外，在創作理論上重「道」，認為文學要與社會現實緊密結合起來。

關於宋代散文，劉師培有兩段議論，值得體味，他說：

宋代之初，有柳開者，文以昌黎為宗，厥後蘇舜欽、穆伯長、尹師魯諸人，善治古文，效法昌黎，與歐陽修唱和；而曾、王、三蘇，咸出歐陽之門，故每作一文，莫不法歐而宗韓。古文之體，至此大成。即兩宋文人，亦以韓歐為圭臬。

又說：

試即唐、宋之文言之：韓、李之文，正誼明道，排斥異端，歐、曾繼之，儒家之文也。子原之文，善言事物之情，出以形容之詞，而知人論世，復能探原立論，核覆刻深，名家之文也。明允之文，最喜論兵，謀深慮遠，排兀雄奇，兵家之文也，子瞻之文，以粲花之舌，運掉闔之詞，往復卷舒，一如意中所欲出，而屬詞比事，翻空易奇，縱橫家之文。介甫之文，侈言法制，因時制宜，而文辭奇峭，推圓入深，法家之文也。[1]

劉氏所論，第一，說明唐宋之文的聯繫；第二，兩宋古文家都是「法歐而宗韓」，論定歐陽修在北宋古文運動中的宗師地位；第三，所謂唐宋八大家，各人的風格又不盡一致。蘇洵是「兵家之文」，蘇軾是「縱橫家之文」，而王安石則是「法家之文」等。這類評價當然可以討論，但表明兩宋文章家的古文風格多樣，形成當時文學繁榮的一大景觀。

北宋古文運動在文學史上是一場革新，所謂唐宋古文運動是「文起八代之衰」，表明這場文學運動的影響，賦予文學，也賦予兩宋文化以生機活力。

---

1　劉師培：《中國中古文學史·論文雜記》，北京，人民文學出版社，1984。

從韓愈，直到宋代古文家都沒有離開道統這個軸心來運轉，「道從伊洛傳心學，文擅韓歐振古風」。古文家的道統觀與理學家的道統說沒有根本的差別，但是兩者又不能等同。朱熹就批評韓、歐「裂道與文以為兩物。」柳開等提出道統、文統的一致。歐陽修批評宋初的形式主義文風，但他同樣認定「道」是「文」的根本；離開道，文是學不好的，「愈力愈勤而愈不至。」「然大抵道勝者，文不難而自至也。」[2]歐陽修說的「道」，還有更多的意蘊。朱東潤主編的《中國歷代文論選》中說：論文而推原於道，論學道而歸之於現實生活中的「百事」，關心現實生活中的「百事」而道在其中。文以「道」為根本，而道在「百事」之中。這種思路與理學家所說的「萬物一理，理一分殊」又有近似之處。

# 一、北宋初期的古文運動

宋代結束了唐末五代長期分裂割據的局面，國家獲得統一，人民得到了比較穩定的生產生活環境。由於宋代統治階級採取了一系列措施，宋代社會經濟的發展出現了繁榮景象。伴隨著經濟發展的步伐，宋代文化各個層面均取得了長足的進步，作為宋代文化的一支——文學也出現了繁榮景觀。社會的繁榮需要文學創作為其搖旗吶喊，增添潤色。宋初統治階級為了粉飾太平，有意提倡詩文，這樣從晚唐五代以來獨步文壇的浮靡文風得到繼續發展。其主要標誌就是西崑派的形成。

西崑派是以楊億編纂的《西崑酬唱集》而得名的，這是一部點綴太平盛世的詩歌總集。楊億在這部詩集的序中說明了編寫此書的目的和作用：

余景德中，忝佑修書之任，得接群公之遊。時今紫微錢君希聖（惟演）、秘閣劉君子儀（筠），併負懿文，尤精雅道，雕章麗句，膾炙人口。……因以歷覽遺編，研味前作，把其芳潤，發於希慕，更迭唱和，互相切劂。

---

2　歐陽修：《居士集》卷四十七《答吳充秀才書》。

是書所收集的詩篇不是詠唱歷代帝王和宮廷故事，就是抒發男歡女愛、花前月下的情思。這些詩具有消遣性，缺乏真實的生活感受。從內容上講空虛單薄，感情虛假，無實在性的思想內容；從形式上講辭藻華麗，聲律諧和，對仗工穩。這種文風正適應了統治階級渲染太平盛世的需要，也為那些生活空虛、精神頹廢的官僚士大夫們提供了以文學為遊戲的消遣工具。楊億此書一出，西崑派文風迅速蔓延整個文壇，加之統治階級的偏愛，致使「楊劉文采，聳動天下」[3]。

　　唐末五代浮靡文風在宋初發展的同時，一種倡導復古主義的思潮也在文化領域悄然崛起。在思想界，以孫復、石介為代表的儒學大師批判佛老，要求重振儒學，復興儒學的政治倫理功能。在文學領域，尤其在詩文方面，針對五代遺風和西崑體文風的氾濫，一批文人高舉唐代韓愈、柳宗元復古運動的大旗，倡行古文運動。宋代古文運動的先驅，是柳開和王禹偁。

　　柳開（947-1000 年），字仲涂，大名（河北大名）人。柳開對韓愈的文章極為推崇，他以韓、柳為宗師，以斯文斯道的恢復為己任。他反對浮靡的文風，主張文章要「明道」、「致用」、「尚樸重散」，提倡古文，反對駢文。他所說的「道」，依然是傳統儒學中的堯、舜、周公、孔子的「道」，理論上並沒有什麼新的闡述可以啟發人心，誠如他所言：「吾之道，孔子、孟軻、揚雄、韓愈之道；吾之文，孔子、孟軻、揚雄、韓愈之文也。」[4]道是什麼？即文章的內容和思想。他說：「文章為道之筌也，筌可妄作乎？」[5]他提倡的古文是「古其理，高其意，隨言短長，應變制作，同古人之行事」[6]。在道和文的主次關係上，他認為「文惡辭之華於理，不惡理之華於辭也」，強調道對文的決定意義，即文章的內容思想對文章形式的決定意義，散文創作應該有政治教化作用。柳開提倡的古文創作理論，是對宋初浮靡文風的打擊，但他沒有把理論與實際很好統一起來。柳開提倡散文要「隨言短長，應變制作」，得心應手，但他的散文並不那麼流暢，仍然是「辭澀言苦」。

---

3　歐陽修：《六一詩話》。
4　《河東先生集》卷一《應責》，四部叢刊本。
5　《河東先生集》卷五《上王學士第三書》。
6　《河東先生集》卷一《應責》。

在古文運動的初期，與柳開同時反對宋代詩文的浮華做法，在散文理論和創作上取得真正成果的是王禹偁。

王禹偁（954-1001年），字元之，濟州巨野（今山東巨野）人。他「世為農家」，出身寒苦。太平興國八年（983年）舉進士及第，歷任右拾遺、左司諫等官。「遇事敢言，喜臧否人物，以直躬行道為己任」，「八年三黜」。在地方做官多年，了解民間疾苦，具有守正不屈的正義感和鬥爭精神，其散文創作面對現實。在古文運動初期，王禹偁對五代以來的「秉筆多豔冶」的頹廢文風很不滿，多有批評。他主張復古，以六經為口號，強調文章要效法韓、柳。他認為文章是「傳道而明心」的工具，文章貴在「句之易道，義之易曉」。同樣強調文章的思想性和行文的平實質樸。王禹偁的散文多是些托諷寄懷，表達個人理想、社會觀念的內容，也有一些是諷刺現實。這些文章多短小精悍，形象生動，平易質樸，頗有文學意蘊，因而其文學創作成就很高。如被後人稱為「垂世立教之文」的《待漏院記》所寫的內容是封建時代官員在待漏院等待皇帝召見的記文。在該文中，王禹偁借題發揮，深刻說明了兩種不同政治態度的官僚形象。對「竊位而苟祿，備員而全身者」的官僚處世態度進行了批判。這篇散文表現了作者鮮明的愛憎感情和對國家大事的關心。再如《唐河店嫗傳》中借歌頌一老嫗機智勇敢、推敵墮井的故事，表明了邊民為了保衛家園「習戰鬥而不畏懦」的勇敢獻身精神，同時對宋朝軍事戰略重內虛外的失策提出了看法。

在宋初的古文運動中，王禹偁的成就是最高的，其散文創作實踐了他的理論，且行文平易近人，繼承了韓愈散文「文從字順」、易道易曉的文風。

在宋初古文運動的形成過程中，除柳王外，還有幾位代表人物對古文運動的興起同樣起到了重要作用，這就是石介、穆修。石介是理學「宋初三先生」之一，他強調文章應是宣傳儒學的工具，他倡導復古是恢復儒學的獨尊地位。在其著名檄文《怪說》中，他說：「上篇言佛老，下篇言楊億」[7]，既反對佛老，又批判楊億。他認為佛老「以妖妄怪誕之教」破壞了「道」，楊億是「以淫巧浮偽之

---

7 《徂徠石先生文集》卷五《怪說》（下），北京，中華書局，1984。

言」破碎了「道」。他猛烈攻擊內容單薄、感情虛假、崇尚辭藻的西崑體，說：「今楊億窮妍極態，綴風月，弄花草，淫巧侈麗，浮華纂組，刓鎪聖人之經，破碎聖人之言，離析聖人之意，蠹傷聖人之道。」[8] 石介所說的「道」，同樣指文章的內容，只不過偏重講儒學，這一點與王禹偁所說的「道」還是有明顯的區別。穆修雖一生窮困潦倒，但在推行韓柳古文方面是不遺餘力的。對當時古文運動與西崑體派的鬥爭，他在《答喬適書》中有一段精闢的論述：

> 蓋古道息絕不行，於時已久。今世士子習尚淺近，非章句聲偶之辭，不置耳目，浮軌濫轍，相跡而奔，靡有異途焉，其間獨敢以古文語者，則與語「怪」者同也。眾又排詬之，罪毀之，不目以為迂，即指以為惑，謂之背時遠名，闊於富貴。前進則莫有譽之者，同儕則莫有附之者，其人苟無自知之明，守之不以固，持之不以堅，則莫不懼而疑，悔而思，忽焉且復去此而即彼矣[9]。

由此可見當時古文運動興起之艱難。

宋初的古文運動，矛盾直指浮靡輕薄的西崑體，柳開首舉古文旗幟，王禹偁、穆修、石介等殿其後，旗幟鮮明地捍衛和繼承韓柳古文遺風，主張文章應「明道」、「傳道而明心」，即拋棄委靡不振、華而不實的文風，向平鋪流暢的致用方向發展。這些古文先驅的吶喊，對北宋中葉的詩文革新運動產生了重要的影響。

## 二、歐陽修、王安石與北宋中葉的古文運動

正當宋初西崑派文人酬唱對答正酣之際，宋真宗在大中祥符二年（1009 年）下了一道詔令，指斥「近代以來，屬辭多弊，侈靡滋甚，浮豔相高；忘祖述之大猷，競雕刻之小巧」。告誡「今後屬文之士，有辭涉浮華，玷於名教者，必加朝

---

8　《徂徠石先生文集》卷五《怪說》（中）。
9　穆修：《答喬適書》，《宋文鑑》卷一一二，北京，中華書局，1992。

典，亦庶復古風」[10]。真宗詔令出於維護名教的需要，倡導復古，對西崑派文風是一次打擊。仁宗朝，歐陽修、尹洙、梅堯臣、蘇舜欽登上文壇，他們繼承和發揚宋初復古主義的傳統，把宋代的古文運動推向了高潮。

在北宋中葉古文革新運動中作出重大貢獻的要推歐陽修和王安石。

歐陽修積極提倡古文，認為「國之文章，應於風化，風化厚薄，見乎文章」，並建議天子「可敦諭詞臣，興復古道……以救斯文之薄而厚其風化。」[11]歐陽修對當時文風的批評和革新主要是針對「太學體」的。「太學體」其實是古文的一個變種[12]，它形成於慶曆年間，始作俑者是石介。「太學體」的主要特點是「以怪誕詆訕為高，以流蕩猥瑣為贍」[13]，也就是《四朝國史》上所說的「士子尚為險怪奇澀之文」。「太學體」之所以得以在廣大士子中流傳，主要是與石介、孫復在太學擔任主考官和試講有關。因為在石介看來，「讀書不取其語辭，直以根本乎聖人之道；為文不尚其浮華，直以宗樹乎聖人之教」[14]。這種太重視思想而放棄「文」的文章，寫出來只能是「求深者或至於迂，務奇者怪癖而不可讀」。因此歐陽修認為「必為迂僻奇怪以取德行之名，而高談虛論以求材識之譽」[15]是一種文弊，所以他對「太學體」痛加排抑。嘉祐二年（1057 年）他知貢舉，凡寫此類文章的人一概不取。蘇軾等人「長於草野，不學時文，詞語甚樸，無所藻飾」[16]，則毅然拔擢。儘管發榜之後，「向之囂薄者伺修出，聚躁於馬首，街邏不能制」[17]，但士林風氣為此一變。

歐陽修與范仲淹等人領導了北宋中葉的詩文革新運動，歐氏又是宋代古文運動的宗師。他認為道對文有決定作用。他說：「我所謂文，必與道俱」[18]。又說：

10 《徂徠石先生文集》卷十九《祥符詔書記》，北京，中華書局，1984。
11 引自游國恩：《中國文學史》第3冊，21頁，北京，人民文學出版社，1979。
12 陳植鍔：《北宋文化史述論》，402頁，北京，中國社會科學出版社，1992。
13 張方平：《樂全集》卷二十《貢院請誡勵天下舉人文章》。
14 《徂徠石先生文集》卷二十《代鄆州通判李屯田薦士建中表》。
15 歐陽修：《奏議集》卷十六。
16 《經進東坡文集事略》卷四十一《上梅龍圖書》。
17 《宋史·歐陽修傳》。
18 《蘇東坡全集·後集》卷七十六《潁州祭歐陽文忠公文》，北京，中國書店，1986。

「道純則充於中者實，中實則發為文者輝光」[19]。道是內容，如金玉，文是形式，如同金玉發出的光輝，「大抵道勝者文不難而自至也」[20]。他為了說明道與文的密不可分，引用孔子「言之無文，行之不遠」的話加以發揮，說：「甚矣，言之難行也。事信矣，須文。文至矣，而系其所恃之大小，以見其行遠不遠也。」[21]也就是說，決定著能不能行的基本條件還是「文」，所以「事信，須文。」「文至矣」之後，才是「其行遠不遠」的問題。所以文與道應並重。如何做到這一點，其標準是「其道易知而可法，其言易明而可行」。[22]道和文是不能等同起來，混為一談的，「文之為言，難工而可喜，易悅而自足」[23]，能工文的首要條件還是「務深講而篤信之」[24]，使道「履之以身，施之於事，而又見於文章而發之以信後世」[25]。歐陽修指出，有道的人，不一定能寫出文章，但道以文傳，所以「言以載事而文以飾言，事信言文乃能見於後世」。又說：「言之所載者大且文，則其傳也彰，言之所載者不文而又小，則其傳也不彰」。[26]他要求寫文章要「中於時病而不為空言」[27]，反對寫文章「巧其詞以為華，張其言以為大」[28]，「務高言而鮮事實」[29]，提倡「文簡而意深」[30]，「簡而有法」[31]。歐陽修所說的道，與石介等理學家所說的道不一樣，理學家所說的道是儒學經典，而歐陽修的道是論政。所以，歐陽修對文道的關係是二者並重，他主張平易自然的文風，反對尚奇趨險。他的散文有許多內容涉及「百事」，這就在一定程度上擺脫了「道統」的束縛，寫出了一些反映現實生活，為現實政治服務的散文。歐陽修在古文運動中的貢獻主要表現在兩方面：一是強調道重於文，文道並重；二是建立了平易流

---

19 《歐陽文忠公集》卷六十八《答祖擇之書》。

20 《歐陽文忠公文集》卷六十八《答吳充秀才書》。

21 《居士外集》卷十七《代人上王樞密求先集序書》。

22 《居士外集》卷十六《與張秀才第二書》。

23 《歐陽文忠公文集》卷六十八《答吳充秀才書》。

24 《居士外集》卷十六《與張秀才第二書》。

25 同上。

26 《居士外集》卷十七《代人上王樞密求先集序書》。

27 《歐陽文忠公集·與黃校書論文章書》。

28 《歐陽文忠公集》卷六十九《與樂秀才第一書》。

29 《歐陽文忠公集》卷六十六《與樂秀才第二書》。

30 《歐陽文忠公集·論尹師魯墓誌》。

31 《歐陽文忠公集·尹師魯墓誌銘》。

暢、委曲婉轉的文風。後世文章家大都不出其範圍。

歐陽修的散文成就很高，其不僅提出了影響一代文風的主張，而且創作出了許多優秀的作品。歐陽修的散文有議時政的，有記敘的，有狀物抒情的，等等。

為封建政治服務的政論性散文有《朋黨論》、《五代史·伶官傳序》、《上范司諫書》、《與高司諫書》、《縱囚論》等。《朋黨論》反對保守派對范仲淹慶曆新政的誣衊，諷刺統治者退賢進惡，反覆論證，多次轉折，抑揚激盪，以理服人。《縱囚論》議論犀利，如刀斫斧截，把唐太宗縱囚的歷史佳話，批得體無完膚，一掃歷史塵埃。再如《與高司諫書》，批評身為諫官的高若訥不敢據理諫諍，反而詆毀慶曆新政。在這篇政論文中說道：

前日范希文貶官後，與足下相見於安道家。足下詆誚希文為人，予始聞之，疑是戲言；及見師魯，亦說足下深非希文所為，然後其疑遂決。希文平生剛正，好學通古今，其立朝有本末，天下所共知。今又以言事觸宰相得罪，足下既不能為辯其非辜，又畏有識者之責己，遂隨而詆之，以為當黜，是可怪也。夫人之性，剛果懦軟，稟之於天，不可勉強，雖聖人亦不以不能責人之必能。今足下家有老母，身惜官位，懼飢寒而顧利祿，不敢一忤宰相以近刑禍，此乃庸人之常情，不過做一不才諫官爾。雖朝廷君子，亦將閔足下之不能，而不責以必能也。今乃不然，反昂然自得，了無愧畏，便毀其賢以為當黜，庶乎飾己不言之過。夫力所不敢為，乃愚者之不逮；以智文其過，此君子之賊也。

他批評高若訥，說：「足下在其位而不言，便當去之，無妨他人之堪其任者」，「是足下不復知人間有羞恥事耳」。此文真乃理直氣壯，委曲婉轉，曲折條暢，對高若訥這樣的官僚進行了辛辣的諷刺。

另一篇著名的政論性散文是《五代史·伶官傳序》，此文是以史勸鑑的文章，沈德潛評價此文：「抑揚頓挫，得《史記》神髓，《五代史》中，第一篇文字。」此文通過五代後唐李存勖興亡的歷史，說明國家「盛衰之理」，在人事而不在天命。其言曰：

方其系燕父子以組，函梁君臣之首，入於太廟，還矢光王，而告以成功，其

意氣之盛，可謂壯哉！及仇讎已滅，天下已定，一夫夜呼，亂者四應，倉皇東出，未及見賊而士卒離散，君臣相顧，不知所歸；至於誓滅斷髮，泣下沾襟，何其衰也！豈得之難而失之易歟，抑本其成敗之跡，而皆自於人歟？書曰：「滿招損，謙受益」。憂勞可以興國，逸豫可以亡身，自然之理也。故方其盛也，舉天下之豪傑，莫能與之爭；及其衰也，數十伶人困之，而身死國滅，為天下笑。夫禍患常積於忽微，而智勇多困於所溺，豈獨伶人也哉！

一唱三歎，使統治者通過歷史陳跡，吸取治世經驗教訓，極富有現實意義，且語言流暢極富感情，成為後世仰慕的楷模。

政論文如此，其記敘文、抒情散文更是突出歐陽修的散文創作精華。膾炙人口的《醉翁亭記》可以說是一篇優美的散文詩。文章寫滁州山間朝暮變化，四時優美的景色以及滁人和自己在山間的遊樂。「醉翁之意不在酒，在乎山水之間也。山水之樂，得之心而寓之酒也」。「禽鳥知山林之樂而不知人之樂，人知從太守游而樂，而不知太守之樂其樂也」。層次分明，語言流暢，表現了歐陽修擺脫約束，從容委婉的情致。文章不僅表現歐陽修在逆境時仍能保持心胸寬闊的為人之節，更突出了他「樂民之樂」的坦蕩心境。《秋聲賦》是歐陽修即興而作，有感而發的抒情散文。他通過形象的比喻，把秋夜的各種聲音描繪出來。這聲音彷彿傾耳可聞，顯示出了深秋月夜的肅穆森嚴。如其中一段是這樣寫的：

歐陽子方夜讀書，聞有聲自西南來者，悚然而聽之，曰：「異哉！」初淅瀝以蕭颯，忽奔騰而砰湃，如波濤夜驚，風雨驟至，其觸於物也，鏦鏦錚錚，金鐵皆鳴；又如赴敵之兵，銜枚疾走，不聞號令，但聞人馬之行聲。余謂童子：「此何聲也？汝出視之。」童子曰：「星月皎潔，明河在天，四無人聲，聲在樹間」。

這段文字其本身具有詩情畫意的美感，也與後文所抒發的人生感慨和諧而一致。從內容上講這篇散文是講養生之道[32]，但在藝術上是有獨創風格的，使賦體進一步散文化，可以說是另闢新體。

---

32 《中國文學史》第2冊，565頁，北京，人民文學出版社，1984。

歐陽修的散文，自謂習自韓愈，他對韓愈的推崇是很高的，蘇軾稱他為今之韓愈[33]。但二人的散文風格是不盡相同的。韓愈的散文如江河之波濤洶湧，歐陽修的散文則似湖光蔚藍，瀲灩澄淨；韓愈散文滔滔雄辯，歐陽修散文娓娓動聽；韓愈散文沉著痛快，歐陽修散文含蓄婉轉。歐陽修繼承韓愈文從字順的散文精神，避免了韓文尚奇好異、艱澀怪僻的缺點。敘事簡括有法，議論徐徐有致，其章法變化曲折，語句輕快圓潤。這些藝術成就使歐陽修成為宋代古文運動的宗師。

歐陽修與其他散文名家一起活動、相互唱和，促成了北宋古文運動高潮的到來。稍前於歐陽修的散文名家有尹洙，與歐陽修同時代的散文家有范仲淹、宋祁、司馬光等。范仲淹散文代表作是《岳陽樓記》，寫洞庭湖的美景抒發內心的憂國之情，其「先天下之憂而憂，後天下之樂而樂」，表現了作者在逆境之時仍不忘國家大事的寬闊胸襟和遠大的政治抱負。司馬光既是著名的政治家，又是史學家，還是文學家，《資治通鑑》許多地方文學色彩甚濃，如《李愬雪夜入蔡州》等都是寫得相當成功的散文。

稍後於歐陽修的散文名家有曾鞏、王安石、蘇洵、蘇軾、蘇轍等人。

曾鞏和王安石並列「唐宋八大家」之中，但兩人比起歐陽修尚有差距，尤其是曾鞏。

曾鞏（1019-1083 年）的文學主張和散文風格頗似歐陽修，是古文運動的積極支持者。《宋史·曾鞏傳》中雲：「曾鞏立言於歐陽修、王安石間，紆徐而不煩，簡奧而不晦，卓然自成一家，可謂難矣。」也就是說，曾鞏的散文是介於歐陽修、王安石之間的一個重要人物，在當

曾鞏像

---

33 蘇軾：《東坡經進文集事略》卷五十六《六一居士集序》，香港，中華書局，1979。

時其文名僅次於歐陽修。他的散文雍容平和，穩重委婉，嚴謹周詳，尤其是他的記敘文寫得最好。其作品的一個突出特徵是「古雅」、「平正」、「明晰」，許多作品可以算得上散文中的佳品。但作品內容儒學正統氣味較濃，缺乏現實性和新鮮感，所以其成就是不及王安石的。

在北宋中期的古文運動中，以寫散文而抒發遠大政治理想的散文家是王安石，他是繼歐陽修之後對古文運動作出不少成就的一代文人，所以在此時期的古文運動中有歐王並稱。

王安石的一生是以實現自己的政治理想為終極目標，所以其他一切活動包括學術和文學創作均圍繞這一目標而展開。他是北宋古文運動的積極支持者和參與者，他反對西崑派「以其文詞染當時」，指出「學者迷其端原，靡靡然窮日力以摹之，粉墨青朱，顛錯叢龐，無文章黼黻之序。」[34]他提出了「文貴致用」的主張。在《上人書》中說：

> 且所謂文者，務為有補於世而已矣；所謂辭者，猶器之有刻鏤繪畫也。誠使巧且華，不必適用；誠使適用，亦不必巧且華。要之以適用為本，以刻鏤繪畫為之容而已。不適用，非所以為器也；不為之容，其亦若是乎否也。然容亦未可已也，勿先之，其可也。[35]

他的中心思想是「適用」，他的散文具有濃厚的政治色彩，是直接為政治鬥爭服務的。

王安石的散文多以政論性為主，這些散文，多針對時弊，提出自己的主張，具有極強的說服力。如《本朝百年無事札子》，通過分析北宋百餘年的政治狀況，指出「大有為之時，正在今日」，希望宋神宗在政治上有建樹，表現了他關心時局和剛毅果斷的風格；《上仁宗皇帝言事書》中說：「顧內則不能無以社稷為憂，外則不能無懼於夷狄，天下之財力日益窮困，而風俗日益衰壞。四方有志

---

34 《臨川先生文集·張刑部序》，北京，中華書局，1959。
35 《臨川先生文集·上人書》卷七十七。

之士總總然常恐天下之久不安，此其故何也？患在不知法度」。提出「法度」之後，又提出「人才」，說：「然則方今之急，在於人才而已。誠使天下之才眾多，然後在位之才可以擇其人而足焉。」在這篇萬言書中，王安石把道理說得淋漓盡致。再如《答司馬諫議書》，針對司馬光攻擊新法「侵官」、「生事」、「征利」、「拒諫」四大罪狀，一一加以批駁，認為當時時弊在於「人習於苟且非一日，士大夫多以不恤國事、同俗自媚為善」，所以必須行變法。這篇文章理直氣壯，堅強有力，但又不盛氣凌人。

王安石的政論文如此，其記敘文則具有議敘結合、寓意深遠的特點。如《遊褒禪山記》，雖名為遊記，但不以記遊為主，重點還是由記敘而夾帶議論，以「夷以近，則遊者眾；險以遠，則至者少」來說明學人要具有不流俗、不畏難的精神，探求「險遠」之處，才有「非常之觀」，不僅表現了作者勇於向上進取的精神，也說明其散文用筆曲折，寓意深遠。

從歐陽修到曾鞏再到王安石，北宋的古文運動呈現出繁榮的景象，其古文成就不僅為後世所效法，也為蘇軾匯古文運動之精神，成為北宋古文集大成者奠定了基礎。

# 三、北宋古文運動的殿軍 —— 蘇軾

歐陽修是北宋古文運動的宗師，但將北宋古文運動推向高峰的則是蘇軾。

北宋中葉是宋代文化蓬勃發展的重要時期，各種學術流派紛紛出現，這其中就有蘇軾的蜀學。蘇軾的思想是比較複雜的，既有儒家思想又有佛老思想，總體上看是援佛老入儒，這與宋代理學援佛老入儒，援儒入佛老的文化發展之路是一脈相承的。他平生最傾慕的是賈誼、陸贄，在政治上從儒家思想出發，攻擊老莊為異端，但又吸收老莊的「無為而治」思想；他喜歡同高僧來往，生活上他認為

「遊於物之外」，則「吾安往而不樂」[36]，並以安然的態度待之，「聽其所為」，「莫與之爭」[37]。這些思想更多地與佛老超然物外、與世無爭的戒律相吻合。因此，他在政治生涯中雖屢遭挫折，但並沒有因此而消沉。政治上不得意，反而促使他在文學創作上碩果累累，建樹頗多。

當蘇軾活躍於文壇的時候，宋初以來獨步文壇的西崑體文風經古文運動的衝擊已蕩然無存，新的散文風格已主宰文壇，但後來又出現艱澀的「太學體」。歐陽修在嘉祐二年（1057 年）主試禮部考試時，對此文體進行了掃蕩，蘇軾因不學「太學體」而被歐陽修賞識，以禮部考試第二名，殿試第一名，同弟弟蘇轍同科進士及第。他對當時的文風頗有看法，在《謝歐陽內翰書》中說：「天下之事，難於改為。自昔五代之餘，文教衰落，風俗靡靡，日以塗地。聖上慨然太息，思有以澄其源，疏其流，明詔天下，曉諭厥旨。於是招來雄俊魁偉敦厚樸直之士，罷去浮巧輕媚、叢錯彩繡之文，將以追兩漢之餘，而漸復三代之故。士大夫不深明天子之心，用意過當，求深者或至於迂，務奇者怪僻而不可讀。餘風未殄，新弊復作。」[38]他說反對「浮巧輕媚」的「西崑體」，又反對「刓裂詭異」的「太學體」。

蘇軾像

蘇軾的文學主張大致與歐陽修相似，他主張文章要有意有言，「有意而言，意盡而言止，天下之至言也」。「戰國之際，其言語文章，雖不能盡通於聖人，而皆卓然近於可用，出於其意所謂誠然者」[39]。他所說的「意」即思想，是指天下的事理。其次，蘇軾主張文以致用的觀點，在《鳧繹先生詩集敘》中引用蘇洵的話說：「先生之詩文，皆有為而作，精悍確古，言必中

---

36 《蘇東坡全集》前集卷三十二《超然台記》。
37 《蘇東坡全集》前集卷二十三《問養生》。
38 《蘇東坡全集》續集卷十一《謝歐陽內翰書》。
39 蘇軾：《策論·總序》。

當世之過。鑿鑿乎，如五穀必可以療飢；斷斷乎，如藥石必可以伐病。其游談以為高，枝詞以為觀者，先生無一言焉」。其三，他主張文貴自然。在《答謝師民書》中說文章如「行雲流水，初無定質，但常行於所當行，常止於所不可不止。文理自然，姿態橫生」。

在文與道的關係上，蘇軾主張文與道俱，這與歐陽修的主張是一脈相通的。歐陽修而後，古文已定為一尊，文道關係基本上都受到散文家的重視，但在強調文重於道或道重於文上，此後的古文家有不同見解。王安石提倡為文必須為現實服務，即「務為有補於世而已矣」；同時強調道應在文之先。根據王安石的這一理論，在其執政時，實施了重經義、策論而罷詩賦「聲病對偶之文」的科舉改革。王安石的著眼點貴在「適用」，兼顧「辭」與「理」，這引起了北宋古文運動的一次爭論。二程理學家重道而輕文，說注意文章的表現形式是「玩物喪志」，「作文害道」。[40]蘇軾更反對王安石的這種做法，他與二程走向另一極端，在《答張文潛書》中攻擊王安石之文「好使人同己」而造成一時「文學之衰」。在蘇軾看來，歐陽修之所以偉大，在於其能文，而不是其道。在北宋古文運動中，以「文」傳「道」，是王禹偁等人提出的，歐陽修提出「我所謂文，必與道俱」，可說是文道兼重。但到了王安石那裡則成為道先文後，而蘇軾以歐陽修的繼承人自居，攻擊王安石的道先文後主張，提出了文先道後的理論。他論韓愈「文起八代之衰，而道濟天下之溺」[41]，顯然是把「文」放在「道」之前，故而才有「夫學以明禮，是文以述志，思以通其學，氣以達其文」，把「文」看得如此之重。蘇軾重文有兩點，一則「吾文如萬斛泉源，不擇地而出，在平地滔滔汩汩，雖一日千里無難」[42]；二則是「某平生無快意事，唯作文章」[43]。在這種觀點支配下，蘇軾尤重文學的藝術價值，「出新意於法度之中，寄妙理於豪放之外」，可以說是這一主張的高度概括。此外他還強調文章的美感與興會，他在《江行唱和集序》中說：「夫昔之為文者，非能為之為工，乃不能不為之為工也。

---

40 《河南程氏遺書》卷十八。
41 《蘇東坡全集》卷八《送人序》。
42 《經進東坡文集事略》卷五十七《文說》。
43 何薳：《春渚紀聞》卷六《文章快意》，北京，中華書局，1986。

山川之有雲霧，草木之有華實，充滿勃鬱而見於外。夫雖欲無有，其可得耶！」

蘇軾的散文筆力縱橫，揮灑自如，從不同的內容出發，自由奔放，擺脫了種種束縛。其文章才情奔放，氣勢澎湃，能收能放，舒卷自如。他的許多作品婉轉含蓄、輕靈流麗，他把北宋古文運動推到了更高的境地，其文學成就也就最高，形成了自己獨特的散文風格。

蘇軾的文章，大致分為兩類：一是政治論文，二是散文或帶有文學性的散文。

蘇軾的政治論文有《策略》、《策別》、《策斷》等篇，從儒家思想出發，廣引史事加以論證。其文多設譬喻，滔滔不絕，文筆縱橫，深受《戰國策》的影響。歷史論文有《平王論》、《留侯論》、《賈誼論》、《晁錯論》等。這些歷史論文是政治論文的一種，內容上沒有什麼可取之處，但寫作上隨機生發，翻空出奇，對後人影響甚大。蘇軾的政治論文精神實質上同賈誼、陸贄一脈相承。

蘇軾真正的散文或帶有文學性的散文尚不在政論文方面，主要是他所寫的書札、雜記、雜說、小賦等。這些成果大都夾敘夾議，隨筆揮灑，既表現了他本人的胸懷，又表現了他對人生的追求。蘇軾寫亭台記，多以描寫、敘述和議論相錯雜，布局結構隨內容需要而有變化，無一雷同。如《超然亭記》開頭一段是游於物內和物外的議論，給人一種飄忽超然的意會，而後敘事；《放鶴亭記》議論居中，突出提出與主題不相干的「酒」，與國君好鶴相對比，以說明「南面之樂」與「隱居之樂」不能等換的道理；《凌虛台記》寫這個建築物的起源、命名等，而後得出「廢興成毀」的道理；《喜雨亭記》在寫作手法上，突出「喜」、「雨」、「亭」三層意思，從而流露出作者對人民生活的關心；《石鐘山記》通過對石鐘山的親自考察，既描寫石鐘山的景色之美，又說明凡事不能單憑主觀臆斷，要親身體驗，耳聞目睹。

蘇軾的書札信筆拈來，狀物抒情，敘事議論，極富神趣。如《答李端叔書》寫被貶謫居的心情，「得罪以來，深自閉塞。扁舟草屨，放浪山水間，與樵漁雜處，往往為醉人所推罵，輒自喜漸不為人識」，給人以親切自然的感覺；《傳神

記》敘僧人惟真畫曾魯公像，眉後加三紋使其形象逼真，以說明細節的重要性；《篔簹谷偃竹記》既寫二人相交的友誼，又道出繪畫的道理；《記承天寺夜遊》寥寥八十四個字，道出作者謫居的心情以及承天寺的夜景，使人彷彿進入了詩一般的意境。

蘇軾的賦更具特點，他秉承歐陽修的手法用散文作賦，文字神奇，可以說是散文詩。他的《赤壁賦》可以和歐陽修的《秋聲賦》相提並論，堪稱為宋代散文詩的雙璧。《前赤壁賦》和《後赤壁賦》都是作者謫居黃州時的心情表露，從內容色彩上講顯露出作者面對現實生活的苦悶，寄希望於從清風明月中找到出路，虛無縹緲的成分比較濃。尤其是《後赤壁賦》通過主客對話的表現形式，其實是作者內心世界的獨白，使賦的傳統手法更加靈活運用，巧妙地表達了作者感情的波折、掙扎和解脫的過程。從寫景的角度來看，兩賦雖一樣風月，兩種境界。前賦寫深秋風月，「清風徐來，水波不興」，「白露橫江，水光接天」；後賦寫冬天的景緻，「霜露既降，木葉盡脫，人影在地，仰見明月」和「山高月小，水落石出」。用墨不多，境界迥異，顯示出了作者高超的藝術才能。

與蘇軾同時並在散文創作風格上影響至深的還有其父蘇洵和其弟蘇轍，合稱「三蘇」。蘇洵的散文以議論為長，其特點是縱橫捭闔，頗能反映其愛國思想；蘇轍的議論文雖不及父兄，但記敘文卻頗有特色，紆徐曲折，饒有情致。蘇軾評點其弟文章風格時言：「汪洋淡泊，有一唱三歎之聲，而其秀傑之氣，終不可沒」。[44]

# 四、古文運動後的宋代散文

蘇軾將北宋古文運動推到了最高點，此後宋代散文的創作基本上沿著這條線發展下去，但終難有超越蘇軾的。北宋後期在文學上見長的有六君子，即黃庭

---

44 《蘇東坡全集》前集卷三十《答張文潛書》。

堅、秦觀、張耒、晁補之、陳師道、李廌。真正在散文方面有成就的是張耒、晁補之。南宋初期，因民族矛盾上升為主要矛盾，山河破碎，使此一時期的散文帶有明顯的愛國激情，如宗澤的《乞毋割地與金人疏》、岳飛的《五嶽祠盟記》、李綱的《議國是》等。膾炙人口的當屬胡銓的《戊午上高宗封事》，主張殺秦檜等投降派，「義不與檜等共戴天」，「不然，臣有赴東海而死，寧能處小朝廷求活耶」。

南宋中期，雖宋金交好，但愛國思想依然激盪在文學家的思想中，陸游、辛棄疾等具有代表性。陸游雖為詩人，但散文成就同樣很高，他的散文多集中在政論、史論、書記、序、跋中，這些散文貫穿著他的愛國情感，結構嚴謹，語言精練。辛棄疾雖為一代詞人，散文亦為其所長。其名作《美芹十論》、《九議》等，不僅有高超的見識，也表現了他堅實、開闊的文筆。

乾淳之際，伴隨著思想界的鬥爭發展，散文創作出現新局面。陳亮是進步的思想家，同朱熹有過王霸義利之爭。他反對理學家空談心性，在散文上主張「大凡論不必作好語言，意與理勝則文字自然超眾」。[45] 主張從實際出發，因而其散文平質樸實。浙東學派的重要代表葉適主張「為文不能關教事，雖工無益也」[46]，文章創作要與國家興衰相聯繫，所以他的散文在南宋卓然為一大宗。朱熹的散文創作雖不及理學成就高，但內容充實，長於說理；寫景敘事，自成一格。

南宋被元所亡，文天祥、陸秀夫等創作的散文正氣凜然，光彩照人。文天祥的《指南錄後序》充滿著對元人的仇恨和對南宋朝廷的忠貞。此文歷記抗元的艱難，體現了作者忠貞之心、悲憤之情，讓人讀後頓覺是血淚文墨，光照千秋。陸秀夫的《擬景炎皇帝遺詔》、謝翱的《登西台慟哭記》等，表現了抗敵決心和亡國的悲痛，均是感人肺腑的愛國篇章。

宋代散文，從柳開、王禹偁對西崑體的批判以及提倡新文體，到歐陽修、蘇

---

45 《陳亮集》卷十六《書作論法後》，北京，中華書局，1974。
46 《葉適集‧水心集》卷二十九《贈薛子長》，北京，中華書局，1961。

軾把古文運動推向高潮並取得最後的勝利，從而形成了宋代散文的創新精神，這就是內容充實，結構巧妙，語言流暢，風格多樣，借景生情。影響所及，為中國散文發展史上的最高峰，在中國文學史乃至文化史上成為極重要的歷史時期之一。明清以後的散文基本上是沿著這條線走下去的。

第二節 ·
# 詩風與詩派

在中國詩歌發展史上，唐代是鼎盛期。宋朝是繼唐代之後詩歌創作的又一個繁榮時期。這一時期的詩歌創作具有自己的特點：一是創作數量超過唐代，二是詩風前後變化很大，三是詩派很多，四是很多詩篇的內容體現出時代特徵。從總的宋代詩歌發展歷史來看，大致有以下幾個不同的歷史階段：一是白居易體、晚唐體和西崑體對峙，西崑體獨步詩壇，詩風漸變；二是北宋中期以詩文革新為起點復古詩風盛行；三是在詩文革新基礎上以王安石、蘇軾為代表的宋代詩歌創作第一高峰期到來；四是南宋中期以陸游為代表的第二個宋詩繁榮期的創作；五是南宋中期之後的詩派體現出民族情懷和節氣。

## 一、宋初詩風與流派

宋初詩壇主要盛行三種詩歌創作風格，一是白居易體，二是晚唐體，三是西崑體。白居易體主要流行於士大夫中，先是徐鉉、李煜，後有王禹偁。晚唐體多為隱逸僧侶所習，林逋等人的作品較有影響。西崑體是楊億、錢惟演等人取法唐

代詩人李商隱，以編《西崑酬唱集》而得名。此派在宋初影響很大，對宋初詩風改變起到了舉足輕重的作用。

王禹偁一生創作詩歌很多，現存尚有六百餘首，他對當時詩人習晚唐體頗不滿，批評當時詩風「仍因歷五代，秉筆多豔冶」。[47]他提倡繼承杜甫、白居易現實主義的詩歌傳統，自稱「本與樂天為後進，敢期子美是前身」。[48]他推崇杜甫，認為杜甫開闢了詩的領域：「子美集開詩世界」。[49]因他出身寒族，很長時間在地方為官，對民風民情了解很多。他的詩中同情人民疾苦，較多觸及社會時弊，顯示出宋代文人憂國憂民的性格特徵。

其詩《對雪》描寫的是作者面對「飄飄滿天地」的大雪，在自己家中「數杯奉親老，一酌均兄弟。妻子不飢寒，相聚歌時瑞」，樂融融的場面躍然紙上。但詩人此時並未陶醉在合家樂融的氛圍中，而是借景聯想到那些運糧到邊關的民夫、寒卒，「因思河朔民，輸挽共邊鄙。車重數十斛，路遙幾百里……又思邊塞兵，荷戈御胡騎。城上卓旌旗，樓中望烽燧。」冰天雪地讓百姓受苦，作為諫官他感到內疚，自責道：「自念亦何人，偷安得如是！深為蒼生蠹，仍屍諫官位。」王禹偁的內心獨白，與白居易的詩多麼相似。王禹偁詩歌創作的高峰是在被貶官商州時寫的，如《流亡》對當時關輔大旱，百姓流離失所、轉溝填壑的悲慘境況的同情；《畬田詞》五首歌頌了勞動人民的助耕精神；《唱山歌》寫滁州百姓春天「接臂轉若環」、「男女互相調」的歌舞場面；其他的小詩如《寒食》、《村行》都是抒情寫景詩，文字明淨洗練，清新平易，饒有情趣，與晚唐詩風浮靡輕薄形成了鮮明的對比，給人一種清新的感覺。

宋初的隱逸詩人，大都染上了晚唐詩風浮靡的情調，如林逋的詩多是這種筆調，其代表作《山園小梅》頗有名，詩中言：「眾芳搖落獨喧妍，占盡風情向小園。疏影橫斜水清淺，暗香浮動月黃昏。霜禽欲下先偷眼，粉蝶如知合斷魂。幸有微吟可相狎，不須檀板共金樽。」從這裡可以看出林逋為代表的晚唐派詩人的

---

47 王禹偁：《小畜集》卷四《五哀詩》。
48 《小畜集》卷九《村居雜興詩二首》。
49 《小畜集》卷九《日長簡仲咸》。

詩歌創作手法，多是些輕麗小巧之辭，寫眼前所見之景，抒清苦瑣細之意，思想境界並不寬闊。

在宋初的詩壇上，王禹偁的白居易體流行了一段時間，隨著王禹偁的去世，此派在詩壇上也就消失了。繼之而起的除了晚唐體以外，影響最大的是西崑體。西崑體創立始於真宗景德二年（1005 年）編《冊府元龜》時，當時一些年輕詞人楊億、劉筠、錢惟演在編書之隙，寫了大量的唱酬詩。大中祥符元年（1008年）楊億輯成《西崑酬唱集》，所收詩歌儘是五七言近體，以雕章麗句為原則，「西崑體」由此而得名。西崑體之所以在真宗朝後獨步詩壇，使宋代詩風為之一變，與當時社會環境有關。宋初數十年的征戰到太宗時國土一統，真宗時社會呈現安定繁榮的大好局面，統治者為粉飾太平需要詩人為之唱和，楊億等人正好迎合了君王的歡心，此種詩風迅速蔓延。西崑體詩多為詠歷代帝王和宮廷故事，也有詠男歡女愛，還有詠官僚的夜生活，更多的是詠物。西崑體詩派注重音節鏗鏘，辭藻精麗，又喜用典故，是表現才學功力的詩歌。此體一出，後進學者爭效之，風雅為之一變，就連反對西崑體最激烈的石介也不得不承認：「國朝祥符中，民風豫而泰，操筆之士，率以藻麗為勝」。[50]由於西崑體詩為生活空虛的官僚士大夫們提供了一種以文學為遊藝的消遣玩意，加之王朝的偏愛，這種詩風在宋初風靡了數十年，大有「楊劉風采，聳動天下」之勢。

## 二、北宋中葉的復古詩派

正當西崑派詩人酬唱方酣、影響愈來愈大之際，社會危機加深迫使宋代第三位皇帝真宗不得不對現實有所警醒。浮靡輕薄的文風對政治、人心所產生的不良影響，使真宗於大中祥符二年（1009 年）下詔復古，詔書指斥「近代以來，屬辭多弊，侈靡滋甚，浮豔相高，忘祖述之大猷，競雕刻之小巧」，告誡「今後屬

---

50 《徂徠石先生集》卷十八《石曼卿詩集序》。

文之士，有辭涉浮華，玷於名教者，必加朝典，亦庶復古風」。[51]封建帝王政策的改變，使一批文人藉機登上歷史舞台，掀起了宋詩發展中聲勢浩大的批判西崑體、復興古文的詩文革新運動。

北宋中葉的詩文革新運動，參加的人是很多的，有政治家、有文學家、有理學家等。政治家參與是順應北宋中葉的革新運動，如范仲淹、王安石等；文學家參與，是不滿意晚唐詩文和西崑派文風的輕浮華麗、言而無內容的文風；理學家參與是借此發聖人之微言大義，出於維護名教的需要。對北宋詩文產生重大影響並將復古詩推向高潮的是仁宗時期的梅堯臣、蘇舜欽和歐陽修等人。

梅堯臣（1002-1060 年），雖然做過縣令等小官，但一生清貧。在北宋詩壇上，他高舉《詩經》之《風》、《雅》的旗幟號召詩界復古。他對當時「煙雲寫形象，葩卉詠青紅」的浮豔詩風很不滿，認為這種詩不過是一種遊戲的技藝。他之所以能寫詩，與其生活的貧困有很大關係，歐陽修說他「非詩之能窮人，殆窮者而後工也」[52]。他自稱「囊囊無嫌貧似舊，風騷有喜勾多新」[53]。因此他的詩在內容上較多接觸到現實社會生活，反映民間疾苦，對官府的苛捐雜稅、徭役賦役進行鞭笞，對勞動人民寄予同情。此外梅堯臣的寫景詩，筆觸細緻，頗有新意，有些詩句開闢了宋詩以新穎工巧取勝的途徑。

梅堯臣對宋詩的發展起了開闢道路的作用，他認為詩歌的創作是「因事有所激，因物興以道」[54]，主張「刺」與「美」。在藝術上，寫詩既要有鮮明的形象，也要有意境的深遠含蓄，他曾說：「詩家雖主意，而造語亦難。若意新語工，得前人所未道者，斯為善也。必能狀難寫之景，如在目前；含不盡之意，見於言外，然後為至矣」[55]。做詩他提倡平淡，說：「做詩無古今，唯造平淡難。」總的來看，梅堯臣的詩風基本上趨於平淡。這種平淡的詩風，糾正了西崑派錯彩鏤

51 《徂徠石先生文集‧祥符詔書記》。
52 《歐陽文忠公集》卷四十二《梅聖俞詩集序》。
53 梅堯臣：《詩癖》。
54 梅堯臣：《答韓三子華、韓五持國、韓六玉汝見贈述詩》。
55 歐陽修：《六一居士詩話》。

金、內容無味淺薄的詩風，對宋詩的發展起到了很大的作用。

在這一時期與梅堯臣並駕齊驅，馳騁於詩壇的還有蘇舜欽。

蘇舜欽（1008-1048 年）年輕時就與穆修一道提倡古文，他是北宋的古文家，又是著名的書法家。他的詩與梅堯臣齊名，號稱蘇梅。歐陽修曾說：「子美筆力豪雋，以超邁橫絕為奇；聖俞覃思精微，以深遠閒淡為意。各極其長，雖善論者不能優劣也」[56]。道出了二人詩風的不同。蘇舜欽雖以「會將趨古淡」自勉，但其詩終未平淡，而是粗獷豪邁。他的詩與其人一樣，關心社會，以報國救民為己任，所以詩中自然流露出高昂的激情，揭露社會黑暗、批評時弊直接痛快，略無隱諱。如《城南感懷呈永叔》寫所見所聞，對廣大人民在災荒之下的悲慘生活予以描述，「十有八九死，當路橫其屍，犬齧咋其骨，烏鳶啄其皮」；另一方面對於那些達官顯貴「高位厭粱肉，坐論攪雲霓」的腐敗生活給予痛斥。《慶州敗》更明顯地表達了作者對祖國之熱愛。詩中雲：

無戰王者師，有備軍之志。天下承平數十年，此語雖存人所棄。今歲西戎背世盟，直隨秋風寇進城。屠殺熟戶燒障堡，十萬馳騁山岳傾。國家防塞今有誰，官為承制乳臭兒。酣觴大嚼乃事業，何嘗識會兵之機。符移火急搜華乘，意謂就戮如縛屍；未成一軍已出戰，驅逐急使緣嶮巇。馬肥甲重士飽喘，雖有弓劍何所施，連顛自欲墮深谷，虜騎笑指聲嘻嘻。一麾發伏雁行出，山下掩截成重圍。我軍免胄乞死所，承制面縛交涕洟。逡巡下令藝者全，爭獻小技歌且吹。其餘剿馘放之去，東走失液皆淋漓。首無耳准若怪獸，不自愧恥猶生歸。守者沮氣陷者苦，盡由主將之所為。地機不見欲僥倖，羞辱中國堪傷悲。

這首詩指出了宋統治者承平日久，沒有留意西夏，加之任用主將不力，結果在西夏的侵擾下，丟城失地，受盡西夏的羞辱。其實這是對宋朝軍事上存在的弊端的揭露。從這首詩中我們聽到了一個愛國憂時的志士的吶喊。此外，在其他詩如《吾聞》、《蜀士》、《己卯冬大寒有感》中，或抒發其愛國熱情，或寄託其理

---

56 歐陽修：《六一居士詩話》。

想和抱負，或關心下層人民的苦難，都表現了強烈的現實主義精神。

蘇舜欽的寫景抒情詩，大多雄放不羈，意境開闊，與梅堯臣的詩不同，如《揚子江觀風浪》中雲：「日落暴風起，大浪得縱觀。憑凌積石岸，吐吞天外山。霹靂左右作，雪灑六月寒」，這些豪情奔放的詩句使人感受到他內心的激盪。

在復古派詩人中，歐陽修也是極其重要的一位詩人。歐陽修領導了北宋中葉的詩文革新運動，他的詩如同散文一樣具有革新精神，開創了北宋的詩風。歐陽修的詩深受韓愈的影響，誠如《石林詩話》中所說：「歐陽文忠公詩，始矯昆體，專以氣格為主，故言多平易流暢。」也就是說他的詩吸收了韓愈的議論化、散文化特點，以文為詩，不受格律的約束，能夠自由地表達思想感情。

歐陽修的大部分詩作抒懷寫景，如《戲答元珍》用平淡婉秀的筆調，抒發了自己對節令變化的感受：

春風疑不到天涯，二月山城未見花。殘雪壓枝猶有橘，凍雪驚筍欲抽芽。夜聞歸雁生鄉思，病入新年感物華。曾是洛陽花下客，野芳雖晚不須嗟。

歐陽修的詠史詩也寫的非常精彩，如《明妃曲》第一首：

胡人以鞍馬為家，射獵為俗，泉甘草美無常處，鳥驚獸駭爭馳逐。誰將漢女嫁胡兒，風沙無情貌如玉。身行不遇中國人，馬上自作思歸曲。推手為琵卻手琶，胡人共聽亦咨嗟。玉顏流落死天涯，此曲卻傳來漢家。漢宮爭按新聲譜，遺恨已深聲更苦。纖纖女手生洞房，學得琵琶不下堂。不識黃雲出塞路，豈知此聲能斷腸。

詩中寫出統治階級的昏庸無能；以和親的方式求一時苟安，帶來的是「玉顏流落死天涯」，又道出了宮女出塞的不幸。

總的來說，歐陽修的詩不及梅堯臣、蘇舜欽，因其詩說理過多，缺乏生動的形象，有些讀起來不免乏味。但他的詩清新自然，對於掃蕩西崑體的浮艷詩文，仍有良好的作用。

# 三、革新派與北宋詩歌創作的繁榮

宋詩經過復古派的努力，掃蕩了西崑體的浮豔詩文，提倡詩歌復古和以詩為文，詩的散文化和議論化比較明顯。復古派只是完成了宋詩創作高潮的前期工作，對於如何創新、繁榮詩歌，任務便落在王安石、蘇軾等人身上，也可以說王安石、蘇軾等一批詩人開創了宋詩革新的新局面。

王安石的詩與其散文一樣成就顯著，相對而言，詩的成就要比散文高。他一生所創作的詩可以分為三大類：一是有充實的政治內容、傾向性比較明顯的寫實詩；二是詠史詩；三是寫景詩。

王安石的許多詩篇，在內容上表現了對人民的同情，對國家前途的憂慮，對傳統思想的批判，抒發了他的遠大抱負和人生態度。如《河北民》詩反映了統治者為滿足遼、西夏的盟約之厭，搜刮民財，造成人民流離失所和「無食」的絕境。詩中雲：

河北民，生近二邊長苦辛。家家養子學耕織，輸與官家事夷狄。今年大旱千里赤，州縣仍催給河役。老小相攜來就難，南人豐年自無食。悲愁白日天地昏，路旁過者無顏色。汝生不及貞觀中，斗粟數錢無兵戎。

同樣在《感事》、《收鹽》、《兼併》、《省兵》等詩篇中，字裡行間流露出了詩人對國家政治、經濟、軍事等各個領域出現的貧弱的擔憂以及進行變法的必要，政治色彩比較濃厚。

詠史詩是王安石成名的得意之作，嘉祐四年（1059年），他以一首《明妃曲》而轟動北宋詩壇。《明妃曲》有兩首，描寫明妃的形象和她對家國的思念，流露出不為人知的感嘆。因此當時詩壇名人像歐陽修、梅堯臣、曾鞏、司馬光等寫了和詩，說明此詩在當時所引起的共鳴。如其第一首雲：

明妃初出漢宮時，淚濕春風鬢腳垂。低徊顧影無顏色，尚得君王不自持。歸來卻怪丹青手，入眼平生幾曾有。意態由來畫不成，當時枉殺毛延壽。一去心知更不歸，可憐著盡漢宮衣。寄聲欲問塞南事，只有年年鴻雁飛。家人萬里傳消

息，好在氈城莫相憶。君不見，咫尺長門閉阿嬌，人生失意無南北。

此詩之所以引起當時的共鳴，就在於王安石不僅一掃歷代詩人寫昭君出塞留戀君恩、怨而不怒的傳統觀點，有極大獨創性，還在於他通過寫昭君出塞以反映在封建社會婦女無地位受蹂躪的不合理現實，同時也流露出他懷才不遇的心情。此外如《商鞅》、《范增》、《張良》等詠史詩，都以評點歷史人物的得失以抒發自己的政治抱負。

王安石的詩風變化，是在熙寧變法失敗之後。他罷相隱居，由於生活和心情上的變化，引起詩人前後詩風的巨大反差，他的許多小詩雖是描寫湖光山色，而更多的是注意到了對詩歌藝術的錘煉。這些小詩新穎別緻，語句精練，清瑩可喜，貼近自然，藝術上更加成熟，對宋詩的發展起到了一定的推動作用。

與王安石同時代的還有一位了不起的人物——蘇軾。蘇軾是北宋詩文革新運動的集大成者，他的文學成就很高，散文、詩、詞各具匠心。而其詩內容更廣泛，可以說他的詩兼善諸體，成一代之大觀。

蘇軾的詩題材多樣，有反映現實、同情人民疾苦的，有狀物寫景描述民風民俗的，更多是抒發個人情感和歌詠自然景觀的。他的詩歌成就，創作手法誠如其弟蘇轍所言：「公詩本似李杜，晚喜陶淵明。」[57]朱自清評價說：「子瞻詩氣像宏闊，鋪敘宛轉，子美之後，一人而已。」[58]

如反映現實生活、同情民間疾苦的詩，大多與反對王安石新法有關，像《山村五絕》、《吳中田婦嘆》、《贈孫莘老七絕》等。這些詩一方面表現詩人真心希望人民的生活能好起來，一方面又對新法加以抵制。但詩的內容不是體現其保守思想，更多的是反映真實情況。《吳中田婦嘆》反映的是農民在災後辛苦救稻的事情，而國家賦稅，收錢不收米，造成錢貴米賤的現象，譏刺新法。如《山村五絕》中的「老翁七十自腰鐮，慚愧春山筍蕨甜。豈是聞韶解忘味，爾來三月食無

---

57 蘇轍：《蘇轍集·欒城後集》卷二十二《東坡先生墓誌銘》、《亡兄子瞻端明墓誌銘》。
58 朱自清：《宋五家詩鈔》。

鹽」是譏刺鹽法的。另一些詩篇如《荔枝嘆》、《李氏園》、《許州西湖》雖與新法無關，但是對封建帝王、官僚貴族貪婪殘暴和巧取豪奪的批判。如《荔枝嘆》前一段：「十里一置飛塵灰，五里一堠兵火催。顛坑僕谷相枕藉，知是荔枝龍眼來。飛車跨山鶻橫海，風枝露葉如新采。宮中美人一破顏，驚塵濺血流千載。」批評玄宗及官吏為博得美人一笑，疾如星火催送荔枝，毫不顧惜人民的死活。後一段轉而批評宋代官員「爭新買寵」，「君不見，武夷溪邊粟粒芽，前丁後蔡相籠加。爭新買寵各出意，今年斗品充官茶。吾君所乏豈此物？致養口體何陋耶！洛陽相君忠孝家，可憐亦進姚黃花。」

蘇軾的政治諷刺詩，尚不能代表其詩歌的面貌和成就，最能體現其特色的還是大量的個人抒情詩和歌詠自然景物的作品。蘇軾的一生在政治上是最不得意的，但仕途失意並未使其意志消沉、精神頹廢。他有大量的時間從事文學創作，在詩歌中充滿了對鄉土的眷戀、親友的溫情和對大自然的熱愛。

蘇軾一生漂流四方，但他隨遇而安，對新的生活地和故鄉一樣珍視，如在《食荔枝二首》其中一首言：「羅浮山下四時春，盧橘楊梅次第新；日啖荔枝三百顆，不辭長作嶺南人。」用輕鬆、幽默的筆調，表現了他對第二故鄉的感情和傲岸不馴的性格。蘇軾的詩很多體現他惆悵苦悶的心情和曠放狂達的精神狀態，許多詩都暗示著蘇軾對人生的追求，這種追求往往是與追念親友的感情交織在一起的。如貶居黃州時所寫的《正月二十日與潘郭二生出郊尋春》：「東風未肯入東門，走馬還尋去歲村。人似秋鴻來有信，事如春夢了無痕。江城白酒三杯釅，野老蒼顏一笑溫。已約年年為此會，故人不用賦招魂。」重遊故地，舊事已如春夢逝去，這煩惱只能在友情的溫暖中排解。蘇軾苦苦思索人生，但無法找到真正的答案，苦悶與淒涼的感覺常常使他無法擺脫。如《和子由澠池懷舊》中寫道：「人生到處知何似？應似飛鴻踏雪泥。泥上偶然留指爪，鴻飛那復計東西。老僧已死成新塔，壞壁無由見舊題。往日崎嶇還記否？路長人困蹇驢嘶。」感慨人生如雪泥鴻爪，往日崎嶇經歷，留下的是前途茫茫的蒼涼感受。

蘇軾的抒情詩有悲涼失意之感，但他的寫景狀物詩卻清新自然，再現山水的自然美景，這些詩傾注了他的生活情趣。如《六月二十七日望湖樓醉書》之一

雲：「黑雲翻墨未遮山，白雨跳珠亂入船。卷地風來忽吹散，望湖樓下水如天」；在《飲湖上初晴後雨》之一又說：「水光瀲灩晴方好，山色空濛雨亦奇；欲把西湖比西子，淡妝濃抹總相宜。」這兩首膾炙人口的描寫西湖自然風光的詩，前一首寫始晴後雨，後一首寫驟雨轉晴，把西湖的風雲變幻描寫得具體生動，繪景傳神。在《惠崇春江晚景》之二中，蘇軾寫冬去春來季節變換出現的新的特徵：「竹外桃花三兩枝，春江水暖鴨先知。蔞蒿滿地蘆芽短，正是河豚欲上時。」給人以春意盎然的情趣。在《贈劉景文》一詩中，蘇軾描寫深秋景色：「荷盡已無擎雨蓋，菊殘唯有傲霜枝。一年好景君須記，正是橙黃橘綠時」。使深秋美景再現人們的眼前。

蘇軾的詩還有部分鑑賞評論文藝的作品，如《王維吳道子畫》、《讀孟郊詩》等，這些詩都表現了他以學問為詩，以議論為詩的風格，也標誌著宋代文化所達到的高度。蘇軾之前，宋詩多有散文化、議論化的傾向，但許多作品不是淺率無味就是生硬晦澀，到了蘇軾手裡，一改這種時弊，清人趙翼在《甌北詩話》中說：「以文為詩，自昌黎始，而東坡益大放厥詞，別開一生面，成一代之大觀……尤其不可及者，天生健筆一枝，爽如哀梨，快如並剪，有必達之隱，無難顯之情，此所以繼李杜後為一大家也，而其不如李杜處亦在此。」[59] 這可以說是對蘇軾詩的全面準確的概括。蘇軾為詩有無事不可入詩之說，恰如時人評價的那樣：「世間故實小事，有可入詩者，有不可入詩者，唯東坡全不揀擇，入手便用。如街談巷說，鄙俚之言，一經其手，似神仙點瓦礫為黃金，自有妙處。」[60] 點出了蘇軾詩歌的特點。

# 四、黃庭堅與江西詩派

蘇軾可以說是一代詩豪，在他持筆馳騁詩壇的時候，終未形成一個詩派，成

59 趙翼：《甌北詩話》卷五，北京，人民文學出版社，1963。
60 朱弁：《風月堂詩話》，四庫全書珍本。

為一個詩派的盟主，而這一使命便落在了他的門生，號稱為「蘇門四學士」之一的黃庭堅身上，形成了北宋後期之後在詩壇影響最大的一個詩派——江西詩派。

蘇軾之後的文學之士幾乎無一不受蘇軾的影響，黃庭堅、秦觀、晁補之、張耒，號稱為「蘇門四學士」，再加上陳師道、李廌合稱為「蘇門六君子」。他們同蘇軾的關係比較密切，政治觀點基本一致，但對於文學的見解卻不一樣，其在文學上的成就也各有異。

**黃庭堅像**

黃庭堅（1045-1105 年），字魯直，自號山谷老人，又號涪翁，分寧（今江西修水）人。黃庭堅出生於一個書香世家，其父是專學杜甫的詩人，其舅亦為詩人，其岳父也是專學杜甫詩而聞名的詩人，曾經將詩傳授給他。在這樣的生活環境中長大，他博覽雜書，學識淵博，很早就開始習詩作文。他對古代書畫有很高的鑑賞能力，是宋代四大書法家之一。他年輕時頗受蘇軾提攜，與當代詩豪關係甚密，所以不論在他生時或死後，其在文學上的聲譽要遠遠超過他的實際成就。黃庭堅自治平四年（1067年）中進士進入仕途後，所做官職並不太高，但因他與蘇軾交好，所以他的陞遷降黜與蘇軾的政治命運相關聯，政治上不得意，遭貶多於得意。

黃庭堅政治上雖不得意，但在詩歌方面影響很大，當時的一些文人曾將他與蘇軾並稱為「蘇黃」。其崇拜者很多，後來形成了「江西詩派」。黃庭堅詩學成就主要在詩論上。黃庭堅的詩主要效法杜甫，強調在格律上用功夫。他說：「老杜做詩，退之作文，無一字無來處」，又說：「古之能為文章者，真能陶冶萬物，雖取古之陳言入於翰墨，如靈丹一粒，點鐵成金也。」[61] 後來又說：「詩意無窮而人之才有限，以有限之才追無窮之意，雖淵明、少陵不得工也。然不易其意而造

---

61 《豫章黃先生文集》卷十九《答洪駒父書》。

其語，謂之換骨法，窺入其意而形容之，謂之奪胎法。」[62]這就是黃庭堅在詩法上主張的「點鐵成金」和「奪胎換骨」的說法。所謂「點鐵成金」，在黃庭堅看來是指詩人在「陶冶萬物」的基礎上，賦予古人的語辭以新的意蘊；所謂「奪胎換骨」是模擬，體味古人的詩意而進行新的加工。宋人做詩，好用典故，到蘇軾而大開，黃庭堅又進一步發展，提出「點鐵成金」、「奪胎換骨」，這可以說是「江西詩派」做詩的綱領，也可以說是北宋後期詩人在總結前輩詩人做詩的豐富經驗後，在如何探求自己的詩歌道路後所得出的一個結論，即追求書本知識和創作技巧上出奇制勝的創作道路。

黃庭堅的詩法有一個很大的缺點，太注重形式而脫離了現實生活的感受，他雖推崇杜甫，但沒有習得杜甫詩的現實主義精神。其意在創新，但沒有探討詩歌與生活的關係，他把流當成源，把古人當作今人的楷模。北宋中期歐陽修、蘇舜欽、梅堯臣反對西崑體，面對現實，詩的內容多是反映現實生活的，而到了黃庭堅手裡，他在論詩時說：「詩者，人之性情也，非強諫爭於廷，怨憤訴於道，怒鄰罵座之為也。」又說：「其發為訕謗侵凌，引領以承戈，披襟而受矢，以快一朝之憤者，人皆以為詩之禍，是失詩之旨，非詩之過也。」[63]黃庭堅的這種觀點固然與北宋中後期政治鬥爭的激烈，許多文人學士遠離黨爭、擺脫政治的傾向有很大關係，這只是外部的影響，但黃庭堅在論詩作法時提倡這種觀點，即取消了詩歌的戰鬥作用，其結果必然要走上脫離現實，片面追求藝術技巧的道路，偏離了詩文革新運動的方向。

在這種理論指導下，黃庭堅的詩力求新奇，在材料的選擇上避免熟濫，喜歡從佛典、小說、語錄等書籍中找一些不常用的典故和少用的文字。在材料的運用上力求變化新奇，難免有生吞活剝之嫌。在做詩時他有意造拗句，押險韻，做一些硬語，連一些被詩人所看重的聲律諧協和詞采鮮明等有成效的藝術手法也不要了，他的詩給人一種瘦硬峭拔的感覺。如《病起荊江亭即事》十首中有二首就突出這一特點：第一首：「翰墨場中老伏波，菩提坊裡病維摩。近人積水無鷗鷺，

---

62 惠洪：《冷齋夜話》引黃庭堅語，《稗海》本。
63 《書王知載朐山雜詠》。

時有歸牛浮鼻過。」第八首：「閉門覓句陳無己，對客揮毫秦少游；正字不知溫飽未？西風吹淚古藤州。」正由於黃庭堅所作的這些詩，代表了那些閉門讀書、空談哲理、脫離現實生活的上層士大夫的意識形態和藝術情趣，所以他的詩在當時風靡一時。

但黃庭堅畢竟不是生活在真空中，作為開創一個詩派的藝術大匠，他的詩並不是每篇都生硬枯燥的，當他受到真情實境的激發，在一定程度上擺脫了刻意好奇的風氣時，也同樣能寫出一些清新流暢的詩篇和反映現實生活、人民疾苦的作品。

南宋初年呂本中作《江西詩社宗派圖》，首先開列黃庭堅、陳師道、陳與義三人，後還有韓駒、潘大臨等二十多人，遂有江西詩派之名。元代詩人方回在《瀛奎律髓》中，因江西詩派詩人均尊杜甫，所以把杜甫列為一祖，黃庭堅、陳師道、陳與義三人為三宗，遂有「一祖三宗」之說。

與黃庭堅同時代亦屬江西詩派「三宗之一」的陳師道在當時詩壇同樣盛名。他一生很窮，或終日不飲，以清貧自持。早年受業於曾鞏，後得蘇軾賞識，擢為徐州教授、太學博士、潁州教授等小官。陳師道刻意追摹杜甫詩句的痕跡要比黃庭堅明顯得多。由於他是一個不接觸社會現實生活的「閉門造句」的詩人，所以他所謂學習杜甫，只是學習杜甫做詩的格律、結構、語法和用字等技巧方面的東西，而忽略了杜甫最偉大之處：即深入現實生活和密切聯繫人民，因而他的詩雖在形式和風格上同杜詩相似，但缺乏杜甫激動人心的內容和豐富的藝術形象。如《春懷示鄰里》：

斷牆著雨蝸成字，老屋無僧燕作家。剩欲出門追笑語，卻嫌歸鬢著塵沙。風翻蛛網開三面，雷動蜂窠趁兩衙。屢失南鄰春事約，只今容有未開花。

春光無限好，他也想應鄰居之約，到戶外看花賞春，此詩用字嚴謹，辭意明達，反映了詩人對春天的熱愛之情。

黃庭堅、陳師道是江西詩派的領袖人物，但在北宋後期的詩壇上還有一些著名的詩人，他們的詩風不同於黃、陳，代表人物是「蘇門四學士」中的張耒和晁

補之。

張耒（1052-1112 年），史稱他「詩效白居易，樂府效張籍」，足見白居易和張籍的詩對他影響頗深。他的詩多選材於日常生活及大自然景物，詩風平易淺近，內容較多反映勞動人民的生活。他在為賀鑄寫的《東山詞序》中說：「文章之於人，有滿心而發，肆口而成，不待思慮而工，不待雕琢而麗者，皆天理之自然，而性情之至道也」，這與黃庭堅的搜奇抉怪，一字半句不輕出的創作態度截然相反。他的古詩往往語盡意亦盡，像一篇有韻的散文，代表了北宋後期詩歌創作的另一傾向。如《和晁應之憫農》：

南風吹麥麥穗好，飢兒道上扶其老。皇天雨露自有時，爾恨秋成常不早。南山壯兒市兵弩，百金裝劍黃金縷；夜為盜賊朝受刑，甘心不悔知何數。為盜操戈足衣食，力田竟歲猶無獲；飢寒刑戮死則同，攘奪猶能緩朝夕。老農悲嗟淚沾臆，幾見良田有荊棘？壯夫為盜羸老耕，市人珠玉田家得。吏兵操戈恐不銳，由來殺人傷正氣。人間萬事莽悠悠，我歌此詩聞者愁。

此詩反映了春荒時節，勞動人民為饑荒所迫鋌而走險的情況，表現了對人民的同情。

# 五、陸游與南宋前期詩壇

「靖康之變」，北宋被金所滅，徽、欽二帝被擄，趙構倉促在應天府（今河南商丘）即帝位，史稱南宋。南宋建立後，為避金人鐵蹄避難東南，許多北方人也隨之南下。國破家滅的慘境，激發起了時人的愛國熱情，高宗、秦檜之流的妥協投降政策，更激起了人們的強烈憤慨，不同階層的人以不同的方式宣洩心中的憤懣和對國家民族前途的擔憂，一時間愛國主義思潮激盪著每一個有良知的大宋臣民。文學家的愛國激情更高，他們拿起筆桿，寫下了大量的愛國詩篇，尤其進入孝宗後，以陸游為代表的一大批詩人揮毫寫下了許多愛國詩歌，把愛國主義傳統推向了更高一層。

愛國思潮對江西詩派的詩人們衝擊更大，迫使他們一改黃庭堅開創的詩風，最具代表的是江西詩派「三宗」之一的陳與義。

陳與義（1090-1138 年），字去非，洛陽人。北宋末年曾任太學博士等職，南渡後任吏部侍郎、中書舍人、知制誥、參知政事等職。在南渡之前，陳與義的詩主要反映個人生活情趣，反映社會生活面的較窄。但他的詩不像黃庭堅、陳師道那樣生硬，比較明淨易讀，如《襄邑道中》：「飛花西岸造船紅，百里榆堤半日風。臥看滿天雲不動，不知雲與我俱東。」靖康之難發生後，開封被金占領，他歷經艱辛，五年的漂流生活對他的思想產生了極大的震動，使他對杜甫的詩有了深切的體會，加之他沿途看到的各種慘境，使他的詩風為之一變，詩風漸趨雄闊慷慨，傷時憂國的情緒越發激烈。

此一時期的許多詩人，包括江西詩派的詩人在內，詩風都有了很大變化，慷慨激昂，憂時憂國成為詩歌創作的主旋律。如呂本中（1084-1145 年）的《兵亂後雜詩》之一，「萬事多翻覆，蕭蘭不辨真。汝為誤國賊，我作破有人！求飽甕無糝，澆愁爵有塵。往來梁上燕，相顧卻情親。」對誤國者指責痛切，對世事感慨萬端。再如曾幾（1084-1166 年），他雖不是江西詩派的詩人，但與江西詩派關係很深，他的詩同樣具有濃厚的憂時憂國的色彩。在《寓居吳興》中說道：「相對真成泣楚囚，遂無未策到神州。但知繞樹如飛鵲，不解營巢似拙鳩。江北江南猶斷絕，秋風秋雨敢淹留？低回又作荊州夢，落日孤雲始欲愁。」

宋金議和後，雙方相對無戰事，進入了和平時期，尤其是孝宗即位後，這種大好形勢繼續得以發展，史稱「孝宗中興」。在這一段時間內，詩壇出現了許多著名的人物，最典型的是號稱「中興四大詩人」的陸游、楊萬里、范成大、尤袤，他們創作的鮮明特色是充滿了飽滿的愛國熱情，因此宋代詩歌創作進入了第二個黃金時代。「中興四大詩人」陸游成就最高，尤袤詩傳不多，楊、范二人詩學成就不及陸游。

陸游（1125-1210 年）是南宋最傑出的詩人，他雖出自江西詩派卻又不侷限於江西詩派，他的詩歌以高度的愛國思想和獨具一格的「放翁體」，在文學史上享有崇高的聲譽。陸游，字務觀，晚號放翁，越州山陰（今浙江紹興）人。他出

生在一個有學術和文學空氣的仕宦之家。陸游青少年時代基本上在戰亂中度過。紹興二十二年（1152年）參加進士試，因觸怒秦檜，被黜免，回鄉後致力於詩歌創作。後三次被起用，三次被免官。最後退居山陰二十年，寫下了大量的詩篇。

陸游像

陸游是一個有多方面才能的作家，其詩、詞、散文均有特色。他十二歲學詩，到八十四歲仍「無詩三日卻堪憂」，終致「六十年間萬首詩」。他的詩內容豐富，幾乎涉及南宋前期社會生活的方方面面，突出的是反映當時的民族矛盾，作品中充滿著收復中原的願望和請纓無路、壯志未酬的悲憤，表現了強烈的愛國主義精神。如《夜讀兵書》就是詩人在被秦檜黜免後，努力研讀兵書，希望有機會殺敵報國，一展宏圖：

孤燈耿霜夕，窮山讀兵書。平生萬里心，執戈王前驅。戰死士所有，恥復守妻孥。成功亦邂逅，逆料政自疏。陂澤號飢鴻，歲月欺貧儒。嘆息鏡中面，安得長膚腴。

紹興三十一年（1161年），完顏亮大兵南侵，直逼南京，陸游聽到這一消息後，心急如焚，寫下了《送七兄赴揚州帥幕》，表達了對國家民族命運的擔憂：

初報邊烽照石頭，旋聞胡馬集瓜州。諸公誰聽多蕘策，吾輩空懷畎畝憂。急雪打窗心共碎，危樓望之涕俱流。豈知今日淮南路，亂絮飛花送客舟。

乾道六年（1170年），陸游入蜀為夔州通判，他在詩中表達了獻身報國的決心，如《投梁參政》中說：「游也本無奇，腰折百僚底。流離鬢成絲，悲吒淚如洗」，「但憂死無聞，功不掛青史」。入蜀後，他寫下了大量的愛國詩篇，抒發了他的抗戰理想和為國立功的誓願。北宋滅亡，南渡後的許多官僚士紳苟且偷安，將收復中原的大業拋之腦後，而陸游卻時刻記著那民族之恥，對收復中原充滿信心，如在《書憤》中，陸游寫道：

早歲那知世事艱，中原北望氣如山。樓船夜雪瓜州渡，鐵馬秋風大散關。塞上長城空自許，鏡中衰鬢已先斑。出師一表真名世，千載誰堪伯仲間。

詩人雖有「一身報國」、「北定中原」的強烈願望，但冷酷的現實，使他壯志難酬，但他仍未心灰意冷，而是更堅定了他的愛國熱情。因為他對祖國有強烈的愛，所以對於那些昏庸無能、妥協投降的當權派給予痛斥。如《關山月》就是一首反對當權派的不抵抗政策，以及揭露宋金和約的罪行的詩，詩中雲：

和戎詔下十五年，將軍不戰空臨邊。朱門沉沉按歌舞，廄馬肥死弓斷弦。戍樓刁斗催落月，三十從軍今白髮。笛裡誰知壯士心，沙頭空照徵人骨。中原干戈古亦聞，豈有逆胡傳子孫？遺民忍死望恢復，幾處今宵垂淚痕。

陸游雖有一腔報國熱情，但冷酷的現實和幾起幾落的坎坷命運使他無法實現自己的理想，在許多詩篇中既迴蕩著高昂的鬥志又充滿著壯志難酬的悲涼，現實使他的宏願無法實現，他只好通過如痴如醉的夢幻來寄託自己的報國之志。

陸游的愛國熱情，幾乎滲透在他的全部生活之中，日常生活中的所有事物，都可以引起詩人的聯想，或遊覽聖地，或憑弔古人，或讀古書，或閱地圖，或賞雨雪，或醉酒做夢，無不使他感慨萬千，浮想聯翩。誠如清人趙翼在《甌北詩話》中所言：「凡一草一木，一魚一鳥，無不裁剪入詩」。

陸游是一個現實主義詩人，他的許多詩描寫農村的風光和批評統治階級，同情勞動人民。如《遊山西村》就反映了當地的民風、民俗、風光：

莫笑農家臘酒渾，豐年留客足雞豚。山重水復疑無路，柳暗花明又一村。簫鼓追隨春社近，衣冠簡樸古風存。從今若許閒乘月，拄杖無時夜叩門。

《農家嘆》反映出農民生活的疾苦：

有山皆種麥，有水皆種**粳**。牛領瘡見骨，叱叱猶夜耕。竭力事本業，所願樂太平。門前誰剝啄？縣吏徵租聲。一身入縣庭，日夜窮笞榜。人孰不憚死？自計無由生。還家欲具說，恐傷父母情。老人儻得食，妻子鴻毛輕。

宋詩發展到陸游，取得了突破性的進展，尤其是陸游把現實主義和浪漫主義的雙重結合，使詩歌的思想性和藝術性均取得了巨大成就。因此，具有「小李白」之稱。陸游在詩歌上的卓越成就，尤其是繼承和發揚了現實主義和浪漫主義的優良傳統，一掃江西詩派的弊端，其所樹立的光輝旗幟，不論在當時和後來，都具有深遠的影響。他的愛國詩篇和描寫農村自然風光的詩作，在當時起到了鼓舞人們熱愛家鄉，抗擊外敵入侵的鬥志。

與陸游同時代的還有兩位傑出的詩人值得一表，這就是楊萬里和范成大，他們的詩歌成就與陸游一道開創了宋詩創作的第二個黃金時代。

楊萬里（1127-1206 年）幼時習江西詩派，後認識到江西詩派的弊端，反對文學上的翻新出奇，說「點鐵成金未是靈，」「不聽陳言只聽天」。又言：「學詩須透脫，信手自孤高」，「君看醉中語，不琢自成文」。他在《荊溪集自序》中說：「予之詩，始學江西諸君子，既又學後山五字律，既又學半山老人七字絕句，晚乃學絕句於唐人」，這標誌著他詩風的轉變，主張「活法」，即既不破壞做詩的規矩，又能夠變化萬千，同時要師法造化，恢復耳目觀感的天真狀態。因此，楊萬里的詩平易自然，新鮮活潑，接近口語，被稱為「誠齋體」。但他的詩無法與陸游相比，抒發愛國熱情、同情下層人民的東西很少，多是些描寫自然景觀、生活情趣的。如《春晴懷故園海棠》：

竹邊台榭水邊亭，不要人隨只獨行。乍暖柳條無氣力，淡晴花影不分明。一番過雨來幽徑，無數新禽有喜聲。只欠翠紗紅映肉，兩年寒食負先生。

表達了大自然的情趣。再如屬於田園詩的《插秧歌》：

田夫拋秧田婦接，小兒拔秧大兒插。笠是兜鍪蓑是甲，雨從頭上濕到胛。喚渠朝餐歇半霎，低頭折腰只不答。秧根未牢蒔未匝，照管鵝兒與雛鴨。

描寫農家勞動的情景，但沒有什麼社會意義，不如陸游詩悲慨激昂，富有活力。但從楊萬里始，南宋詩分成兩大派，即江西派和晚唐派，可見其影響不小。

范成大（1126-1193 年）在南宋詩人中，仕途比較順暢。乾道四年（1168

年），奉命出使金國，不辱使命，「全節而歸」，爾後做過靜江、成都等地方長官，曾一度為參知政事。晚年退居蘇州石湖。范成大的詩開始也受到江西詩派的影響，後漸漸擺脫之。他是一位愛國詩人，因此，反映現實生活的內容較多；他的田園詩寫得很出色，不單寫田園風光，而是使田園有了泥土和血汗的氣息。他的詩風輕巧婉麗，濕潤精雅。如《州橋》是他使金時寫的七十二絕句之一，描寫了北方的大好河山，反映了中原人民的悲慘境況和愛國熱情：

> 州橋南北是天街，父老年年等駕回。
>
> 忍淚失聲詢使者，幾時真有六軍來。

《清遠店》也是如此：

> 女僮流汗逐氈軿，雲在淮鄉有父兄。
>
> 屠婢殺奴官不問，大書黥面罰猶輕。

在《催租行》和《後催租行》中，反映了官吏暴虐、農民窮困的生活。如《後催租行》：

> 自從鄉官新上來，黃紙放盡白紙催。賣衣得錢都納卻，病骨雖寒聊免縛。去年衣盡到家口，大女臨岐兩分首。今年次女已行媒，亦復驅將換升斗。室中更有第三女，明年不怕催租苦。

范成大的田園詩寫得很精彩，反映了農村生活的方方面面。如：

> 晝出耘田夜績麻，村莊兒女各當家。童孫未解供耕織，也傍桑陰學種瓜。新築場泥鏡面平，家家打稻趁霜晴。笑歌聲裡輕雷動，一夜連枷響到明。

# 六、南宋晚期的詩派與詩人

南宋詩歌陸游等人將其推到頂峰，進入後期後，詩歌創作的繁榮局面也隨著

南宋小朝廷的孱弱無能而暗淡了許多。這一時期詩壇出現了「永嘉四靈」，以及由此而形成的江湖派。

「永嘉四靈」即指徐璣、徐照、翁卷、趙師秀，因四人的字中都有一個「靈」字，故而得名為四靈派。這四人中只有徐璣和趙師秀做過小官，其餘二人皆為布衣。他們對政治麻木，只樂清閒。這些詩人反對江西派「資書以為詩」，對杜甫並不推崇，而是學習晚唐的姚合、賈島，其做詩專攻近體，尤精五律，忌用典故，不發議論，主張「以浮聲切響單字只句計巧拙」。其詩成就雖不大，但有些詩也透現出一些「靈」氣，對江西詩派末流生硬拗捩為弊的人們，倒像吹入了一股新鮮的空氣，一時也能引起人們的興趣。如徐璣的《新涼》：

水滿田疇稻葉齊，日光穿樹曉煙低。

黃鶯也愛新涼好，飛過青山影裡啼。

再如翁卷的《野望》：

一天秋水冷晴灣，無數峰巒遠近間。

閒上山來看野水，忽於水底見青山。

由於受四靈詩人的影響，結果形成了江湖派。江湖派以陳起曾刻印的六十二家詩集《江湖小集》而得名。這一派的主要代表人物有戴復古、劉克莊。這些詩人多為失意文人，功名不就，浪跡江湖。他們中或不問政治專以文學自娛；有些侈談國是，怒斥當權派，招致文字獄，受到迫害，因此他們的詩也有一些傷時憂國的作品。如戴復古的《聞時事》：

昨報西師奏凱還，近聞北顧一時寬。淮西勳業歸裴度，江右聲名屬謝安。夜雨忽晴看月好，春風漸老惜花殘。事關氣數君知否？麥到秋時天又寒。

指出宋蒙聯合滅金的勝利是靠不住的，必然會給國家帶來更大的危機。

南宋末年，隨著元軍的步步進逼以及亡國痛傷的交困，南宋詩壇出現了一批愛國詩人和遺民詩人。愛國詩人以文天祥為代表。文天祥領導了南宋末年的抗元

鬥爭，後被元軍俘虜囚於大都，在獄中他堅貞不屈，寫下了許多著名的愛國詩篇，如《過零丁洋》：

辛苦遭逢起一經，干戈寥落四周星。山河破碎風飄絮，身世浮沉雨打萍。惶恐灘頭說惶恐，零丁洋裡嘆零丁。人生自古誰無死，留取丹心照汗青。

汪元量，南宋亡後隨六宮到燕京，他的詩記載了當時南宋君臣被俘的情況以及對戰爭的痛苦回憶，同樣表現了他對趙宋王朝的忠心。如《醉歌》：

淮襄州郡盡歸降，鞞鼓喧天入古杭。國母已無心聽政，書生空有淚成行。六宮宮女淚連連，事主誰知不盡年。太后傳宣許降國，伯顏丞相到簾前。亂點連聲殺六更，熒熒庭燎待天明。侍臣已寫歸降表，臣妾僉名謝道清。

此外，像謝翱、林景熙、鄭思肖為代表的遺民詩人，也寫下了許多不朽的愛國詩作。如謝翱的《書文山卷後》就是一首泣聲吞血的悼念文天祥的詩，詩雲：

魂飛萬里後，天地隔幽明。死不從公死，生如無此心。丹心渾未化，碧血已先成。無處堪揮淚，吾今變姓名。

再如林景熙的《聞家則堂大參歸自北寄呈》：

濱死孤臣雪滿顛，冰甌醢盡偶生全。衣冠萬里風塵老，名節千年日月懸。清唳秋荒遼海鶴，古魂春冷蜀山鵑。歸來親舊驚相問，禾黍離離夕照邊。

總體而言，宋代的詩歌，散文化、議論化是主要特點。北宋詩歌和南宋詩歌的創作特點也不盡相同，這表明了宋代詩歌創作的豐富和繁榮。隨著詩歌的發達，出現了《詩話》。詩話大多是對詩歌創作理論的探討，有敘其流派，有敘其詩體。第一部詩話是歐陽修的《六一詩話》，隨後有司馬光的《續詩話》、葉夢得的《石林詩話》、曾季貍的《艇齋詩話》等，真正接觸到詩歌理論的是朱熹的批評論、張戒的《歲寒堂詩話》、姜夔的《白石道人詩話》等。宋人不僅寫詩話，還編詩話，所編的詩話有阮閱的《詩話總龜》、胡仔的《苕溪漁隱叢話》和魏慶之的《詩人玉屑》。詩話以及詩話彙編，對宋代詩歌的發展和創新，起到了積極的推動作用。

第三節 ·

# 風格多樣
# 的宋詞

在中國文學史上，最能體現宋代文學成就的當屬宋詞。詞是從唐代才興起的一種文學形式，但在宋之前，詞的發展基本上呈單一局面。五代詞基本上形成兩大風格，一是西蜀的「花間派」詞風，二是南唐的詞風。但到了宋代，詞的發展進入了一個新天地，出現了空前繁榮的局面：一方面，晚唐五代詞的「餘波」繼續蔓延，另一方面一些新式詞騰空而起；一方面，小令詞繼續在發揮著它的「餘熱」，而另一方面慢詞迅速占據詞壇上風；一方面婉約派詞人層出不窮，另一方面豪放派詞風獨領風騷；一方面反映士大夫藝術情趣的詞層出不窮，另一方面反映市民生活的詞迭連湧起。尤其到了南宋，愛國詞獨占詞壇，標誌著宋詞達到頂峰，但因時局的變化，又使宋詞轉入衰落。鳥瞰宋詞發展軌跡，我們可以得出這樣一個結論，宋詞已擺脫了五代時詞壇單一的局面，開始向多元化方向發展。

詞作為特殊的文學樣式，它是以文學的身分加入到宋代文化發展的行列中去的，因此詞的發展必然與社會生活面貌和整個文化風貌相關聯。宋代雖是一個比較脆弱的封建王朝，但社會經濟和文化發展水平在封建社會中是最高的，經濟的發達，商品經濟的繁榮必然帶來社會各個領域的活躍，因此宋詞的精神面貌與此息息相關，一是反映社會繁榮的「昇平景象」，二是反映市民生活的熙攘景觀。到了南宋，由於民族矛盾的尖銳，宋詞的風貌轉向悲壯愛國。可見宋詞的發展是

整個宋代文化發展的一個縮影。

風格多變的宋詞，幾乎與每個傑出的詞壇領袖相對應，一個人代表著一個群體，代表著一種詞風，代表著一個時代。從文化發展的長河裡尋覓，我們發現宋詞的發展與這幾個傑出人物分不開：一是五代婉約派詞的繼續和發展——晏殊、歐陽修、晏幾道；二是慢詞的興盛——柳永；三是「新天下耳目」的豪放派詞——蘇軾；四是北宋後期詞壇一覽——秦觀、賀鑄、周邦彥；五是南宋前期的「傷感詞」、「憤慨詞」和「隱逸詞」；六是辛棄疾的愛國詞；七是姜夔、吳文英的「傷痕詞」；八是「春去人間」的哀國詞。

# 一、五代詞風的延伸和發展

宋朝以武功平定了五代十國的割據政權，開創了一統天下的局面。政權的統一，也為文化的交融創造了良好的契機，五代文風對宋代的文風直接產生了影響。在文學領域，尤其在詞壇，北宋前期的詞人和詞風受到花間派詞風和南唐詞風的影響，這種以濃豔香軟，專寫女人、相思，描寫宮廷享樂的頹廢、傷感的詞風在北宋前期的詞壇依然流行。究其原因，這與宋初一統局面的形成和統治者極力提倡粉飾太平的政策分不開。詞作為文學形式之一種，自然不能游離於現實生活之外，必然烙上時代的印記。

承繼五代詞風的北宋前期詞壇領袖要首推晏殊。

晏殊（991-1055 年）在宋代文人當中，可以算是一個幸運兒，一生基本上是風平浪靜，一帆風順。十四歲以神童入試，被皇帝寵愛賜進士出身，仁宗朝曾位居宰相。晏殊基本上生活在北宋盛世——仁宗朝，因此他的詞自然而然反映盛世的景觀。總體上看，晏詞有以下幾個顯著的特點：一是富貴閒雅、雍容大方，體現了濃厚的「貴族」色彩。因他生活在太平盛世，又沒有遭受什麼挫折，所以在詞的內容上必然為盛世謳歌，點綴太平。如《浣溪沙》：「一曲新詞酒一杯，去年天氣舊亭台，夕陽西下幾時回？無可奈何花落去，似曾相識燕歸來，小園香

徑獨徘徊。」詞中不免流露出詞人的一股淡淡的傷感，但細細體味其詞境、詞味，這裡蘊藏著一種雍容富貴的「氣派」和閒雅大方的「風度」。二是意境深遠，情中有思。晏殊雖承繼五代詞風，流連光景，沉湎詩酒，輕歌曼舞，男歡女愛，但他不同於一般留戀美景酒色的詞人，在他的詞中往往有一種憂鬱和不安的情緒，深藏著思想內蘊。如《浣溪沙》：「一向年光有限身，等閒離別易銷魂，酒宴歌席莫辭頻。滿目山河空念遠，落花風雨更傷春，不如憐取眼前人。」借描寫豔情生活抒發「人生無常」的感嘆。三是風格俊美，清新婉轉。晏殊雖承習五代詞風，但對他影響大的還是南唐馮延巳，劉熙載稱：「馮延巳詞，晏同叔得其俊」[64]。如《清平樂》：「金風細細，葉葉梧桐墜。綠酒初嘗人易醉，一枕小窗濃睡。紫薇朱槿花殘，斜陽卻照欄杆。雙燕欲歸時節，銀屏昨夜微寒。」所以長期以來，人們評論晏詞，多用「珠圓玉潤」來形容其風格，是為公允。

總體上講，晏殊的詞是五代婉約詞派的繼續，其內容與五代詞沒有什麼區別，他和南唐馮延巳的詞一樣，屬於「酒席文學」，誠如時人所言：「公以金陵盛時，內外無事，朋僚親舊，或當燕集，多運藻詞為樂府新詞，俾歌者倚絲竹而歌之，所以娛賓而遣興也。」[65]不過他的詞不同於馮延巳，「太平盛世」的時代烙印很強。

歐陽修是北宋詩文革新的領袖，他提倡古文，因而散文莊重而嚴肅。但他又是與晏殊同時代的詞人，他的詞有「雅」的一面，也有「俗」的一面，格調基本上是風流蘊藉。歐陽修雖是詩文革新的領袖，但在詞的創作上由於受「青春才子有新詞，紅粉佳人重勸酒」的思想影響，因此其詞的創作基本上停留在五代詞風的水平上。他的詞有的寫男歡女愛，有的寫賞花醉酒、惜春思鄉，與晏殊創作風格相似，故有「歐晏」之稱。

歐陽修是正統的官僚士大夫，因此他那種「仁人君子」、「溫柔敦厚」的性格反映到詞中就有一種「溫文爾雅」的感覺，詞風和婉、細切、平和。如《踏莎

---

64 劉熙載：《藝概》卷四，上海，上海古籍出版社，1978。
65 陳也修：《陽春集序》，叢書集成初編本。

行》：「候館梅殘，溪橋柳細，草熏風暖搖征轡。離愁漸遠漸無窮，迢迢不斷如春水。寸寸柔腸，盈盈粉淚，樓高莫近危欄倚。平蕪盡處是春山，行人更在春山外。」從這首詞中可以看出，歐陽修的詞既承繼了「花間」、南唐的詞風，又有自己的本來面目，真可謂：「馮延巳詞，晏同叔得其俊，歐陽永叔得其深」[66]。與晏殊一樣，歐陽修的詞同樣反映了仁宗朝「富貴」、「昇平」的時代特色，他的詞既有傷感、哀怨的五代遺風，更多的還是表現在「治世」的時代特徵上。歐陽修熱衷於革新，但在身處逆境時，依然不忘對國家大政的關心，其心情舒暢，讚美大自然，自然是對「昇平」時代的留戀。如《采桑子》第二歌詠西湖美景：「春深雨過西湖好，百卉爭妍。蝶亂蜂喧，晴日催花暖欲然。蘭橈畫舸悠悠去，疑是神仙。返照波間，水闊風高颺管弦」。這種輕快、明媚、熱鬧的情調，既反映了新時代的景象，又一掃五代詞壇憂傷的情緒。由此而發展下去，歐陽修詞風的一大特色便湧入眼簾，這就是筆調清新疏淡，工致自然。如《采桑子》第八首：

天容水色西湖好，雲物俱鮮。鷗鷺閒眠，應慣尋常聽管弦。

風清月白偏宜夜，一片瓊田。誰羨驂鸞？人在舟中便是仙。

宋代市民文化非常濃厚，市民階層的生活作風和藝術趣味自然也滲透到詞人的作品中來，歐陽修在堅守「雅詞」的同時，開始涉足於「俗詞」。如《看花回》：

曉色初透東窗，醉魂方覺。戀戀繡衾半擁，動萬感脈脈，春思無托。追想少年，何處青樓貪歡樂？當媚景，恨月愁花，算伊全忘鳳幃約。

空淚滴，真珠暗落。又被誰，連宵留著？不曉高天甚意，既付與風流，卻恁情薄。細把身心自解，只與猛拼卻。又及至，見來了，怎生教人惡？

描寫一位歌妓，怨恨薄情郎貪戀別的女性而徹夜不歸，想與他拚命；恰在此時他回來了，破涕為笑，一肚子惱恨拋到九霄雲外。這可以說是歐陽修詞的世俗化。歐陽修豐富的閱歷，使他接觸和同情下層人民的生活，「與民同樂」是他的

---

66 劉熙載：《藝概》卷四。

人生追求，因而他的一些詞民歌風味特別濃，這是晏殊及別的文人所不及的。

總的來說，作為朝廷重臣和文壇領袖的歐陽修，其詞風雖承繼五代遺風，但他的詞有多重變化，有「雅」的一面，也有「俗」的一面；有小令，也有慢詞；既保持士大夫文人「富貴」的藝術風貌，又吸收一些民間野俚。他對宋詞的發展起到了推動作用。

在北宋前期的令詞創作中，晏殊是一代大家，但其子晏幾道並不遜於其父，可以說是令詞的「聖手」，他把令詞的創作推到了一個新的高度，以致達到了「追逼《花間》，高處或過之」[67] 的境地。晏幾道是晏殊的第七子，人稱「小晏」。他一生仕途不順，雖出身高貴，也有過一段風流佳話，但後來窮困潦倒。儘管生活窘迫，可他性情孤傲，不肯趨炎附勢。但此人把感情看得很重，在男女婚戀上，表現得異常痴情、深情。多種因素交織在一起，使晏幾道的詞非常複雜，熱情與傷感交織在一起，富貴與悲涼混雜在一塊，使他的詞充滿了「傷心」的色彩。晏幾道的詞令人「傷心」，主要通過抒情上的兩個特點來達到此目的，一是以追憶的手法向讀者敞開自己內心的創傷。如《臨江仙》：

夢後樓台高鎖，酒醒簾幕低垂。去年春恨卻來時。落花人獨立，微雨燕雙飛。

記得小蘋初見，兩重心字羅衣。琵琶弦上說相思。當時明月在，曾照彩雲歸。

從追憶開始，又以追憶了結，講述了他與小蘋難忘的愛情故事，讀起來令人感到無法控制的抑鬱悵恍。對於重逢，本來是歡喜的場面，但在晏幾道的筆下，那短暫的重逢是異乎尋常的痛苦。如《鷓鴣天》：

彩袖殷勤捧玉鐘，當年拼卻醉顏紅。舞低楊柳樓心月，歌盡桃花扇底風。

從別後，憶相逢，幾回魂夢與君同？今宵賸把銀釭照，猶恐相逢是夢中。

---

67 陳振孫：《直齋書錄解題》卷二十一，上海，上海古籍出版社，1978。

晏幾道的詞的另一特點是「情射於物」。如《蝶戀花》：

碧草池塘春又晚，小葉風嬌，尚學娥妝淺。雙燕來時還念遠，珠簾繡戶楊花滿。

綠柱頻移弦易斷，細看秦箏，正似人情短。一步啼烏心緒亂，紅顏暗與流年換。

從此我們可以看出，晏幾道的詞如同他一樣，傷愁悲悽，每一首詞都向人們展示了一幕愛情悲劇。


# 二、開闢宋詞新天地的柳永慢詞

差不多和歐陽修在詞裡流連湖光山色、表現灑脫情懷的同時，柳永則更多地從都市生活中攝取題材，表現他對市民生活中的真切感受，成為宋代詞人創作的一種新景象，對後來通俗文學的發展起到了一定的影響。

柳永，字耆卿，初名三變，崇安（今福建崇安）人。他出生於一個儒學仕宦的家庭裡，但少年並不得志，年近半百才中了個進士。官場上的不得志卻使柳永在情場上成為一個「寵兒」。他少年就進京趕考，大量時間往返於青樓妓館，為許多歌妓填詞作曲。「耆卿居京華，暇日遍游妓館。所至，妓者愛其有詞名，能移宮換羽，一品經題，聲價十倍，妓者多以金物資給之。」[68]正是其「風流」和「才情」贏得了青樓女子的「青睞」，他也在官場失意之時在情場中找到了得意。但不檢點的生活，又導致了宦途的悲劇，因他的《鶴衝天》詞有「忍把浮名，換了淺斟低唱」之句，仁宗一怒之下，削去他的進士第，並下詔：「此人風前月下，好去淺斟低唱，何要浮名？且填詞去！」[69]一句話改變了柳永的人生命運。無可奈何，只好以「奉旨填詞柳三變」自詡，在汴京、蘇州、杭州等都市過著流

68 羅燁：《醉翁談錄》丙集卷二。
69 《能改齋漫錄》卷十六，上海，上海古籍出版社，1960。

浪生活，這也為他的詞創作準備了充足的養料。柳永生活的時代正是宋代社會兩大生活圈交匯的結合部，尤其在都市生活中，一是貴族生活圈，一是市民生活圈。柳永出身於士大夫階層，屬於貴族生活圈，但他長期流連於青樓坊曲，屈居社會下層，所以又陷入了市民生活圈。因此在他的作品風格上，既熱衷於官場的功名利祿，但在失意之後，又對市民階層的男歡女愛的「世俗」生活充滿憧憬。因此他的詞與一般正統文人不同，表現了少有的「世俗之美」。

柳永的詞與他生活的經歷分不開，因此他的詞的內容和風格也有一些變化。柳永詞的最大貢獻在於把宋詞的「貴族化」傾向轉移到世俗化方面，寫市井的男歡女愛、才子佳人是他最突出的內容。總的來說，柳詞的思想內容表現在以下幾個方面：

一是寫「承平氣象」。陳振孫在點評柳詞時認為：「柳詞格固不高，而音律諧婉，語意妥帖。承平氣象，形容曲盡。」[70]因柳永生活在真宗後期和仁宗朝，統治階級為了渲染「盛世」景象，不惜耗大量的貲財搞「天書下降」、封禪、獻符瑞等活動，士大夫也不甘落後，「爭奏符瑞，獻讚頌」。政壇和文壇上出現了一片歌功頌德、謳歌「太平盛世」的氣象。柳永的詞也反映了這一狀況，如《玉樓春》：

星闈上笏金章貴，重委外台疏近侍。百常天閣舊通班，九歲國儲新上計。

太倉日富中邦最，宣室夜思前席對。歸心怡悅酒腸寬，不泛千鐘應不醉。

這是真宗後期的作品，到了仁宗朝，柳永歌頌「盛世」達到了頂峰，不論是都市生活或鄉村生活，在他的筆下，完全是一幅盛世景觀。如寫京城清明節的《木蘭花慢》：

拆桐花爛漫，乍疏雨，洗清明。

正豔杏燒林，緗桃繡野，芳景如屏。傾城，盡尋勝賞，驟雕鞍，紺幰出郊

---

70 陳振孫：《直齋書錄解題》卷二十一。

坰。

風暖繁弦脆管，萬家競奏新聲。

盈盈，鬥草踏青。人豔冶，遞逢迎。向路傍往往，遺簪墮珥；珠翠縱橫。歡情，對佳麗地，信金罍罄竭玉山傾。拼卻明朝永日，畫堂一枕春醒。

京都如此，外地又如何呢？再如描寫成都「太平」景象的《一寸金》：

井絡天開，劍嶺雲橫控西夏。地勝異，錦里風流，蠶市繁華。簇簇歌台舞榭。

雅俗多游賞，輕裘俊，靚妝豔冶。當春晝，摸石江邊，浣花溪畔景如畫。

柳永描寫京師、外地城市的生活，到處充滿著繁花似錦、縱情享樂的氣象，生活在這樣的社會環境中，人們真不知道還有何愁可言！這些謳歌「承平氣象」的詞，使柳永在宋代詞壇上成為一個「太平時代」的歌手、「粉飾太平」的詞人。

二是寫「羈旅行役」。陳振孫在點評柳詞時說，柳永「尤工於羈旅行役」[71]，這可以說道出了柳詞的另一個重要內容。柳永雖生活在「太平時代」，但他的人生遭遇卻坎坷不平，他曾一度宦遊四川、江浙，寫下了大量的「羈旅行役」之思的作品，這比起他歌詠盛世的作品，思想感情有所變化，即這些詞多悲愁傷感。如他宦遊到蘇州，觀姑蘇台所作的《雙聲子》：

晚天蕭索，斷蓬蹤跡，乘興蘭棹東遊。三吳風景，姑蘇台榭，牢落暮靄初收。夫差舊國，香徑沒，徒有荒丘。繁華處，悄無睹，唯聞麋鹿呦呦。

想當年，空運籌決戰，圖王取霸無休。江山如畫，雲濤煙浪，翻輸范蠡扁舟。驗前經舊史，嗟漫載，當日風流。斜陽暮草茫茫，盡成萬古遺愁。

借游古蹟，抒發弔古傷今的歷史感嘆，暗示了「盛世」之後必然會出現「盛

---

71 陳振孫：《直齋書錄解題》卷二十一。

久必衰」的道理。這只是問題的一方面，另一方面是作者在「悲愁」之下深藏的「貧士失職而志不平」的怨嘆和牢騷。如《安公子》：

遠岸收殘雨，雨殘稍覺江天暮。拾翠汀州人寂靜，立雙雙鷗鷺。望幾點，漁燈隱映蒹葭浦。停畫橈，兩兩舟人語，道去程今夜，遙指前村煙樹。

遊宦成羈旅，短檣吟倚閒凝佇。萬水千山迷遠近，想鄉關何處？自別後，風亭月榭孤歡聚。剛斷腸，惹得離情苦。聽杜宇聲聲，勸人不如歸去。

表明了詞人對現實遭遇的不滿，也反映了他的政治苦悶。柳永的羈旅詞比起描寫都市繁盛的詞，思想成就要高一些，對後來詞人弔古傷今、感懷身世均有影響。

三是寫「才子佳人」、「情郎靚女」。柳永詞的最主要成就還是對「才子佳人」、「情郎靚女」的熱情歌唱方面。因柳永所處的時代正是北宋政局相對穩定和城市經濟高度發達的時代，物質生活的豐富，使市民階層的俗文化得到空前發展，愛情意識和愛情生活在宋代社會得以大規模的萌動。柳永詞突出反映風月、豔情，可以說正體現了這一時期人們的生活情趣。如被人們所稱道的《雨霖鈴》，就突出反映了這一點：

寒蟬淒切，對長亭晚，驟雨初歇。都門帳飲無緒，方留戀處，蘭舟催發。執手相看淚眼，竟無語凝噎。念去去，千里煙波，暮靄沉沉楚天闊。

多情自古傷離別，更那堪冷落清秋節。今宵酒醒何處？楊柳岸，曉風殘月。此去經年，應是良辰好景虛設。便縱有千種風情，更與何人說！

這首詞展現了十一世紀汴河畔一對男女生死離別的場面。可以說柳詞大量描寫的是情郎靚女的生死離別和兩地長相思，再如《洞仙歌》：

嘉景，向少年彼此，爭不雨沾雲惹？奈傅粉英俊，夢蘭品雅。金絲帳暖銀屏亞。並粲枕，輕偎輕倚，綠嬌紅姹。算一笑，百琲明珠非價。

閒暇，每隻向，洞房深處，痛憐極寵。似覺些子輕孤，早恁背人沾酒。從來

嬌縱多猜訝。更對剪香雲，需要深心同寫。愛搵了雙眉，索人重畫。忍孤艷冶？絕不等閒輕舍。鴛衾下，願常恁，好天良夜。

此詞描寫了一對戀人在洞房裡的甜蜜和歡愛的情景，表達了「斷不輕舍」、「常恁好天良夜」的生活願望。但柳永寫愛情的真摯不如寫男女生死離別。正因此，他的詞博得青樓女子的喜愛。他是一個失意的文人，自己的遭遇使他同情青樓妓女，把妓女與自己視為「同是天涯淪落人」，視風塵女子為知音，填詞唱和，互相慰藉，故而在他死後出現「群妓合金葬之」，並有「吊柳七」、「吊柳會」的佳話。

柳永對宋詞的貢獻還主要在於：擴大了詞的題材；改變了詞的體制；巧妙地運用情景合一的藝術手法，使詞的語言進一步通俗化和口語化。柳詞之所以「凡有井水飲處，即能歌柳詞」[72]，就在於「永所作，旖旎近情，尤使人易入也」[73]。

詞到了北宋，出現了令詞和慢詞的「雙峰對峙」局面，柳永成為慢詞的「開拓者」，也可以說從柳永以後，慢詞得以大盛，開啟了宋詞的新天地。而在整個宋詞發展上，婉約派詞風和豪放派詞風也可以說從柳永而始分端倪。柳永是婉約派的代表人物，至於豪放派則首推蘇軾。


# 三、「新天下耳目」的蘇軾詞

柳永的詞成就雖高，但由於他所生活的時代及個人經歷的限制，他只能浮於社會表層，而揭示社會深層矛盾，使宋詞得以「指出向上一路，新天下耳目」的則是一代文豪蘇軾。

蘇軾橫空出世之前，宋詞基本是兩種格調，一是「艷詞」，一是俗詞。蘇軾對這些詞是不甚滿意的，他決心使詞有所革新，自成一體，有人把他的這一開創

---

72 葉夢得：《避暑錄話》。
73 張端義：《貴耳集》，學津本。

性成就歸之為宋詞的「士大夫化」，即極力體現士大夫們的精神風貌和生活情趣[74]。蘇軾的詞學成就很高，在宋詞發展史上開創了一個新時代，其特點主要有：突破「豔科」的樊籬，使詞的取材範圍更加寬廣，大凡愛國思想、個人懷抱、山川景物、鄉村風土、弔古懷人無不入詞中，使詞從原來的狹小區域邁向廣闊的人生社會；開創了豪放派詞風，一掃綺豔柔靡的「才子佳人」、「郎才女貌」的詞風，使詞具有奔放雄偉之勢；與其文學主張一樣，使詞進一步詩化和散文化。誠如劉辰翁所言，他的詞「如詩，如文，如天地奇觀」[75]。

蘇軾詞的創作與其詩文一樣，成就很高，他之所以成就超群，這與他的個人經歷、思想、性格、修養、情趣是分不開的。他有遠大的政治理想，但仕途並不順坦，進與退，起與落，悲與歡，時時交織在一起；在他的思想中，消沉與豪放，傷感與達觀，得意時的淡然和失意時的泰然融貫在一體之中；反映到他的創作中，現實感和歷史感、正經感和不經意感，端莊與華麗，剛健與多情並存互含。這就形成了蘇詞的別具特色的風格。

蘇軾是北宋中葉頗有政治抱負的士大夫文人，因此反映到詞中政治性強、現實感深就成為不同於以前詞人的最大一特點。蘇軾作詞晚於做詩，其第一首詞《沁園春》便一掃「淺斟低唱」的綺語和「倚花韡柳」的柔情的詞文，政治色彩比較濃。其愛國詞《江城子・密州出獵》更顯示出這一特色：

老夫聊發少年狂，左牽黃，右擎蒼。錦帽貂裘，千騎卷平岡。為報傾城隨太守，親射虎，看孫郎。

酒酣胸膽尚開張。鬢微霜，又何妨！持節雲中，何日遣馮唐？會挽雕弓如滿月，西北望，射天狼。

表達了作者報效朝廷、捍衛國土的恢宏大志，充滿著愛國熱情，崇武殺敵的理想主義情調，這在以前的詞中是罕見的。

---

74 楊海明：《唐宋詞史》，南京，江蘇古籍出版社，1987。
75 劉辰翁：《須溪集》卷六《辛稼軒詞序》。

蘇軾詞的現實感還表現於他專寫農村風光的五首《浣溪沙》詞，第一次把農事介入詞中，使詞有濃郁的生活氣息，同時在詞中關心民間疾苦，道出了一代詞人憂時傷國愛民的情懷。如第四首：

簌簌衣巾落棗花，村南村北響繅車，牛衣古柳賣黃瓜。

酒困路長唯欲睡，日高人渴漫思茶，敲門試問野人家。

蘇軾如同那一時代的許多文人一樣，關心政治、關心民瘼和在政治上有所作為，但同時蘇軾又不同於別的文人，他的感情世界非常豐富，他寬大的胸懷和寬厚的性格使他熱愛大自然，熱愛人生，熱愛生活。因此在他的詞中抒發真情的內容很多。如《八聲甘州》：

有情風萬里卷潮來，無情送潮歸。問錢塘江上，西興浦口，幾度斜暉？不用思量今古，俯仰昔人非！誰似東坡老，白首忘機？

記取西湖西畔，正春山好處，空翠煙霏。算詩人相得，如我與君稀。約他年東還海道，願謝公雅志莫相違。西州路，不應回首，為我沾衣。

抒發了他與僧人參廖不同尋常的友誼。再如為悼念亡妻所作的《江城子》：

十年生死相茫茫，不思量，自難忘！千里孤墳，無處話淒涼。縱使相逢應不識，塵滿面，鬢如霜。

夜來幽夢忽還鄉，小軒窗，正梳妝。相顧無言，唯有淚千行。料得年年腸斷處，明月夜，短松岡。

表現了詞人在妻子亡故後的悲傷心情。

最能體現蘇軾豪放性格和真摯感情的還要算千古絕唱的懷古詞《念奴嬌》和懷人詞《水調歌頭》。

大江東去，浪淘盡，千古風流人物。故壘西邊，人道是，三國周郎赤壁。亂石穿空，驚濤拍岸，捲起千堆雪。江山如畫，一時多少豪傑。

遙想公瑾當年，小喬初嫁了，雄姿英發。羽扇綸巾，談笑間，檣櫓灰飛煙滅。故國神遊，多情應笑我，早生華髮。人生如夢，一樽還酹江月。

明月幾時有？把酒問青天。不知天上宮闕，今夕是何年？我欲乘風歸去，唯恐瓊樓玉宇，高處不勝寒。起舞弄清影，何似在人間？

轉朱閣，低綺戶，照無眠。不應有恨，何事長向別時圓！人有悲歡離合，月有陰晴圓缺，此事古難全。但願人長久，千里共嬋娟。

前一首詞借古抒情，使人嚮往古人，同時通過寫景，抒發詞人對祖國山河的熱愛，再現詞人豪邁的心情。胸襟如此開闊，筆力如此宏大，難怪時人稱此詞為「千古絕唱」[76]。後一首詞寫中秋節思念親人，詞文曲折多變，跌宕生姿，風格清奇而健朗，時人胡仔稱：「中秋詞，自東坡《水調歌頭》一出，余詞盡廢」[77]。

此外，蘇軾的愛情詞也很有特點，如《蝶戀花》：

花褪殘紅青杏小，燕子飛時，綠水人家繞。枝上柳綿吹又少，天涯何處無芳草。

牆裡鞦韆牆外道。牆外行人，牆裡佳人笑。笑漸不聞聲漸消，多情卻被無情惱。

蘇軾不是婉約派，但他的言情詞同樣屬於上乘佳作，他寫的愛情詞是對婉約詞的改造和提高，其詞有一種不同於傳統婉約派的風韻嫣然、清雅幽美的特徵。

蘇軾的詞改變了晚唐五代詞家婉約的作風，成為豪放詞派的開創者。蘇軾詞的創作成就，其一是開拓了詞的題材內容，無事不入詞；其二是使詞擁有了豪放、剛健的風格和美感；其三是把詞的地位提高了。所以蘇軾對宋詞的發展是有重大貢獻的。

---

76 胡仔：《苕溪漁隱叢話》，北京，人民文學出版社，1962。
77 同上。

# 四、繁榮興旺的北宋後期詞壇

　　歷史進入北宋後期，封建政治日趨腐敗，亡國之兆已露端倪，但經過前期諸大家的努力，宋詞創作出現了生機勃勃的繁榮景象，花間詞派、婉約詞派、豪放詞派各自發展，亦有不同詞派的兼顧和對詞派的改造。

　　蘇軾而後，北宋文壇上出現了幾位非常有影響的人物，即黃庭堅、秦觀、晁補之、張耒，號稱「蘇門四學士」。就詞風而言，黃庭堅、晁補之是蘇詞豪放派的直接追隨者，秦觀和另一位有影響的詞人周邦彥屬於婉約派，而賀鑄則兼具「婉約」、「豪放」詞風。

　　關於黃庭堅、晁補之的詞，王灼曾說：「晁無咎、黃魯直皆學東坡，韻制得七八。」[78] 這說明黃、晁二人詞的風格是習之蘇軾。黃庭堅的主要成就在詩歌方面，開創了江西詩派，但詞在當時也很有名聲，陳師道曾言：「今代詞手，惟秦七、黃九耳，唐諸人不逮也。」[79] 黃庭堅詞的內容由兩部分組成，一是屬於俚俗豔詞，可以說是極為鄙俗的。如《兩同心》：「自從官不容針，直至今日。你共人女邊著子，爭知我門裡挑心」；《添字少年心》：「見說那廝脾鱉熱，大不成我便與拆破。待來時，鬲上與廝噷則個。溫存者，且教推磨」。故此後人稱為「山谷惡道」或「蒜酪體」。二是模仿蘇軾詞。如《念奴嬌》：

　　斷虹霽雨，淨秋空，山染修眉新綠。桂影扶疏，誰便道，今夕清輝不足。萬里青天，姮娥何處？駕此一輪玉。寒光凌亂，為誰偏照醽淥？

　　年少從我追游，晚涼幽徑，遶張園森木。共倒金荷家萬里，難得尊前相屬。老子平生，江南江北，最愛臨風曲。孫郎微笑，坐來聲歒霜竹。

　　此詞頗似蘇軾的《赤壁懷古》，但這類模仿蘇軾的詞往往得其形而失之神。不過黃詞對蘇詞的進一步發展起到了推波助瀾的作用，也對南宋豪放派詞的發展

---

78 王灼：《碧雞漫志》卷二。
79 《苕溪漁隱叢話・後集》卷三十三。

起到了啟迪作用。

晁補之的詞可以說直追東坡。如《洞仙歌·泗州中秋作》：

青煙冪處，碧海飛金鏡。永夜閒階臥桂影。露涼時，凌亂多少寒螿。神京遠，唯有藍橋路近。

水晶簾不下，雲母屏開，冷浸佳人淡脂粉。待都將許多明，付與金尊，投曉共流霞傾盡。更攜取胡床上南樓，看玉做人間，素鞦轣頃。

此詞足與蘇軾的《水調歌頭》（中秋）「差可比肩」，其風格是相當廣闊宏大的。此外，晁氏的隱逸詞可以視為上承蘇東坡，下啟辛棄疾。如《摸魚兒》：

買陂塘，旋栽楊柳，依稀淮南江浦。東皋嘉雨新痕漲，沙嘴鷺來鷗集。堪愛處，最好是一川夜月光流渚。無人獨舞，任翠幄張天，柔茵藉地，酒盡未能去。

青綾被，莫憶金閨故步，儒冠曾把身誤。弓刀千騎成何事？荒了邵平瓜圃。君試覷，滿青鏡，星星鬢影竟如許！功名浪語。便得似班超，封侯萬里，歸計恐遲暮。

黃、晁獨步東坡，而秦觀、周邦彥卻秉承婉約派詞風，二人的詞學成就在當時可謂如日中天，直追蘇軾。

秦觀在當時詞壇上被視為「最佳詞人」，葉夢得稱之為「語工而入律，知樂者謂之『作家歌』」。平心而論，秦詞不論從數量和質量上講都不如柳、蘇，何故受此推崇？原因在於他吸收了前代婉約派詞長、短兩家的優點，創造了一種雅俗共賞、既含蓄又明暢的新詞風。

秦觀由於受蘇軾牽連，身世遭遇非常淒苦，比晏幾道更苦，因此作為婉約派詞人，他的詞比晏幾道更「傷心」，在感情方面要遠勝前代婉約詞。因此在後人心目中他是一個「風流多情」的形象。如《鵲橋仙》以天上牛郎織女的故事喻人間愛情：

纖雲弄巧，飛星傳恨，銀河迢迢暗度。金風玉露一相逢，便勝卻人間無數！

柔情似水，佳期如夢，忍顧鵲橋歸路？兩情若是長久時，又豈在朝朝暮暮？

既歌頌真摯專一的愛情，又流露出不能與戀人長久廝守的痛苦心情。越是「多情」就越煩惱，秦觀也不例外，於是乎寫羈愁別緒、傷感淒迷的詞就出現了。如《江城子》：

西城楊柳弄春愁，動離憂，淚難收。猶記多情曾為繫歸舟。碧野朱橋當日事，人不見，水空流。

韶華不為少年留，恨悠悠，幾時收？飛絮落花時候一登樓。便做春江都是淚，流不盡，許多愁。

秦觀除了寫愛情詞以外，還寫了大量的表達宦途和羈旅的淒情哀思的詞。

秦觀的詞雖是婉約派，但又有所突破，這就是在婉約的詞境和艷詞的軀殼內，注入了新的感情內容，傾注了關於政治境遇、關於身世遭逢的人生感嘆。秦詞的藝術成就很高，形象鮮明，意境顯豁，語言清麗，含蓄優美，耐人尋味，他糾正了柳詞俗的一面，使婉約詞成為「雅俗共賞」的文學作品。如「為名流推激」的《八六子》：

倚危亭，恨如芳草，淒淒剗盡還生。念柳外青驄別後，水邊紅袂分時，愴然暗驚。無端天與娉婷，夜月一簾幽夢，春風十里柔情。

怎奈何，歡娛漸隨流水，素弦聲斷，翠綃香減。那堪片片飛花弄晚，濛濛殘雨籠晴。正銷凝，黃鸝又啼數聲。

使人讀來明暢有如流水，故劉熙載說：「秦少游詞，得《花間》、《尊前》遺韻，卻能自出清新」[80]。

詞到周邦彥，人稱已到「集大成」的地步，評價著實過高，其成就主要在藝術技巧上，所謂「集大成」，亦不過集前代婉約詞的大成，成就實比不上蘇軾。

---

80 劉熙載：《藝概》卷四。

周邦彥的詞學貢獻主要表現在三個方面：一是發展詞樂，創新了詞調，使詞的「格律化」程度有所提高。因周邦彥「妙解音律」，後來又以音樂家的身分入掌大晟樂府機構，無疑推動了詞樂的發展，促進了詞調的繁榮，提高了詞調的「格律化」程度。如《能改齋漫錄》卷十七記載：「王都尉（詵）有《憶故人》詞雲：『燭影搖紅，向夜闌，乍酒醒，心情懶。尊前誰為唱《陽關》？離恨天涯遠。無奈風沉雨散，憑欄杆，東風淚眼。海棠開後，燕子來時，黃昏庭院』。徽宗喜其詞意，猶以不豐容宛轉為恨，遂令大晟府別撰腔。周美成增損其詞，而以首句為名，謂之《燭影搖紅》。雲：『芳臉勻紅，黛眉巧畫宮妝淺。風流天付與精神，全在嬌波眼。早是縈心可慣，向尊前，頻頻顧昐。幾回相見，見了還休，爭如不見？燭影搖紅，夜闌飲散春宵短。當時誰會唱《陽關》？離恨天涯遠。無奈雲收雨散，憑欄杆，東風淚滿。海棠開後，燕子來時，黃昏深院』」。經他這一改，便於歌唱了。所以直至北宋亡後，在許多地方歌妓中還有唱周邦彥所刻制的詞曲的。

二是發展了慢詞的技巧，使慢詞出現了「整嚴化」傾向。周邦彥對慢詞技巧的改進，主要是在章法結構方面的細密和多變，一改柳詞「直說」、「直敘」的寫法，給人一種「沉鬱頓挫」的感覺，使詞意境深厚而耐人尋味。如《瑞龍吟》：

章台路，還見褪粉梅梢，試花桃樹。愔愔坊陌人家，定巢燕子，歸來舊處。

黯凝佇，因念個人痴小，乍窺門戶。侵晨淺約宮黃，障風映袖，盈盈笑語。

前度劉郎重到，訪鄰尋里，同時歌舞，唯有舊家秋娘，聲價如故。吟箋賦筆，猶記燕台句。知誰伴，各園露飲，東城閒步？事與孤鴻去。探春儘是傷離意緒。宮柳低金縷，歸騎晚，纖纖池塘飛雨。斷腸院落，一簾風絮。

三是善於融化前人的詩語，開創了一種「富豔」、「典麗」的語言風格。大量秉擷前人詩句，一可以增添作品的書卷氣味；二通過引用典故，使人產生聯想，增加作品的感染力：三使語言增添斑駁絢麗的光澤。

周邦彥的不少詞寫得十分出色。如《蘭陵王》：

柳陰直，煙裡絲絲弄碧。隋堤上，曾見幾番，拂水飄綿送行色。登臨望故國，誰識京華倦客。長亭路，年去歲來，應折柔條過千尺。

閒尋舊蹤跡，又酒趁哀弦，燈照離席，梨花榆火催寒食。愁一箭風快，半篙波暖，回頭迢遞便數驛，望人在天北。

悽惻，恨堆積。漸別浦縈迴，津堠岑寂，斜陽冉冉春無極。念月榭攜手，露橋聞笛。沉思前事，似夢裡，淚暗滴。

周邦彥的詞成就之大，後人皆有論及。後來，以周邦彥形成了「大晟詞派」，其詞多以歌功頌德、粉飾太平為主。儘管周詞藝術成就很高，但其詞內容是迎合徽欽二帝的腐朽生活、綴飾太平的，有損於周詞的現實意義。

在北宋後期詞壇上還有一個個性頗為傳奇的人物，這就是賀鑄。賀鑄先為武官，後為文官，這就使他的性格具有俠氣雄爽的特徵。因性格過直，官場上頗不得意。他的詞具有二重性，一則很像蘇詞的豪放風格，二是又具婉約派的豔麗風采，所以他的詞風是多變的。誠如張耒在《東山詞》序中說：「夫其盛麗如游金、張之堂，而妖冶如攬嬙、施之祛，幽潔如屈、宋，悲壯如蘇、李，覽者自知之。」評價很高。如《六州歌頭》：

少年俠氣，交結五都雄。肝膽洞，毛髮聳。立談中，死生同，一諾千金重。推翹勇，矜豪縱。輕蓋擁，聯飛鞚，斗城東。轟飲酒壚，春色浮寒甕，吸海垂虹。閒呼鷹嗾犬，白羽摘雕弓，狡穴俄空，樂匆匆。

似黃粱夢，辭丹鳳，明月共，漾孤篷。官冗從，懷倥傯。落塵籠，簿書叢，鶡弁如雲眾，供粗用，忽奇功，笳鼓動，《漁陽弄》，《思悲翁》。不請長纓，採取天驕種，劍吼西風。恨登山臨水，手寄七弦桐，目送歸鴻。

此詞頗似蘇軾的風格，是一首抨擊投降派、歌頌殺敵報國的愛國詞，其豪情健筆，對南宋愛國詞產生了重要影響。

賀鑄的性格是很複雜的，他既是一位「儀觀甚偉，如羽人劍客」的武將，又是一個「極幽閒思怨之情」的多情詞人。他的許多抒情詞頗為感人。如最有名的

《青玉案》：

凌波不過橫塘路，但目送，芳塵去。錦瑟華年誰與度？月橋花院，瑣窗朱戶，只有春知處。

碧雲冉冉蘅皋暮，彩筆新題斷腸句。試問閒愁都幾許？一川菸草，滿城風絮，梅子黃時雨。

# 五、南宋前期風格多變的詞風

「靖康之變」，北宋滅亡，在大多人毫無思想準備的條件下發生的這種突變，使人們在心理上無法承受，尤其對大多數的詞人來說更是如此，所以他們在亡國之後所發生的呻吟是非常痛苦的，這就形成了南宋時期詞壇的「低音區」——傷感詞。如宋徽宗的《眼兒媚》就深刻揭示了這位亡國之君的痛苦心情：

玉京曾憶昔繁華，萬里帝王家。瓊林玉殿，朝喧絃管，暮列笙琶。

李清照像

花城人去今蕭索，春夢遠胡沙。家山何處？忍聽羌笛，吹徹《梅花》！

李清照的詞於纏綿悱惻中表現出傷愁。

李清照（1084—？）是宋代非常著名的女詞人。她的前期生活在北宋後期，生活的環境基本上是寧靜美滿的，因此這一期間她所寫的詞多是與丈夫趙明誠舉案齊眉、志同道合的愛情詞。如《醉花陰》：

薄霧濃雲愁永晝，瑞腦消金獸。佳節又重陽，玉枕紗櫥，半夜涼初透。

東籬把酒黃昏後，有暗香盈袖。莫道不消魂，簾卷西風，人比黃花瘦。

幸福美滿的生活，使李清照的詞越發富貴、細膩和恣放。但好景不長，在李清照步入中年之後，發生了「靖康之變」，她與丈夫隨北人南下，趙明誠又不幸身亡。失去了故國、故鄉、親人的李清照隻身漂泊在江浙一帶，她的生活充滿了不幸和痛苦，因此她的詞充滿了痛楚的「心音」。如《武陵春》：

風住塵香花已盡，日晚倦梳頭。物是人非事事休，欲語淚先流。

聞說雙溪春尚好，也擬泛輕舟。只恐雙溪舴艋舟，載不動，許多愁。

「物是人非」之感成為李清照後期詞的特種心態和感慨。這種感慨有時是通過回憶和對比寫出來的，有時則淡於過去而主要寫今日的傷感。如《永遇樂》：

落日熔金，暮雲合璧，人在何處？染柳煙濃，吹梅笛怨，春意知幾許？元宵佳節，融和天氣，次第豈無風雨？來相召，香車寶馬，謝他酒朋詩侶。

中州盛日，閨門多暇，記得偏重三五。鋪翠冠兒，撚金雪柳，簇帶爭濟楚。如今憔悴，風鬟霧鬢，怕見夜間出去。不如向簾兒底下，聽人笑語。

這首詞主要以兩宋元宵節的對比引出她內心的痛楚，而《聲聲慢》則重點放在了今日愁苦之上。

尋尋覓覓，冷冷清清，淒淒慘慘戚戚。乍暖還寒時候，最難將息。三杯兩盞淡酒，怎敵他，晚來風急？雁過也，正傷心，卻是舊時相識。

滿地黃花堆積，憔悴損，如今有誰堪摘？守著窗兒，獨自怎生得黑？梧桐更兼細雨，到黃昏，點點滴滴。這次第，怎一個愁字了得？

這一時期的傷感詞除李清照外，還有洪皓的《江梅引》、曾紆的《金人捧玉露》和《憶秦娥》等。

傷感詞表達了一部分詞人對現實突變的無奈和傷心。與此同時，面對外夷入侵，一些有血性的愛國將士、抗金志士發出了一種「憤慨」的「憂國之音」，這

就是流行於這一時期的「憤慨詞」。最典型的是岳飛的《滿江紅》：

怒髮衝冠，憑欄處，瀟瀟雨歇。抬望眼，仰天長嘯，壯懷激烈。三十功名塵與土，八千里路雲和月。莫等閒白了少年頭，空悲切。

靖康恥，猶未雪；臣子恨，何時滅？駕長車，踏破賀蘭山缺。壯志飢餐胡虜肉，笑談渴飲匈奴血。待從頭，收拾舊山河，朝天闕。

表達了作者恢復故土「還我河山」的心聲。同時還有一些詞人在作品中表達對投降派的不滿和憤慨。

除岳飛外，這一時期的愛國詞人還有李綱、趙鼎、胡銓、張元幹、張孝祥等。

李綱是兩宋之際的抗金名臣，他力主抗金，但受到投降派的排擠，因此他的詞如《詠史》就表現出詞人抗金的決心；在受到打擊後，詞人只能發出涕淚縱橫的浩嘆，但詞人並未消沉，其憤慨的火花在許多詞中均能體現出來。胡銓南渡後一直受秦檜迫害，但他不顧性命與秦檜抗爭，表現了他的超人膽略和氣魄，如《好事近》：「富貴本無心，何事故鄉輕別？空使猿驚鶴怨，誤薜蘿秋月。囊錐剛要出頭來，不道甚時節。欲駕巾車歸去，有豺狼當轍。」趙鼎與胡銓一樣，南渡後受秦檜迫害，最後貶死海南島。

南宋初期一些文人對國破家亡、山河破碎、統治者投降妥協政策不滿，由於統治者迫害打擊抗金愛國志士，有些人遁入到隱逸的逋逃藪中去，寫下了大量的「隱逸詞」。朱敦儒就是這樣的詞人，北宋末期其詞風偏重於旖旎和豪狂。「靖康之變」使他人老了許多，詞風轉而變為憂傷悲哀，如《相見歡》：「金陵城上西樓，倚清秋。萬里夕陽垂地，大江流。中原亂，簪纓散，幾時收？試倩悲風吹淚，過揚州。」南渡後，謝辭出仕，開始過著隱居生活，其詞的內容由悲傷轉向清曠、高雅，山林氣很濃。如《念奴嬌·垂虹亭》：「放船縱棹，趁吳江風露，平分秋色。帆卷垂虹波面冷，初落蕭蕭楓葉。萬頃琉璃，一輪金鑑，與我成三客。碧空寥廓，瑞星銀漢爭白。深夜悄悄魚龍，靈旗收暮靄，天光相接。瑩澈乾坤，全放出，疊玉層冰宮闕。洗盡凡心，相忘塵世，夢想都銷歇。胸中雲海，浩

然猶浸明白。」此外，隱逸詞人還有向子諲等。另有一些人是由愛國憂時轉向隱逸的，如張元幹、張孝祥、葉夢得、李光等。

# 六、辛棄疾的愛國詞

就在南宋朝廷苟且偷安，南宋初期的詞人隱逸遁世的時候，一一六一年，金完顏亮再次揮戈南下，直逼採石磯。民族危亡又提到日程上來，這時，「大聲鏜鎝，小聲鏗鍧」的辛棄疾的愛國詞便產生了，宋詞從此掀開了新的一章。

辛棄疾（1140-1207 年），字幼安，號稼軒，歷城（今山東濟南）人。從小受愛國教育，後投筆從戎。力主抗金，多不被採納，大部分時間在地方為官。一生三次罷官，兩度被迫「閒居」，此後過著隱居生活。這種不幸的遭遇反映到詞中，處處充滿著憂國憂民的愛國熱情，其詞風充滿著英雄氣概，給南宋的政壇帶來了活力，給詞壇帶來了「龍騰虎擲」的剛氣、男子漢的風格，「悲涼」和富有「野性」的美感，被這位當代大英雄重新召喚回來。他自雲其詞是「夜半狂歌悲風起」，「硬語空盤誰來聽」，所以才造就了他成為「詞中之龍」[81]。

辛棄疾是宋代愛國詞的最高成就者，他的詞基本上是「無意不可入，無事不可言」。他的愛國詞的主要內容有幾個方面：一是對南宋朝廷苟且偷安政策的不滿；二是對南宋腐敗官僚的無情指責；三是對同僚、朋友的熱情鼓勵；四是對個人懷才不遇的憤慨。辛詞的內容特徵主要表現為「狂放精神」和「以氣入詞」。辛詞的「狂放精神」是相當突出的，他的狂放也就體現在他的愛國情操上。首先是憤世，如《賀新郎》之二：

老大那堪說。似而今，元龍臭味，孟公瓜葛。我病君來高歌飲，驚散樓頭飛雪。笑富貴，千鈞如髮。硬語盤空誰來聽？記當時，只有西窗月。重進酒，換鳴瑟。

---

81 陳廷焯：《白雨齋詞話》卷一，北京，人民文學出版社，1959。

事無兩樣人心別。問渠儂，神州畢竟，幾番離合？汗血鹽車無人顧，千里空收駿骨。正目斷，關河路絕。我最憐君中宵舞，道「男兒到死心如鐵」。看試手，補天裂。

其次是傲世，如《賀新郎》：

甚矣吾衰矣！悵平生交遊零落，只今餘幾？白髮空垂三千丈，一笑人間萬物，問何物能令公喜？我見青山多嫵媚，料青山見我應如是。情與貌，略相似。

一樽搔首東窗裡，想淵明《停雲》詩就，此時風味。江左沉酣求名者，豈識濁醪妙理？回首叫，雲飛風起。不恨古人吾不見，恨古人不見吾狂耳！知我者，二三子。

其三是嘲世，如《千年調》：

厄酒向人時，和氣先傾倒。最要然然可可，萬事稱好。滑稽坐上，更對鴟夷笑。寒與熱，總隨人，甘國老。

少年使酒，出口人嫌拗，此個和合道理，近日方曉。學人言語，未會十分巧。看他們，得人憐，秦吉了！

不論是憤世、傲世和嘲世詞，都表現了辛棄疾的「狂放精神」，其本質是一種英雄的悲愴，是一種憂國感情。

辛棄疾的詞不光以豪放為其特徵，而且其詞充滿豪氣，讀其詞會使人感到一種充滿磅礴和沉鬱的氣勢，有人說是「豪氣詞」，一點也不為過。辛棄疾的豪氣詞，或抒發愛國熱情，或是悲涼的憂國之詞，或歌詠鄉村和隱逸生活。如《永遇樂·京口北固亭懷古》：

千古江山，英雄無覓，孫仲謀處。舞榭歌台，風流總被，雨打風吹去。斜陽草樹，尋常巷陌，人道寄奴曾住。想當年，金戈鐵馬，氣吞萬里如虎。

元嘉草草，封狼居胥，贏得倉皇北顧。四十三年，望中猶記，烽火揚州路。可堪回首，佛狸祠下，一片神鴉社鼓。憑誰問，廉頗老矣，尚能飯否？

真是一首豪氣滿懷的愛國激情詞。

辛棄疾的豪放愛國詞是其主要成就，但他的婉約詞也寫得相當好，時人評價說：「其穠纖麗綿密處，亦不在小晏、秦郎之下」。如《青玉案·元夕》：

春風夜放花千樹，更吹落，星如雨。寶馬雕車香滿路。鳳簫聲動，玉壺光轉，一夜魚龍舞。

蛾兒雪柳黃金縷，笑語盈盈暗香去。眾裡尋他千百度，驀然回首，那人卻在燈火闌珊處。

辛棄疾把宋詞推到一個新的高度，他的詞高大、挺拔，充滿生機和活力，真不愧為詞壇「巨龍」。

辛棄疾之後，南宋詞壇颳起了一股「稼軒風」，出現了一批辛派作家群，因詞風與辛詞大體相近，所以稱之為「辛派愛國詞」。代表人物主要有陸游、陳亮、劉過、劉克莊、陳人傑等。

陸游是南宋偉大的愛國詩人，其詞不及辛棄疾，但詞風卻似辛棄疾。他的愛國詞分為兩種：一是從軍樂，一是愛國淚，可以稱之為「兵魂」和「國魂」。如《秋波媚》：

秋到邊城角聲哀，烽火照高台。悲歌擊築，憑高醉酒，此興悠哉。

多情誰似南山月，特地暮雲開。灞橋煙柳，曲江池館，應待人來！

從這首詞中強烈感受到他那「從軍」的心情和「盼戰」的激情。在他晚年的悲悽生活中，他的詞充滿了愛國淚花，如《訴衷情》：

當年萬里覓封侯，匹馬戍梁州。關河夢斷何處？塵暗舊貂裘。

胡未滅，鬢先秋，淚空流。此生誰料，心在天山，身老滄州？

陳亮（1143-1194 年）的人格、思想、個性很似辛棄疾，他的詞也充滿了愛國豪情。如《念奴嬌·登多景樓》：

危樓還望，嘆此意，今古幾人曾會？鬼設神施，渾認作，天限南疆北界。一水橫陳，連岡三面，做出爭雄勢。六朝何事，只成門戶私計！

因笑王謝諸人，登高懷遠，也學英雄涕。憑卻江山管不到，河洛腥羶無際。正好長驅，不須反顧，尋取中流誓。小兒破賊，勢成寧問強對？

這與辛棄疾的詞是何等相似，整個詞充滿了必勝信念。

劉過（1154-1206 年）是陳亮之外又一位「辛派詞人」，他的詞「多壯語，蓋學稼軒」。曾力主北伐，但未被採納，四次中舉不第，只好流落江湖。晚年與辛棄疾來往。其詞風悲壯，與稼軒詞屬於同一詞風。如《沁園春》之一：

古豈無人，可以似吾稼軒者誰？擁七州都督，雖然陶侃，機明神鑑，未必能詩。常袞何如，羊公聊爾，千騎東方侯會稽。中原事，縱匈奴未滅，畢竟男兒。

平生出處天知，算整頓乾坤終有時。問湖南賓客，侵尋老矣；江西戶口，流落何之？盡日樓台，四面屏幛，目斷江山魂欲飛。長安道，奈世無劉表，王粲疇依？

劉過的詞雖學稼軒但不及陳亮的「劍拔弩張」的粗放之氣，但另有一種俊致，劉熙載說：「劉過之詞，狂逸之中，自饒俊致，雖沉著不及稼軒，足以自成一家。」[82] 他的詞多悲愁之感，使人讀起來頗有徘徊、惆悵之念。

劉克莊（1187-1269 年）是南宋後期辛派詞人中成就最大的一位。他四次為官，四次罷官，命運多舛。劉克莊主張詞「不可以氣為色」，主張描寫重大的社會題材，寄寓深厚的思想內容。劉克莊雖有「拳拳君國」之志，但他生活的時代已步入南宋晚期，正走向亡國的邊緣，所以他的詞反映時代特色，有一種焦灼感、危機感，他的詞反映現實的深度和廣度比辛詞更深。此外，劉克莊的詞議論化傾向比較明顯，更加散文化。如《賀新郎》（送陳真州子華）：

---

82 劉熙載：《藝概》卷四。

北望神州路，試平章，這場公事，怎生分咐？記得太行山百萬，曾入宗爺駕馭。今把作握蛇騎虎。君去京東豪傑喜，想投戈下拜真吾父。談笑裡，定齊魯。兩河蕭瑟惟孤兔。

問當年，祖生去後，有人來否？多少新亭揮淚客，誰夢中原塊土？算事業，須由人做。應笑書生心膽怯，向車中，閉置如新婦。空目送，塞鴻去。

# 七、南宋後期的「傷痕」詞

南宋後期，由於宋金相對和平穩定，南宋幾十年無戰事，統治者苟且偷安，「商女不知亡國恨」，又過起了奢侈縱欲的生活，詞風也開始逆轉，出現了內容消極而刻意追求藝術技巧的「傷痕」詞。所謂「傷痕」詞：一是時代的傷痕，二是個人的傷痕，三是戀情的傷痕。代表人物是姜夔和吳文英。他們可以說師承周邦彥，是短暫昇平時代的產物。

姜夔（1155-1221 年）一生未做過官，一直過著清客遊士的生活，最後窮困潦倒。生活上的遭遇造成了他心理上的第一個重大「傷痕」。南宋國勢日蹙，而後期黨爭不斷，又使詞人產生了「時世」的「傷痕」。在個人愛情方面，姜夔也有過不幸，這就造成了他戀情的悲感。三者合在一起，使他成為一個有累累心理「傷痕」的詞人。如傷感時代的《揚州慢》：

淮左名都，竹西佳處，解鞍少駐初程。過春風十里，盡薺麥青青。自胡馬窺江去後，廢池喬木，猶厭言兵。漸黃昏，清角吹寒，都在空城。

杜郎俊賞，算如今，重到須驚，縱荳蔻詞工，青樓夢好，難賦深情，二十四橋仍在，波心蕩冷月無聲，念橋邊紅藥，年年知為誰生？

人在江湖飄零，最易勾起思念往事，感嘆個人的不幸，如《湘月》：

五湖舊約，問經年底事，長負清景？暝入西山，漸喚我，一葉夷猶乘興。倦網都收，歸禽時度，月上汀洲冷。中流容與，畫橈不點清鏡。

誰解喚起湘靈，煙鬟霧鬢，理哀弦鴻陣。玉塵談玄，嘆坐客多少風流名勝。暗柳蕭蕭，飛星冉冉，夜久知秋信。鱸魚應好，舊家樂事誰省？

如同其他深情的詞人一樣，他對初戀的感情是久久不能忘卻的，如《鷓鴣天》：

肥水東流無盡期，當初不合種相思！夢中未比丹青見，暗裡忽驚山鳥啼。

春未綠，鬢先絲，人間別久不成悲。誰教歲歲紅蓮夜，兩處沉吟各自知。

除此之外，他受婉約派的影響至深，寫下了大量詠物詞，如詠柳、詠梅，無不融入他的戀情離思，傾注了他對戀人的滿腔眷懷之感，使詞風出現了新的面貌。

深受姜夔詞影響的另一位「傷心」詞人是吳文英。吳文英（1200-1260 年）一生未做過官，常以清客的身分出入高官府邸，是一個幕僚。他的傷心詞主要是哀感頑豔的戀情詞。他的感情世界頗為波折，與幾位女子相戀，但又未能終了，這就使他的詞大量描寫綿綿長恨的夢窗熱戀方面，如《風入松》：

聽風聽雨過清明，愁草瘞花銘。樓前綠暗分攜路，一絲柳一寸柔情。料峭春寒中酒，交加曉夢啼鶯。

西園日日掃林亭，依舊賞新晴。黃蜂頻撲鞦韆索，有當時纖手香凝。惆悵雙鴛不到，幽階一夜苔生。

就在傷感詞人大發悲悽相思的時候，元軍鐵騎長驅南下，南宋被元滅亡。這一時期的詞壇相當複雜，既有悲憤亦有哀嘆，主流是哀哀的泣聲。如張炎的《清平樂》：「采芳人杳，頓覺游情少。客裡看春多草草，總被詩愁分了。去年燕子天涯，今年燕子誰家？三月休聽夜雨，如今不是催花！」哀嘆只是一方面，在南宋亡後的遺民詞人中，還有許多表現愛國感情的壯麗詞篇。如文天祥的《沁園春‧題潮陽張許二公廟》：

為子死孝，為臣死忠；死又何妨？自光岳氣分，士無全節；君臣義缺，誰負

剛腸。罵賊睢陽，愛君許遠，留得聲名萬古香。後來者，無二公之操，百煉之
鋼。

人生翕欻雲亡。好轟轟烈烈做一場。使當時賣國，甘心降虜，受人唾罵，安
得留芳？古廟幽沉，儀容儼雅，枯木寒鴉幾夕陽？郵亭下，有奸雄過此，仔細思
量！

文天祥的愛國詞篇，如一盞明燈，照亮了宋末詞壇，給人們留下了宋詞無比
壯烈和崇高的最後印象。

<br>

## 第四節 ·
# 民間藝術
# 的傑作——話本

散文、詩、詞是宋代文學的主要內容，在一定程度上講，這些文學載體是上
層社會，尤其是士階層所能創造和造就的。對於下層市民和貧困人來講，他們同
樣需要娛樂，需要適合他們口味的文化。而宋代社會具備了這樣的條件，因此就
產生了民間藝術的傑作——話本。

宋代話本的出現，的確是中國文學史上的一件大事，它的主要貢獻在於白話
小說這一嶄新的文體。話本何以出現在宋代？有社會原因，也有文學自身演變的
因素。就社會原因而言：宋統一以後，統治階級出於鞏固和維護封建制度的需
要，在經濟上採取了一些有利於生產力發展的措施，階級矛盾有所緩和，社會生
產力得以進一步的提高。最根本的還在於宋代的生產關係發生了某些鬆動，農民

的人身依附關係有所減弱，農業發展水平得以整體提高，這就使農民進行商品買賣和交換成為可能。同時由於宋代不抑兼併，土地私有化程度很高，地主大肆併吞土地，許多農民破產，或淪為佃客，或攜家流落到城市中去，被迫放棄農業這一傳統的維持生計的手段，而採取其他生存手段，此其一。宋代手工業也得以空前發展，許多城鎮成為當時著名的產品生產中心；手工業的發達也促進了商業的發達，商品流通和商品交換非常流行，商品經濟的發展，促進了城市的繁榮，城市人口劇增，城市平民階層也得以壯大。城市的繁榮不僅表現在商品流通上，更重要體現在城市的文化娛樂上，因此為適合平民階層的文化需要以及達官顯貴的消遣需要，城市中出現了雜耍、伎藝等文化娛樂形式，話本也就應運而生。從文學自身演變的情況來看，宋代話本是發展了唐代「說話」和市人小說。「說話」作為一種表演伎藝的專用名稱，始見於唐代。如元稹在《酬白學士代書一百韻》中有「翰墨題名盡，光陰聽話移」的詩句，在自注中說：「又嘗於新昌宅說『一枝花話』，自寅至巳，猶未畢詞也」。「一枝花」是唐代長安名妓李亞仙，她的故事已成為說話名目了，且四五個小時仍未言盡，可見唐代說話伎藝的發展水平。此外，在寺廟裡經常演說佛經、宗教的故事，稱為「俗講」。這些都對宋代話本的出現產生了一定的影響。

由於商品經濟的繁榮，都市市民對於文化娛樂的要求不斷提高，因此話本在宋代大規模產生了。話本產生的場所是城市中專門供民間藝人進行表演伎藝的瓦舍勾欄。勾欄是宋代雜劇的演出場所；瓦舍又叫瓦肆，是一種遊藝場所的總稱，它包括在遊藝場所內為遊客服務的各行各業，是城市群眾娛樂最集中的地方，有雜耍、傀儡戲、諸宮調、說話等，呈現出繁榮興盛的景觀。在勾欄瓦舍中，說話伎藝占有較大比重，不僅從事說話的藝人數量大，據《武林舊事》載，當時南宋杭州的說話藝人達百餘人，而且其分工很細，有說經的、講史的和說小說的。耐得翁在《都城紀勝》中說：

　　說話有四家。一者小說，謂之銀字兒，如煙粉、靈怪、傳奇說公案，皆是朴刀桿棒及發跡變泰之事。說鐵騎兒，謂士馬金鼓之事。說經，謂演說佛書，說參請，謂賓主參禪悟道等事。講史書，講話前代書史文傳、興廢爭戰之事。最畏小說人，蓋小說者，能以一朝一代故事，頃刻間提破。

從《都城紀勝》中我們可以知曉，當時的說話分為四類：一是銀字兒，二是說鐵騎兒，這兩家統稱為小說。三是說經，四是講史書。這四家中，尤以小說、講史最為有影響，小說更甚。小說基本取材於現實生活，尤其是反映城市中小商人、手工業者和下層婦女的思想感情、理想和追求，因此在當時比講史更能受到市民的歡迎。宋代底層社會自由結社很普遍，說話人也組成自己的組織，稱為「雄辯社」，藝人們在社裡可互相切磋技藝、交流情況。說話藝人由於文化水平低，一般不編寫話本，編寫話本的多是生活窘迫的下層文人，也叫才人，他們結成的組織稱為「書會」。

話本就是說話藝人的底本，其產生也有一個過程。開始由於諸多原因的限制，說話藝人是沒有底本的，只是口傳心授，在演出時，故事情節和說詞可以靈活運用，臨場發揮。後來「書會」才人加入其中，一邊編寫話本，一邊整理加工說話藝人口頭演唱中流傳下來的話本，這才有了可供人們閱讀的話本。

宋代話本數量，有人統計有一百五十多種。由於諸種原因，現存的只有二三十種，散見於《京本通俗小說》、《清平山堂話本》和《喻世明言》、《警世通言》、《醒世恆言》等書中。

宋代的「說話」人雖有四類，但話本一般有兩種：一是講史話本，主要講述長篇歷史故事，取材於歷史，後來發展成為章回體的長篇歷史小說；一是小說話本，又稱小說。話本是在宋代說話基礎上孕育出來的在藝術上相當成熟的白話小說，這種白話小說的產生，在中國小說發展史上是極為重要的一件大事，它標誌著中國小說的發展進入了一個嶄新階段，對後世白話小說的發展產生了重要影響，在中國文化史上也是一件值得大書特書的事情。魯迅先生在其《中國小說的歷史的變遷》中說：「至於創作一方面，則宋之士大夫實在並沒有多少貢獻。但其時社會上卻另有一種平民底小說，代之而興了。這類作品，不但體裁不同，文章上也起了變革，用的是白話，所以實在是小說史上的一大變遷。」

宋代的話本，在作品內容上多反映現實生活，尤其是城市下層平民的生活，因此深受平民階層的歡迎。這些平民階層的人物形像往往以正面人物形象出現，這在過去的文學作品中是少有的。在形式上，話本多運用接近口語的白話；在藝

術表現方面，如描寫人物、環境的對話均有新的發展；在體制結構上，話本可分為四大部分，即題目、入話、正話和結尾。題目是根據故事內容而確定的，最初是以人名、地名、諢名、物名為題，後來把題目化為七言或八言的句子，這樣可以使故事內容更加醒目，具有更大的吸引力。入話就是說話人在正文開始之前，通常要吟誦幾首詩詞或加以解釋。「入話」有肅靜聽眾、等候聽眾和啟發聽眾的作用，篇幅可長可短，有極大靈活性，它對導入正文有一定的穿針引線的作用。正話即故事的正文，是話本的主要部分。正話的文字，一般由散文和韻文兩部分組成，散文講述故事，韻文包括詩、詞、駢文，用來疏通、襯托、描繪、品評故事，主要是為了渲染場景、描繪人物。話本結尾一般由說話人出來總結全篇主旨，或加以勸誡，或對故事情節、人物加以品評。


# 一、小說話本

宋代的小說話本，多取材於當時的現實生活，也有些話本是從《太平廣記》、《夷堅志》等書中選材，再進行加工處理，提煉出來的。宋代的小說話本在題材上一反六朝小說和唐人傳奇只描寫上層社會或封建士大夫階層的生活，作品中更多地表現平民的生活，反映平民階層的喜怒哀樂的感情，揭示了宋代社會錯綜複雜的矛盾和世態人情。宋代話本小說的內容一般分為三類：一是反映愛情婚姻的，一是描寫公案的，一是講述神仙鬼怪的。其中以描寫愛情婚姻和公案的題材為最多，成就也最高。

以愛情婚姻為題材的話本小說，主要是通過生活於下層的婦女在愛情婚姻問題上的種種遭遇和不幸，揭示了反封建的社會主題，表現了生活在封建社會中的廣大婦女的不幸和痛苦，表現了她們為爭取婚姻自由，追求個人美滿的婚姻生活所做的抗爭和鬥爭。如《碾玉觀音》、《快嘴李翠蓮記》等都是此類作品中的優秀之作。

《碾玉觀音》描寫裱褙工的女兒璩秀秀，在被迫賣到咸安郡王府上做「養娘」時，愛上了府上玉雕工崔寧。一日王府失火，秀秀遇到崔寧，向他表達愛情，並

提出「今夜我和你先做夫妻」，然後雙雙逃到潭州安家落戶，過著幸福生活。後被郡王府郭排軍發現並告密，二人被抓回，崔寧受杖刑後發往建康府，秀秀被打死。但秀秀的鬼魂又追隨崔寧到建康，重新過起幸福生活。郭排軍也受到懲罰，被打了五十背花棒。秀秀和崔寧這對代表市民階層理想和願望的夫妻，他們酷愛自由，嚮往擺脫受奴役地位後的自由的夫妻生活，並為此大膽追求。在受到殘暴的迫害後毫不屈服，滿懷強烈的生活願望和執著的愛，與封建勢力進行頑強的鬥爭。他們陽間做不成夫妻，在陰間也要做夫妻，這種愛情是何等的珍貴。作品通過秀秀和崔寧的愛情悲劇，揭示了市民階層和封建統治者之間不可調和的矛盾，謳歌了秀秀為擺脫封建的人身占有，爭取自由婚姻而頑強鬥爭的精神。話本中秀秀的這一嶄新的婦女形象，體現了鮮明的市民階層的特點，她同郡王府的矛盾，也正是當時社會所存在的矛盾。

《鬧樊樓多情周勝仙》描述了女主人公周勝仙在金明池遇上了范二郎，二人產生愛情。後通過母親與范二郎訂了婚，但因其父以門戶不當加以阻撓，周勝仙相思成疾最後抑鬱而死。死後復甦去找范二郎，范二郎誤以為鬼，失手將她打死，范二郎因此吃了官司。周勝仙又以鬼魂出現，在夢中與范二郎結成夫妻，並設計救出范二郎。作品描述了周勝仙對婚姻的執著追求，反映了市民階層的願望。

上述兩個話本均是表現女主人公大膽追求愛情，由於封建家長制的迫害，他們陽間做不成夫妻，而在陰間終成眷屬，反映了婦女為獲取真正的愛情的執著追求和女性民主自由意識的覺醒。

而在《快嘴李翠蓮記》中則表現了另一個婦女悲慘命運的形象。此話本以說唱的形式，講述了一個普通婦女的命運，不論從內容還是到形式均有特點。李翠蓮是一個容貌出眾，女工針織，書史百家，無所不通的聰明能幹的少女，勞動上是一把能手，但她性格潑辣，口齒伶俐，是個快嘴。這種性格嚴重違反了封建禮教三從四德的要求，因此她的所作所為就引起了代表封建禮教的一些人的反對。結婚當天，她因不順從封建禮俗而罵了媒人，打了撒帳人，訓斥丈夫，頂撞公婆。當公婆責備她時，她還為自己辯白，申明自己為人正直，表現了她對禮教、

公婆的不滿和反抗。這種行徑，在封建家長制的社會裡是絕不允許的，她的行為被視為大逆不道。在公婆的逼令下，以敗壞門風的罪名將其休了。但李翠蓮絲毫不妥協，她認為自己沒有錯，義正辭嚴地說：「公休怨，婆休怨，伯伯姆姆都休勸。丈夫不必苦留戀，大家各自尋方便。快將紙墨和筆硯，寫了休書我隨便。不曾毆公婆，不曾罵親眷，不曾欺丈夫，不曾打善良，不曾走東家，不曾西鄰串，不曾偷人財，不曾被人騙，不曾說張三，不與李四亂，不盜不妒與不淫，身無惡疾能書算，親操井臼與庖廚，紡織桑麻拈針線。今朝隨你寫休書，搬去妝奩莫要怨。手印逢中七個字：『永不相逢不見面』。恩愛絕，情意斷，多寫幾個弘誓願。鬼門關上若相逢，別轉了臉兒不相見。」儘管她具有堅定的反抗精神，但依然擺脫不了悲劇的命運，她被夫家所休，回到娘家，又受到了父母的責備、兄嫂的冷眼，偌大的社會竟然使她無處安身，她只好寄身佛門，削去青髮，伴隨油燈，尋求超然物外的自由。李翠蓮的悲慘結局，深刻揭露了封建社會裡在封建禮教籠罩下的婦女的悲慘命運。類似這樣的話本小說，還有《志誠張主管》、《陳巡檢梅嶺失妻記》等。

描寫愛情婚姻是宋代話本小說的一個重要方面，另一方面是關於訟獄事件為題材的公案小說話本。這些小說有的對官吏的昏庸、貪殘作了無情的揭露；有的謳歌了仗義勇為的俠盜和比較清正廉明的官吏；有的是對無辜受害的百姓予以無比的同情，直接反映了當時的社會矛盾。如《錯斬崔寧》和《宋四公大鬧禁魂張》就是這方面最具代表性的作品。《錯斬崔寧》說的是劉君薦有一妻一妾，妻王氏，妾陳二姐。劉君薦與王氏到岳丈家為丈人祝壽，丈人給他十五貫錢讓他開店謀生。當晚，劉攜錢回家，酒後戲耍陳二姐，言把陳二姐賣了得十五貫錢。待到半夜，二姐逃去準備回娘家。誰知是夜劉君薦被歹人殺死，搶走十五貫錢。而二姐在路上巧遇崔寧，崔因賣絲亦有十五貫錢，與劉家所失錢數相同。二人被捉到官府，屈打成招，官府以二人勾奸謀殺親夫罪，將二人斬首。後真相大白，但二人已含冤地下。作品揭露了封建官吏昏庸無能，草菅人命。在結尾，作者憤怒地譴責封建官吏：「這段冤枉，仔細可以推詳出來；誰想問官糊塗，只圖了事。不想捶楚之下，何求不得」。作者告誡官吏：「做官切不可率意斷獄，任情用刑，也要求公平明允，道不得個死者不可復生，斷者不可復續。」表達了廣大群眾的

憤怒呼聲。

《宋四公大鬧禁魂張》說的是俠義盜宋四公、趙正、侯興、王秀大鬧東京城，偷走了為富不仁、視錢如命的張員外家的珠寶，並盜走了錢大王的三萬貫貲財和白玉帶，又當面剪走京師府尹王遵身上金魚帶的「撻尾」和觀察使馬翰的一半衫襟。當滕大尹令王遵、馬翰緝拿盜賊時，他們把金魚帶栽贓到張員外身上，把珠寶栽贓到王遵、馬翰家。結果張員外挨了打賠了財，氣縊而死，而王遵、馬翰身受重刑，死於獄中。俠義盜機智巧妙地戲弄了官府，既懲治了慳吝的張員外，又懲罰了官府幫兇王遵、馬翰，真是大快人心。

此外，還有一些作品是反映當時民族矛盾的，如《馮玉梅團圓》真實描寫了廣大人民在民族危難之際的悲慘命運。《汪信之一死救全家》反映了汪信之在民族危難之時報國禦敵的志向，頌揚了他的愛國熱情。

宋代的話本小說在藝術上是頗有特色的，其一是情節曲折、故事性強。宋代的小說話本極重故事情節的安排，在敘述故事時，層次分明，情節井然有序，儘管頭緒較多，但也能把來龍去脈交代得一清二楚。在小說中，作者善於使用伏筆，製造懸念，使故事情節曲折生動，引人入勝。此外，作者非常重視故事結構的完整性，既注重開頭，又注重結尾，中間故事又完整，使中心突出，線索明晰。其二是運用生動的白話口語來敘述事情，許多篇章都是用白話來描寫社會的日常生活、駭人聽聞的奇聞軼事，抒發作者的思想感情，表現社會上的人情世態，展示人物的內心世界。如《碾玉觀音》中有一段對白：

秀秀道：「你記得當時在月台上賞月，把我許你，你兀自拜謝，你記得也不記得？」崔寧又著手，只應得喏。秀秀道：「當日眾人都替你喝采，『好對夫妻』！你怎地倒忘了？」崔寧又則應得喏。秀秀道：「比似只管等待，何不今夜我和你先做夫妻！不知你意下如何？」崔寧道：「豈敢。」秀秀道：「你如道不敢，我叫將起來，教壞了你，你卻如何將我到家中？我明日府裡去說。」崔寧道：「告小娘子，要和崔寧做夫妻不妨，只一件，這裡住不得了。要好趁這個遺漏，人亂時，今夜就走開去，方才使得。」秀秀道：「我既和你做夫妻，憑你行。」

這段對白，表現了秀秀為了幸福愛情無所畏懼的性格特徵，也表現了崔寧忠厚、老道、清醒的人物個性。其三是很重視人物形象的刻畫，並善於通過對人物的內心活動來塑造有鮮明個性的人物形象。如《宋四公大鬧禁魂張》對張員外的一文不施還要揩油的吝嗇鬼形象描寫得惟妙惟肖：

當日是日中前後，員外自入去裡面，白湯泡冷飯吃點心，兩個主管在門前數見錢。只見一個漢，渾身赤膊，一身錦片也似文字，下面熟白絹褌揑紮著，手把著個笊籬，覷著張員外家裡，唱個大喏了教化。口裡道：「持繩把索，為客周全。」主管見員外不在門前，把兩文撇在他笊籬裡。張員外恰在水瓜心布簾後望見，走將出來道：「好也，主管！你做什麼，把兩文撇與他？一日兩文，千日便兩貫。」大步向前，趕上捉笊籬的，打一奪把一笊籬錢都傾在錢堆裡，卻教眾當直打他一頓。

宋代的小說話本在思想內容和藝術表現上有很高的成就，但受時代的侷限，也有一些不足之處。在內容上有天命觀和封建迷信，還有靈怪、神仙、妖術等；在表現藝術上，過分強調迎合市民的口味，也雜有淫穢、恐怖、低級趣味的東西。


# 二、講史話本

在宋代說話四大家中，「講史」同「小說」一樣，頗受市民階層的歡迎。北宋時「講史」伎藝已非常成熟，在當時的汴京城勾欄中，就有許多專門從事講史伎藝的藝人，所講的科目有《漢書》、《五代史》、《三國志》等，三國故事尤受到聽眾的歡迎。到了南宋，講史的人更多，題材也更廣，據有關文獻記載，當時講史的科目有《黃巢》、《劉項爭雄》、《孫龐鬥智》、《晉宋齊梁》、《三國志》等。在《夢粱錄》中記載的有《漢書》、《五代史》、《說三分》，還有《列國志》、《七國春秋》和《說唐》。現行公認的宋代「講史」話本有《新編五代史平話》。該書的內容依據史書，敘述梁、唐、晉、漢、周五代興亡的歷史，描寫了五代軍閥割據、連年征戰以及在一定程度上反映了廣大百姓的苦難，也觸及一些民族矛盾

的問題。其中對黃巢、朱溫、劉知遠、郭威等人的事有較多描寫，文字生動活潑，民間故事色彩非常濃，風格樸素清晰。

另一部是《大宋宣和遺事》。該書先從歷代帝王淫亂失政開始寫起，敘述了北宋的政治演變，重點寫北宋末年宋徽宗的荒淫、金人的入侵、徽欽二帝被擄的情況，書中浸透了作者對宋徽宗為首的統治集團淫亂腐化的揭露，抨擊了他們奴顏婢膝、屈辱求和的可恥行徑，歌頌了保家衛國的英雄和忠貞自守的義士。全書分為四集，即元、亨、利、貞，大致可分為十節：第一寫歷代帝王荒淫；第二寫王安石變法；第三寫蔡京亂政；第四寫梁山泊英雄聚義；第五寫宋徽宗與名妓李師師的感情糾葛；第六寫道士林靈素；第七寫京師繁華的景觀；第八寫東京失陷；第九寫徽、欽二帝被擄；第十寫宋高宗建都臨安城。這部作品總體上講體例並不統一，文白夾雜，結構也比較鬆散。

宋代的話本，不論是小說話本或講史話本，對中國文學的發展產生了很大的影響，後世白話小說或長篇歷史小說大都繼承宋代話本而發展起來，從這一點講，也說明了宋人的創新精神和宋代文化發展的高度。中國傳統文化發展到宋代，正統的儒家文化──理學成為官方扶植的主導文化，而市民文化的崛起，也正反映了這一時期文化興盛與多元的特徵。

# 第十章

# 絢麗多姿
# 的藝苑

　　宋代社會是中國封建社會進一步發展時期，文化事業的高度發達，帶來了孕育人們精神生活的藝術奇葩的競相綻放。在宋代的藝術天地裡，繪畫、書法、樂舞和民間藝術在繼承前代的基礎上，得到了長足的發展。

# 繪畫——
# 一個鼎盛期的到來

宋代的繪畫,是中國繪畫史上的鼎盛時期。繪畫上眾多流派,大家輩出,風格多樣,展現出多姿多彩的風貌。

## 一、翰林圖畫院

中國繪畫有很長的歷史,但作為官方設立的畫院,始於五代後蜀。宋朝建立後,設立了龐大的官方畫院——翰林圖畫院,對宋代繪畫藝術的發展起到了推動作用。

宋代繪畫何以出現勃勃生機?首先在於北宋統一了五代混戰局面,相對安定的政治局面,給各種文化事業的順利發展奠定了良好的基礎,此其一。宋代統治階級實行右文政策,書算畫醫技藝精湛者,亦可入仕,由此促進了藝術書畫繁榮。太祖、真宗、仁宗,特別是徽宗、高宗都是書畫方面的高手,帝王興趣影響一代文化的走向。

官方設立畫院,也是有一定的前提條件的。唐末五代的軍閥割據,不僅破壞了生產力發展水平,也使繪畫藝術遭到了空前的浩劫,生活不安頓,生命尚且不

保，又有誰會醉心丹青事業！宋初統一全國過程中，各地名畫精品和優秀畫家，集中到了開封。後蜀畫家黃筌、黃居寀父子、高文進、袁仁厚等均隨後蜀國主孟昶入京，南唐畫家周文矩、董羽、董源、徐崇嗣等，也隨李後主北上至東京。加之中原地區久負盛名的畫家郭忠恕、高益、王道真等，可以說開封成為當時全國畫家雲集地區，這些畫家的到來，促進了宋代繪畫藝術的發展，開封真正成為全國的繪畫中心。

太宗雍熙元年（984 年）成立了翰林圖畫院，簡稱畫院。在畫院供職的畫師，其職稱有待詔、祗侯、藝學、畫學正、畫學生、供奉等，皆依其繪畫技藝高低而授不同的職位。畫師的主要任務是供宮廷使用，有時也到別處做圖畫畫，「動經歲月，未遣歸院」[1]。因此可以說這些畫家是官府的職業畫家。既然是職業畫家，供宮廷使用，因而能進入畫院的畫師必須有較高的藝術成就，僅此還不夠，如同科舉考試一樣，進入畫院必須經過嚴格的考試。如真宗時在東京修玉清昭應宮，下令招募天下的畫工，應募者達三千多人，錄取的只有一百多人。武宗元師法吳道子，其用筆嫻熟，形象動人，極富神韻，擅長圖繪道教神話，因而得以入選。另一位畫家張昉尤擅人物畫像，他被錄取後畫昭應宮三清殿的天女奏樂圖。仁宗、神宗、徽宗諸帝，無不喜歡丹青，徽宗尤甚，當時的畫院「四方應試者源源而來」[2]。

畫院的設立，其選拔和考試如同科舉取士一樣嚴格，但其職位和待遇遠不能同文官相比。不僅待遇差，「凡以藝進者，雖服緋紫，不得佩魚」[3]。同是畫院的畫師，其出身不同也有不同的名稱和待遇，凡士大夫出身的稱「士流」，從民間選入的稱「雜流」，在畫院學習時，「仍分士流、雜流，別其齋以居之」[4]。畫師的升遷很有限，只是到了宣和時期，由於宋徽宗垂青丹青，畫師們的地位才略有改變，「獨許書畫院出職人佩魚」[5]，在召見諸技藝師時，「諸待詔每立班，則畫

1　《宋會要輯稿》職官三十六之一〇六。
2　鄧椿：《畫繼》卷十《雜說》，學津討原本。
3　《宋史》卷一五八《選舉志四》。
4　鄧椿：《畫繼》卷十《雜說》。
5　同上。

院為首，書院次之，如琴院、棋、玉、百工皆在下」[6]，這無疑對繪畫的發展起到了重要影響。

　　宋代的畫院，實則為宮廷畫院，既為宮廷畫院，這就要求網羅的畫師在當時是一流的。宋代的畫院實際上也真正做到了這一點。北宋畫壇名家高文進、燕文貴、勾龍爽、崔白、高元亨、艾宣、董祥、王可訓、郭熙、馬賁、王希孟、張擇端等，在北宋諸朝，都得到了相當重視。及至宋室南渡，儘管丟了半壁江山，又處處受金侵擾，但為了「粉飾太平」，畫院不減徽宗之盛，同樣網羅了不少的畫家，如李唐、朱銳、李端、蘇漢臣、楊士賢等。高宗以後的南宋諸朝，有名的畫家還有馬興祖、賈師古、李迪、毛益、林椿、劉松年、梁楷、樓觀等。畫院網羅的這麼多畫師，他們在畫院的活動應該是有明確記載的，大致說來，畫院的畫師主要有以下幾方面活動：一是領旨作畫，畫的內容多是忠奸善惡，以便統治者鑑戒。如仁宗在慶曆元年（1041 年）令畫師繪「前代帝王美惡之跡」，畫百二十事，計百二十圖，並掛在崇政殿西閣，令侍臣參觀，這就是《觀文鑑古圖》，很明顯是為了垂鑑作用。此後徽宗也讓畫師「繪文武臣僚像於哲宗皇帝神廟御殿」，「圖熙寧元豐功臣於顯謨閣」。南宋也多次令畫師繪功臣像，其目的完全是出於鑑戒。這可以說是畫院畫師的首要任務之一。二是收括民間名畫珍品。歷代繪畫精品，因時代久遠加之戰亂，多流散於民間，畫院畫師是鑑畫名家。所以凡藏有古今名蹟，朝廷必令畫院畫師前去訪求，或者指令官員進行搜括。真宗重視蒐羅名畫，即位之初就「詔諸州搜訪先賢筆跡圖書」，又令畫院畫師高文進、黃居寀搜訪民間圖書[7]。宣和時，徽宗把蒐集到的名畫珍品，上自吳曹兩晉，下至宋初黃居寀的作品共一千五百餘件輯成《宣和睿覽集》，堪稱歷代精品。另據《宣和畫譜》記載，北宋所蒐集宋及以前各代名畫六三九六軸，共計二百三十一位名家名作，分為道釋、人物、宮室、蕃族、龍魚、山水、鳥獸、花木、墨竹、蔬果等十大類，如顧愷之的《女史箴圖》、陸探微的《王獻之像》、吳道子的《維摩詰像》、周昉的《紈扇仕女圖》、顧閎中的《韓熙載夜宴圖》、李思訓的《山水

6　同上。
7　郭若虛：《圖畫見聞志》，北京，人民美術出版社，1983。

漁樂圖》、王維的《雪江詩意圖》、曹霸的《九馬圖》、黃筌的《桃花雛雀圖》以及荊浩、董源、李成、黃居寀等人的作品。這些名畫，供宮廷觀賞，亦供畫院學習。

宋代的畫院到宋徽宗宣和年間達到極盛。蔡絛在《鐵圍山叢談》中說徽宗「嗜玩早已不凡，所事者，獨筆硯丹青，圖史射御而已」。徽宗對畫院非常重視，他任命米芾為書畫院博士，整頓和健全畫院制度，提高畫家的政治地位。為了培養繪畫人才，崇寧二年（1104 年）徽宗在東京成立畫學，分為六科，並規定入學考試條例。畫學初置國子監，後併入翰林圖畫院，按太學三舍法取士。據《宋史·選舉志》記載：

畫學之業，曰佛道，曰人物，曰山水，曰鳥獸，曰花竹，曰屋木。以說文、爾雅、方言、釋名教授。《說文》則令書篆字，著音訓，餘書皆設問答，以所解義觀其能通畫意與否。仍分士流、雜流，別其齋以居之。士流兼習一大經或一小經，雜流則誦小經或讀律。考畫之等，以不倣前人而物之情態形色俱若自然，筆韻高簡為工。三舍試補、升降以及推恩如前法。惟雜流授官，止自三班借職以下三等。[8]

可見畫學生除學畫之外，還要學習儒家經典，名義上是了解學生對繪畫意境的體悟和掌握，實則是用儒學來控制學員的思想。在畫學的管理上，宋設立學諭、學正、學錄、學直各一人，具體負責畫學的管理。進入畫學的畫學生是要經過考試的，考試的內容不僅涉及畫學理論基礎，也涉及詩學。俞成的《螢窗叢說》記載：「徽宗政和中，建設畫學，用太學法補四方畫工，以古人詩句命題，不知搶選幾許人也。」

徽宗雖然在政治上是一個昏庸無能的皇帝，但在書畫上頗有造詣，尤工花鳥畫。他長期與畫院的畫師在一起切磋畫藝，兼收並蓄，創作的作品風格迥異，如《柳鴉圖》和《五色鸚鵡圖》就是兩種風格不同的畫。此外，他還擅長人物畫和

---

8 　《宋史》卷一五七《選舉志》。

趙佶：《聽琴圖》

山水畫，由於特殊的地位，他能夠了解整個畫壇的風尚和藝術成就，也就使他能夠充分欣賞和吸收諸家之長，他的繪畫成就，無疑對當時的繪畫產生了重要影響。

宋室南渡後，翰林圖畫院依然存在，盛況與規模並不遜色於徽宗宣、政之時。南宋的畫院，設於臨安城東新開門外的富景園，網羅了大批的畫家。臨安山水湖色優美，畫家們以西湖山水美景為題材創造了大批的優秀作品。畫院畫家和民間畫家，競相輝映。

# 二、人物畫

兩宋的人物畫，成就頗高，從內容上講除宗教人物、仕女、聖賢外，還有大量的田家、村學、村醫、漁戶、樵夫行旅以及風俗畫、歷史畫等，題材空前廣泛，反映了社會生活的方方面面。

在宋代的人物畫中，反映宗教內容的依然放在首位，這與宋統治者熱衷佛道，利用宗教為政治服務是分不開的。宗教內容的人物畫一般是人、鬼、神結合在一起的，除保存在寺廟石窟中外，還有宗教內容的絹畫、紙畫。兩宋佛道很盛，統治者不惜花耗巨資修建寺廟道觀，這些寺廟道觀一般都富麗堂皇，因此宗教人物畫也隨之大興。開封大相國寺，人稱皇家寺院，許多名畫家曾到此繪製壁畫。如太宗時，畫家高益在此繪有阿育王變相、熾盛光佛、九曜等圖，都為一代名品。尤其是奏樂圖，更顯示了他的妙手才情，時人曾有評論：「最有意，人多病擁琵琶者誤撥下弦，眾管皆發四字，琵琶四字在上弦，此撥乃掩下弦，誤也。余以謂非誤也，

蓋管以髮指為聲，琵琶以撥過為聲，此撥掩下弦，則聲在上弦也。益之布置尚能如此，其心匠可知。」[9]此外如高文進、王道真等一代名家，都參加過壁畫的繪製。不僅京師的寺廟道觀有高手參加，其他廟宇，也均有畫家高手的傑作。這些宗教人物畫同樣代表著宋代人物畫發展的水平。

宋代人物畫，高手雲集，既有畫院名家，亦有院外大家，如王靄、石恪、高元亨、勾龍爽、李公麟、李漢臣、梁楷等，都自立新意，有所貢獻。尤值得一提的是李公麟的白描畫法，開一代人物畫的新風格，另一位是南宋的梁楷，其水墨簡筆人物，極有創新精神，為畫史所重。

李公麟（1049-1106 年），字伯時，安徽舒城人。他是宋代傑出的人物畫家，工詩能文，又是一個頗有水平的金石學家。他的父親是一個書畫收藏家，這就使他從小「即悟古人用筆意」，他臨摹過顧愷之、閻立本、吳道子等名家的畫跡。他作畫，極重視對實際生活的觀察，不是一味蹈習古法。他畫人物，能區分人物的不同身分、不同地域、不同種族，使人一看即能辨其「廊廟、館閣、山林、草野、閭閻、臧獲、台輿、皂隸」，「非若世俗畫工混為一律，貴賤、妍醜，止以肥紅瘦黑分之」[10]。他對藝術有高度的概括能力和獨特的創造性。其畫法，既受顧愷之的影響，又師法吳道子，他創立了一種「掃去粉黛，淡毫輕墨」的「白描」法，其效果是「不施丹青而光彩動人」。這種白描畫法是一種高度簡潔而又效果明快的表現手法，對複雜的形狀和特性有高度的概括，其《五馬圖》、《九歌圖》以及《維摩詰圖》為他的代表作。

梁楷（生卒年不詳），為畫院畫家，其先東平人，南渡後流寓錢塘。與當時的名僧妙峰、智愚等人來往密切。他畫人物，始師法賈師古，「描寫飄逸，青過於藍」，專意學習李公麟白描畫法。後來因秉性疏野，不拘小節，中年後畫法一變，由細筆的白描變為水墨濃重，自成一格。這種人物畫的潑墨畫法，是梁楷的重大貢獻。

---

9　沈括：《元刊夢溪筆談》卷十七《書畫》，北京，文物出版社，1975。
10 《宣和畫譜》卷七《人物·李公麟》，北京，人民美術出版社，1964。

兩宋的人物畫，一改過去的仕女、賢達，向社會生活中的各個階層延伸，出現了許多描寫下層生活的風俗畫和歷史畫，從另外一個側面反映了社會經濟的發展尤其是城市商品經濟的發展對畫家的影響。當時這方面的名畫名家有張擇端的《清明上河圖》、王居正的《紡車圖》、李唐的《伯夷叔齊採薇圖》、陳居中的《文姬歸漢圖》以及《耕織圖》、《村醫圖》、《牧放圖》、《捕魚圖》、《春遊晚歸圖》、《觀燈圖》、《聽琴圖》、《迎鑾圖》等，尤以張擇端的《清明上河圖》最有代表性。

　　張擇端（生卒年不詳），從小遊學京師，後習繪畫，工於畫界。他擅長畫城郭、街市、舟車。《清明上河圖》就是一幅綜合型的人物畫卷，全畫共有人物七百多個。這幅畫通過對市俗生活的描寫，生動展示了北宋汴梁城繁榮的城市生活，它不是對表面現象的一般性記錄，而是通過以各個階層人物和他們的

張擇端：《清明上河圖》（局部）

活動為中心，把這一歷史時期的社會動態和城市生活的狀況深刻地展現出來。在這幅長五百二十八釐米、寬二十四點八釐米的畫中，有官員、農民、商人、醫生、算卜、和尚、道士、胥吏、婦女、纖夫和驢、馬、牛、駱駝等；還有趕集、買賣、閒逛、飲酒、閒談、推車、乘轎、騎馬等情節；既有大街小巷、百肆雜貨，也有河港池沼、船隻往來，還有官府宅第、酒樓茶市、茅棚村舍，把宋代東京城的繁榮景觀，栩栩如生地展示在人們面前。更可貴的是這幅畫不是作者虛構，而是完全來源於生活，圖中所畫的一些物件，在文獻中均有記載。所以《清明上河圖》是中國繪畫藝術的瑰寶，歷來受到人們的重視。

　　宋代的人物畫的一個鮮明的特點是反映當時的社會矛盾，如歌頌農民起義的，有在成都江瀆廟牆壁描繪北宋初王小波、李順起義盛況的，李順在畫家的筆

下是「美髯一丈夫，據銀胡床坐，從者甚眾」[11]。李嵩畫宋江等三十六人像，都是歌頌農民起義的英雄人物。宋代的民族矛盾非常尖銳，內憂外患成為宋代社會的一大特徵，畫家自然把視角轉移到反抗侵略和反對妥協投降的方面，在他們的作品中表現了可貴的愛國熱情和民族氣節，如李唐的《伯夷叔齊採薇圖》、劉松年的《中興四將》等。

李唐：《佰夷叔齊採薇圖》（局部）

　　出於「粉飾太平」的需要，一些畫家也紛紛登場，畫了一些如「華燈侍宴」、「春遊」、「宮戲」等類的作品。有的作品低級庸俗，甚至畫出調情之類場景。

## 三、山水畫

　　兩宋山水畫的題材和內容，較之前代，開拓出新局面。畫家不再侷限於描繪山川景象，而是與社會生活諸如行旅、遊樂、探險、尋幽、訪道以及漁、樵、耕、讀等活動聯繫起來，反映當時社會生活的一些風貌。宋代山水畫的畫家何以師法造化，把自然變化與生活感受聯繫起來？一是出於愛國的思想感情；二是借山水畫來抒發自己的政治觀點和思想情操；三是自娛、自遣的山林隱逸的需要。兩宋的山水畫家十分注重深入山水觀察，師法造化，並提出「欲奪其造化，則莫神於好，莫精於勤，莫大於飽游躍看」的主張。雖然各人的創意不同，但表現的意趣又是相近的。

　　兩宋的山水畫，北宋和南宋各有特點，北宋山水畫多為壯闊山水的全景圖，

---

11 陸游：《老學庵筆記》卷五。

而南宋的山水畫多為寄情於山明水秀的一隅之景。

北宋的山水畫家主要有董源、巨然、關同、李成、范寬等人。關同、李成、范寬是北方山水畫的主要代表，而南方山水畫以董源、巨然為主。到了北宋中葉，米芾父子崛起，又成一大流派。

關同是長安人，他是五代名畫家荊浩的學生，二人可以視為宋代山水畫的開創者，而到後來，關同的山水畫超過荊浩，有「關家山水」之美稱。他的山水畫「尤喜作秋山寒林，與其村居野渡，幽人逸士，漁市山驛，使其見者悠然如在灞橋風雪中，三峽聞猿時，不復有市朝抗塵走俗之狀」。他的畫法「脫略毫楮，筆愈簡而氣愈壯，景愈少而意愈長也」[12]。他對宋代山水畫的發展有重大貢獻。

李成（919-967 年），原籍山東益都營丘，後遷徙到河南陳州。他是李唐宗室，一生「以儒道自業」。五代時期，他在政治上很不得意，嗜酒成性，遂「寓興於畫」，因而成為宋初山水畫成就最大的一家，被後人稱為「古今第一」。[13] 李成的山水畫多畫雪景寒林，全為北方自然景觀。他的畫勾勒不多，形極層迭；皴擦甚少，骨幹自堅，他的畫給人以「氣象蕭疏，煙林清曠」的感覺，這也就成了他的山水畫的特點。李成畫的另一特點在於「惜墨如金」，這反映了他對水墨的運用是很講究的，故此《宣和畫譜》評價其畫：「山林、藪澤、平遠、險易、縈帶、曲折、飛流、危棧、斷橋、絕澗、水石、風雨、晦明、煙雲、雪霧之狀，一皆吐其胸中而寫之筆下。」李成的畫法在北宋頗有影響，如「不古不今，自成一家」的王詵、「峰巒峭拔，林木勁硬」而出名的許道寧以及郭熙、李宗成、宋迪等，都是此派的重要人物。

范寬（？-1026 年），字仲立，陝西華原人，與李成齊名，世稱「李范」。他雖學習李成，但卻認為僅師法名師，畫得再好，也是「尚出其下」，所以他決心到大自然中，由景創意，強調寫出真骨，終成一家。他常年居住在終南山、華山之間，千巖萬壑的自然景觀給他提供了無窮的背景資源。他尤喜畫雪景，他的山

---

12 《宣和畫譜》卷十《山水門‧關同》，北京，人民美術出版社，1964。
13 《宣和畫譜》卷十一《山水門‧李成》。

水畫是一種「峰巒渾厚，勢狀雄強，槍筆俱勻，人屋皆質」的風格。

　　關同、李成、范寬是五代末宋初的三位山水畫大家，其風格不同，影響深遠，所畫均以北方山水為特點，給人以堅硬挺拔的感染力。

范寬：《溪山行旅圖》

　　北方山水以三派為主，而南方山水在北宋自成一派，代表人物是巨然。巨然是南唐的僧人，他的畫「祖述董源」，可以說是董源畫派的繼承人。其畫以「淡墨輕嵐為一體」。南唐亡後，到汴梁開寶寺，終日飲酒作畫。他的山水畫筆墨潤秀，深得佳趣，「善為煙嵐氣象於峰巒嶺竇之外，至林麓之間，猶作卵石、松柏、疏筠、蔓草之類，相與映發。而幽溪細路，屈曲縈帶，竹籬茅舍，斷橋危棧，真若山間景趣也」[14]。他描繪的主要是江南丘陵江湖的自然風光，所以米芾說他的畫最有爽氣，因此巨然也就成為畫壇的一代宗師。

　　上述兩派代表了北宋時南北不同風格的山水畫風格，這些畫家均為院外畫家，而真正使山水畫在畫院奠定地位的是神宗時的畫家郭熙。在他的努力下，山水畫才在畫院中取得與道釋、人物、花鳥諸派相匹敵的地位。郭熙是一個很出色的繪畫鑑賞家，所以在他活動期間，也正是北宋山水畫到了高度發展的時期。他的山水畫，千態萬狀，多有變化，「得雲煙出

---

14 夏文彥：《圖繪寶鑑》卷三《宋‧巨然》，叢書集成初編本。

沒、峰巒隱顯之態，佈置筆法，獨步一時」[15]。他的畫不同於上述諸家，因此《格古要論》在評價時說：「郭熙山水，其山聳拔盤迴，水源高遠，多鬼面石，亂雲皴，鷹爪樹，松葉攢針，雜葉夾筆，單筆相半，人物以尖筆帶點鑿，絕佳。」是他開拓了北宋山水畫的新局面，而成為北宋卓有成就的山水畫大師。

迄至北宋後期，山水畫又有了新的發展，形成了又一個畫派，即米芾山水畫派。米芾（1051-1107 年），曾做過禮部員外郎、太常博士，徽宗時為書畫學博士。其子米友仁（1086-1165 年），為畫院學士，畫風承父，畫史稱「二米」或「大米、小米」。米氏山水畫，突破了前人畫格而另闢蹊徑。明人董其昌說：「唐人畫法而宋乃暢，至米又一變耳。」米芾對山水畫的創造在於畫雲山用潑墨法畫畫，在藝術上主張落筆自然，不受任何約束，強調寫意畫法。所以二米的雲山，用墨煙絪縕，精妙之處在於見筆見墨。二米的山水畫，屬於水墨大寫意，把水墨渲染的傳統技法又提高了一步，在水墨山水畫的發展上影響甚大。

上述是北宋山水畫發展的概況，南宋時山水畫又有了一些變化，尤以李唐、劉松年、馬遠、夏珪為代表。

李唐（1050-1130 年），北宋末為畫院待詔，南渡後曾一度窮困潦倒，後入畫院，聲名鵲起。他的畫對南宋畫院有很大影響。李唐的山水畫，多著青綠，但最有影響的是所畫古樸蒼勁，山石作斧劈皴，積墨深厚，這才是他的山水畫的本來面目。他開創了南宋畫院水墨蒼勁一派，為世人所重。

劉松年的畫有些是青綠畫風，有些是「淡墨輕嵐」，表現的是江南山水。其畫筆意、皴法，多取法李唐。但有些作品也不全是南宋本色，畫風較為多樣。

馬遠是光宗、寧宗時的畫院畫師，一門五代都是畫院畫師，他的山水畫用筆棱角方硬，水墨蒼勁，層次變化明晰，遠近分明。

夏珪是寧宗朝的畫院畫師，其畫與馬遠相似，屬於水墨蒼勁一路。馬遠的畫

---

15 夏文彥：《圖繪寶鑑》卷三《宋·郭熙》。

堅實、渾樸、意深，夏珪的畫清淡、生趣。因他們的畫法別緻、布局新意，有「馬一角」、「夏半山」之稱。

上述諸家是「水墨蒼勁」一派，而在南宋畫壇上，青綠派畫法得以復甦，代表人物是趙伯駒、趙伯驌兄弟，其畫多青綠重色。青綠派雖有一定的發展，但不代表南宋畫壇後的發展趨勢，雖有發展，但不發達。

# 四、花鳥畫

宋代花鳥畫在五代發展的基礎上又發揚光大，使中國的花鳥畫進入了一個成熟階段，同時也達到了極盛時代。在北宋初期，花鳥畫基本上形成兩大流派，一是以黃筌、黃居寀父子為代表的黃氏畫法，一是以徐熙為代表的野逸畫法，兩派風格不同，俗稱「黃筌富貴，徐熙野逸」[16]，形成了各自的特點。

黃筌、黃居寀原都為西蜀名畫家，西蜀滅亡後來到開封，成為宋畫院待詔，其畫法也就成為畫院的標準，而「較藝者，視黃氏體製為優劣去取」[17]。風氣所開，一時學黃氏之風波及畫壇。黃氏畫法之所以成為北宋初期畫院主流，關鍵在於其經常出入宮廷，耳聞目睹，均為繁華珍奇、富貴豔麗之物，故而其華貴的畫風尤為統治階級所喜愛。黃氏畫法的特點在於以極細的墨線勾出輪廓，之後填彩，往往隱去墨線，即使未隱去，墨線也不顯露。這是一種「勾勒填彩，旨趣濃豔」的畫風。此畫法重於設色，而所畫之物又是統治階級推崇的諸如珍禽瑞鳥、奇花怪石等祥瑞之物，故從宋初一直持續了近百年之久。

與黃氏畫法相對立的是徐派。徐熙一生未仕，以高雅自任，放蕩不羈，所畫多花竹、林木、蟬蝶、蔬果、草蟲之類，追求野生動植物的天趣和輕秀，反對雕琢嫵媚。「每遇景輒留，故能傳寫物態，蔚有生意」。「骨氣風神，為古今之絕

---

16 郭若虛：《圖畫見聞志》卷一《論徐黃體異》。
17 《宣和畫譜》卷十七。

筆」[18]。畫法上稱為「落墨」，即先用墨筆描繪出物體的整個形態，然後在局部略施色彩，以墨為主，著色為輔，整個畫面給人以樸素自然的美感。此畫法多迎合士大夫在野派的口味，受到畫院主流派的排斥，稱之為「野逸」派。

到了北宋中葉，由於時代的發展，畫風也發生了一些變化，宋初以來一直居主導地位的黃氏畫法受到了衝擊，及崔白等人出來，創造了新的畫格，才改變了畫院只重黃法的風氣。

崔白，神宗時為畫院待詔，善畫花竹翎毛、敗荷鳧雁，同時對道釋人物、走獸、龍水均有很高造詣，他的畫的特點是「體制清贍，作用疏通」[19]。所畫無不精絕，「落筆運思即成，不假於繩尺，曲直方圓，皆中法變」[20]。他的畫風突破了在畫院保持了將近一個世紀的「黃氏體制」。如《寒雀圖》寫枯枝上的九隻麻雀，各具神態，用筆奔放，所謂「白畫雀，無黃家習氣，自有骨法，勝於濃豔重彩」[21]。

崔愨是崔白之弟，畫風似兄，其畫長處在於「凡造寫景物，必放手鋪張而為圖，未嘗瑣碎」，尤其畫兔，自成一家。

吳元瑜，崔白的弟子，其「畫法纖細，傳染鮮潤」[22]。「能變世俗之氣所謂院體者，而素為院體之人，亦因元瑜革去故態，稍稍放筆墨以出胸臆。」[23]元瑜的成就，可與崔白並肩。

宋室南渡，花鳥畫尤呈興盛之勢，畫院畫師九十餘人當中專畫花鳥，或以人物、山水畫擅長而兼畫花鳥者達半數以上，著名的花鳥畫家有李安忠、李迪等人。這一時期的畫法，已完全突破「黃氏體制」，或雙勾、或沒骨、或點染、或重彩、或淡彩、或水墨、或工筆、或寫意，各逞其能。他們的作品，生動而有神

---

18 《宣和畫譜》卷十七《花鳥門・徐熙》。
19 郭若虛：《圖畫見聞志》卷四《紀藝下・花鳥門・崔白》。
20 《宣和畫譜》卷十八《花鳥門・崔白》。
21 高士奇跋陳仲美《溪兔圖》引洛川齋主人語。
22 夏文彥：《圖繪寶鑑》卷三《宋・吳元瑜》。
23 《宣和畫譜》卷十九《花鳥門・崔白》。

韻，用筆嚴謹而無拘束，對後世產生了重要影響。李迪的畫在用筆上，將工細和粗放結合起來，形成一種新的格局，為南宋花鳥畫在轉變畫風時的典型，如《雪樹寒禽圖》、《木芙蓉圖》等，生動而富有神韻，用筆嚴謹而無拘束，對後世影響甚大。

## 五、水墨梅竹畫

梅、竹在宋代成為一個獨立的畫科，這標誌著宋代繪畫不僅內容豐富，題材也越加專門化。專以水墨畫梅、竹、蘭花、葡萄的，多是一些文人畫家。《宣和畫譜》在《墨竹敘論》中提到：「有以淡墨揮掃，整整斜斜，不專於形似，而獨得於象外者，往往不出於畫史，而多出於詞人墨卿之所作」。這些專以水墨梅、竹而聞名的有：文同、蘇軾的墨竹；僧仁仲、楊無咎等人的水墨梅；楊寵畫菊；趙孟堅、鄭恩有畫梅寫蘭等。畫梅、竹，多有很深的寓意，這些文人畫家，往往把生活中的感觸寄託在畫中。

文同一生喜愛竹，認為「竹如我，我如竹」，說「（竹）得志遂茂而不驕，不得志瘁瘠而不辱，群居不倚，獨立不懼」，這實在是他人格的象徵，他畫竹的最大成功之處在於「成竹在胸」。

蘇軾對畫情有獨鍾，「詩畫本一律，天工與清新」。他尤偏愛文人畫，認為「觀士人畫，如閱天下馬，取其意氣」。這種意氣也就是畫家的品德、學術、修養在作品中的體現，蘇軾擅長畫枯木竹石，他的《古木竹石圖》，筆墨不多，卻極有生趣，有人評價「古木拙而勁，疏竹老而活」。

楊無咎之畫梅，使宋代畫梅成就得到最大程度的發揮。他的梅畫，用雙勾和沒骨法混合而成，疏瘦清妍。

宋代何以出現水墨畫梅、竹、蘭花，原因很多。首先之一點在於北宋中葉以後，階級矛盾和民族矛盾激化，上層建築的各個領域出現了變革的要求，因此文人畫的興起，就是這種社會變革思潮的產物；其次，宋代的士大夫文人很關心社

會實際，他們往往通過詩文來表達自己的政治觀點和借景抒情，水墨寫意畫正好適應了他們的這一要求，因此得以迅速發展；再次是水墨畫經過唐、五代的發展，積累了不少的經驗，故此宋代畫家掌握了這一技巧，水墨畫迅速大興。水墨梅竹畫的大興，說明宋代畫壇的多樣性和宋代繪畫的傑出成就。

# 六、壁畫

在宋代的繪畫中，壁畫是其重要成就之一。宋代的壁畫分寺院壁畫、石窟壁畫、墓葬壁畫。

宋代石窟壁畫內容，多以「經變」為主，其他畫有菩薩、千佛等。如莫高窟六十一窟，壁畫有「西方淨土變」、「法華經變」、「極恩變」等十一幅大經變，三十五幅巨幅的佛教故事畫和幾十個大與身等的供養人畫像。西壁有文殊菩薩道場，還有大量人物、建築的《五台山圖》等。這些經變所描寫的，有耕作、養馬、行旅、駝運等，極富有生活內容，是宋代社會現實的反映。

寺院壁畫在宋代很盛，這與宋代淫佛政策有很大關係，如前文所述，許多著名畫家都曾到一些大寺院中做壁畫，但保存下來的很少。如河北定縣發現的兩座宋代塔基，所刻壁畫很有價值。淨眾院舍利塔塔基的北側，所繪涅槃變，描繪釋迦牟尼死後眾弟子痛哭的情景，勾線流暢，人物表情刻畫入微，表現了不同的性格特徵。

宋代的墓室壁畫，一般偏重寫實，用線質樸，但不太流暢。總的來說，宋墓壁畫，不及前代講究。因宋代興起掛畫，所以壁畫的重要性及排場性漸漸消失，但仍有一些壁畫很有價值，如河南白沙宋墓、河北井陘宋墓、河南偃師宋墓等。這些墓室壁畫反映的內容一是主人生前豪富享樂的生活，二是描寫勞動人民生產活動及當地風光。

宋代繪畫為封建時代之最高峰，除上述我們所說的成就以外，還有一些方面需加以說明：

其一是在繪畫流派上出現了界畫一派，主要是描繪宮室樓台的傳統畫，作畫時離不開用界尺作線，故名界畫。界畫的形成和發展與建築有很大關係。宋代界畫的代表人物是郭忠恕，他善於畫樓台、木石，所畫「皆極精妙」，此派雖不及人物、山水、花鳥，但在繪畫中也獨樹一幟。

其二是宋代出現了繪畫論著，主要有：郭若虛的《圖畫見聞志》，鄧椿的《畫繼》、《宣和畫譜》，劉道醇的《聖朝名畫評》等。在畫評方面有李廌的《德隅齋畫品》、米芾的《畫史》、董逌的《廣川畫跋》、周密的《雲煙過眼錄》等。在畫論方面，有李成的《山水訣》、董羽的《畫龍輯議》、郭熙的《林泉高致》、郭思的《畫論》、羅大經的《畫說》等。

其三是除前文介紹的畫院畫師和文人畫師外，宋代的民間繪畫也很發達，民間畫工不僅生活在城鎮中，在山鄉水村亦有其活動的足跡。民間畫工從身分上和畫風上不同於生活於上層社會的畫師，從身分上講，他們是畫工，從畫風上看，是工匠畫。他們生活於社會下層，所從事的工作較雜，凡與繪畫有關的都做。一般講畫工所做的工作主要有：替寺院、石窟和墓室作畫，為村社節日作畫，為書刊作圖，畫道釋卷軸，畫人物肖像以及賣畫等。

## 第二節 ·
# 書風與書家

宋代的書法藝術在中國書法史上，可以說是一個變革創新的時代。有人把中國書法美學分成三個時期，漢唐為第一時期，書法以「中和美」為主導，偏於壯美。宋以後為第二時期，以情為主，偏於「優美」。第三個時期是清代，是古代

書法的總結期。由此可以看出，宋代的確是一個新時代的到來。宋代書法何以成為一個新時代的肇始者？這與宋代社會重文的風尚分不開。正因為宋代重文，所以書法不再被人們視為「技藝」，而是成為一種真正的文學載體，書法藝術染上了宋代文人「情感」和「意境」的濃彩。書法與繪畫一樣，在宋代文人的眼中比詩要更高一層，成為其「言志」和「怡情悅性」表現人格精神的手段，而形成了一種「以形寫神」、「寫性」、「寫心」的「寫意」風格，其「氣韻生動」的審美情趣，使書法藝術進入了一個新的天地。

# 一、宋初書風

宋結束了唐末五代的混亂割據局面。穩定的政治局面，為社會經濟的恢復發展、文化藝術的繁榮奠定了良好的基礎。尤其是其右文政策的出台，不僅預示著文人階層的人格和社會價值得到重視，也為各種藝術的發展創造了良好的條件。如同詩詞繪畫一樣，宋代的統治者對書法也非常重視，太宗即位後，就建立了御書院，招募書法名流充斥翰林，並建造祕閣，專門收藏前代墨跡。宋太宗尤喜小草，善飛白書，他曾對大臣講「朕君臨天下，亦何事筆硯？但心好之，不能捨耳」[24]。此外，在宋初的國子監裡專門設有學習書法這一學科，學生學習的篆、隸、草三種書體為主要科目，尚習《說文》、《字說》、《爾雅》等，亦學習《論語》、《孟子》等儒家經典，並規定：「考書之等，以方圓肥瘦適中，鋒藏畫勁，氣清韻古，老而不俗為上；方而有圓筆，圓而有方意，瘦而不枯，肥而不濁，各得一體者為中；方而不能圓，肥而不能瘦，模仿古人筆畫不得其意，而均齊可觀為下」。[25]

宋初的書法有一件大事值得重視，這就是刻帖，並出現了《淳化閣帖》，此後專門形成了帖學派，與傳統的碑學派互競互長。刻帖始自太宗。宋太宗垂意翰

---

24 《宋朝事實類苑》卷二。
25 《宋史》卷一五七《選舉三》。

墨，淳化三年（992 年），他一方面將內府所藏歷代墨跡加以集中；另一方面又遣人到民間購募古代帝王及名臣手跡，然後令王著加以編次，標明法帖，刻於棗木板上。此叢帖共十卷，其中「二王」手跡居大半。第一卷為歷代帝王法帖，第二至四卷為歷代名臣法帖，第五卷為歷代諸家古法帖，第六至八卷為王羲之書，第九至十卷為王獻之書。此帖明顯推崇「二王」，不屑於唐楷，至於顏真卿的書法收錄很少，幾乎沒有。由此可見，宋代刻帖力斥尚法的唐書，重新追溯晉代風韻。《淳化閣帖》開創匯帖之風，帖學在宋之後蔚然成風，重輯、翻刻者很多，宋代就有《大觀帖》、《修內司帖》、《潭帖》、《絳帖》、《二王府帖》、《泉州帖》、《澧陽帖》、《鼎帖》、《戲魚堂帖》、《紹興蘭帖》等十多種。

宋初的書法，大體上繼承了唐五代書風，但宋代書法家不願追隨唐楷的尾巴，而是另樹大旗，承繼晉行書的遺風，把行草書發展到極限。

宋初的書法名家有李建中，其書風基本上繼承了五代楊凝式的書風，書法成就與楊氏齊名。《宋史》本傳中言：「善書札，行筆尤工，多構新體，草、隸、篆、籀，八分亦妙，人多摹習，爭取以為楷法」。其下筆質樸自如，圓轉飛動，氣象飄逸。他的代表作是《土田帖》，起著從唐五代到宋四大家的嬗遞作用。

宋初的書法家還有范仲淹，他的書法落筆沉著痛快，很似晉宋人書法，他的代表作為《李寺丞帖》。

歐陽修為一代文宗，其代表作是《上恩帖》，元人鄭晟在《歐陽修自書詩文手稿》跋雲：「片紙文字，照耀後世。高山景行，庶其在落。」

從宋初的實際情況來看，書體基本上已趨完備，書法規模依仿前代，習書的風氣不是太好，「惟趣時貴書。」[26]如李宗諤知貢舉，天下學子皆習李書，以肥扁投其所好，目的是想博取功名。宋綬為參知政事，滿朝文士學他的字體，號為「朝體」。韓琦為宰相多學顏體，士俗皆學顏體。蔡襄、王安石名重一時，世人又習蔡、王體。對此，歐陽修曾批評道：「學書當自成一家之體，其模仿他人謂

---

26 米芾：《書史》，叢書集成初編本。

之奴書。」又說：「書之盛莫盛於唐，書之廢莫廢於今，今文儒之盛，其書屈指可數者無三四人」[27]。一言道破宋初幾十年書壇的異趣之風。這種風氣的流行既不能很好地繼承書法藝術的優秀遺產，又不能有所突破和創新。

## 二、書法四大家

宋初書壇一味模仿的守舊觀念，在進入宋中葉以後，有了明顯的改觀。這主要是取決於進入宋中葉後，宋代社會矛盾的尖銳迫使宋統治者不得不進行一些改革。革新思潮的興起，也衝擊著文學藝術領域，尤其是詩文革新運動對文學藝術的革新有很大影響。因此，在書法理論上和書法創作上出現了一些新的變化，出現了以意趣為主的書法新流派，比較突出的代表人物是號稱北宋書法四大家的蔡襄、蘇軾、黃庭堅、米芾。

蔡襄（1012-1067 年），字君謨，興化仙遊（今福建仙遊）人，累官至端明殿學士。蔡襄作為儒學名臣，書法被推為「本朝第一」。蘇軾、米芾、黃庭堅對他的書法評價很高。蘇軾在《評書》中稱：「追配前人者，獨蔡君謨書，天資既高，積學深至，心手相應，變態無窮，遂為本朝第

蔡襄：《泉州萬安橋碑》

---

27 《歐陽文忠公集》卷一二九。

一。」又說他「真行草書無不如意。」[28] 黃庭堅稱讚他的書法「行書簡札甚秀麗可愛」[29]。米芾稱他的書法如少年女子，體態嬌嬈。後世書家都推崇蔡襄，元人鄭杓在《衍極》中說：「五代而宋，奔馳崩潰，靡底所止。蔡襄毅然獨起，可謂間世豪傑之士也。」明人盛時泰在《蒼潤軒碑跋》中雲：「宋世稱能書者，四家獨盛，然四家之中，蘇蘊藉，黃流麗，米峭拔，皆令人斂衽，而蔡公又獨以深厚居其上。」蔡襄恪守古法，兼擅各種書體，行書尤為突出，他確實在宋代率先成為書法大家，其獨特之處在於深厚的藝術功底和端莊大度的特色為後人敬仰。蔡襄留世珍品很多，如《山居帖》、《陶生帖》、《紆問帖》、《入春帖》、《虹縣帖》、《思詠帖》、《連日山中帖》、《別已經年帖》、《離都帖》等。

蘇軾是中國文化史上的一個「全才」——詩、詞、文、書、畫俱佳，他又是一位「奇才」，生於憂患，命運多舛，但為人豁達、豪放。在宋代四大家中被推為首位。黃庭堅曾說：「本朝善書，自當推為第一。」在書法創作方面，他把詩、書、畫融於一體，極力追求高雅的藝術境界。他的書法骨力內含、筆軟墨豐，字形粗壯，風姿嫵媚，他把字形、筆法、章法和氣韻意趣統一起來，並不講究法度、規格，而是重在表現生活情趣和筆墨韻味。他曾說：「我書意造本無法，點畫信手煩推求。」[30]蘇軾的書法成就自有其淵源，他少學蘭亭，頗似徐浩之姿態，瘦勁又似柳公權。中年又參悟李邕、顏真卿、楊凝式的筆法，融合多家，才形成了他的藝術風格。

在書法理論上，蘇軾主張變革古法，自創新意，不模仿和因襲前人的藝術成就。在這一點上他特別推崇顏真卿、柳公權。他說：「顏魯公書，雄秀獨出，一變古法」[31]。「柳少師書，本出於顏，而能自出新意，一字百金，非虛語也。」[32]蘇軾提出的變革古法、自出新意的書法理論是符合北宋中葉文化發展的特色和主流的，表現了宋人的獨創精神。他曾說：「吾書雖不甚佳，然自出新意，不踐古

28 蘇軾：《東坡題跋》卷四《跋君謨飛白》，叢書集成初編本。
29 《豫章黃先生文集》卷二十九《跋蔡君謨帖》。
30 《蘇東坡集》卷二《石蒼舒醉墨堂》。
31 《東坡題跋》卷四《書唐氏六家書後》。
32 同上。

人，是一快也。」[33]他反對刻意臨摹，尤重意態，他說：「吾雖不善書，曉書莫如我，苟能通其意，常謂不學可。貌妍容有矉，璧美何妨橢，端莊雜流麗，剛健含婀娜。」[34]他強調書法除技巧和形式外，最重要的是神態和意境，注重作品的含蓄美和意境美。

在變革古法、自出新意的同時，蘇軾又十分注重對古代書法藝術的借鑑和繼承。他認為正書是書法的基礎，之後才為行草，否則是捨本逐末。「書法備於正書，溢而為行草，未能正書而能行草，猶未莊語而輒放言，無是道也。」[35]還說：「書法當自小楷出，豈有正未能書而以行草稱也。」[36]書家必須體兼眾妙，取篆、隸之長，通其意而融會貫通，不要侷限於一家一體，要尋求各體間的內在聯繫，掌握書法的共同特點，就可以達到「無法之法」。到了這一境地是否標誌著書法達到了登峰造極呢？不是。蘇軾又提出了「技道兩進」說，即說明書家不僅要有書法技巧和深厚的功力，還要明了事情的發展變化，以技來表現道，「自技而進乎道」[37]。這種技道統一的觀點，把書法理論向前推進了一步，對後世書法創作產生了重要影響。

在書論中還有一點更為重要，即重視書家的思想道德修為，不能因此而忽略人品大節。蘇軾說：「古之論書者，兼論其平生，苟非其人，雖工不貴也。」[38]把書家的人品、道德情操看得比書法還要重要，這種思想不僅影響到宋代對書家的評價，也成為後世評論書家的一條準則。

蘇軾《黃州寒食詩帖》（部分）

---

33 同上。
34 《蘇東坡集》卷三《和子由論書》。
35 《東坡題跋》卷四《跋陳隱君書》。
36 《東坡題跋》卷四《跋君謨飛書》。
37 《東坡題跋》卷一《書黃道輔品茶要錄後》。
38 《東坡題跋》卷四《書唐氏六家書後》。

蘇軾的書法作品代表性的有：《治平帖》、《歸安丘園帖》、《新歲展慶帖冊頁》、《一夜帖》、《前赤壁賦卷》、《醉翁亭記》、《黃州寒食詩帖》等。書論方面的代表作有《論書》、《評書》、《辨法帖》、《論唐六家書》等。

黃庭堅是北宋後期的著名人物，他「善行草書，楷法亦自成一家」[39]。他的書法，曾一度風靡朝野，宋徽宗、宋高宗曾帶頭學黃字，當時有「山谷翰墨滿江南」之說，足見其影響之大。元代書家趙孟頫曾說：「黃太史書如高人勝士，望之令人敬嘆」。[40]近人康有為也說：「宋人書以山谷為最，變化萬端，深得《蘭亭》三昧。至其神韻絕俗，出於《鶴銘》而加新理」[41]。黃庭堅的書法道路早年師從周越，得其勁疾之長，後受蘇軾指點，取法張旭、懷素，習顏真卿、楊凝式，尤得《瘞鶴銘》之神韻，自成書法。後被貶戎州，在舟中頓有所悟，書藝大進。後謫涪陵，「得草法」。到了晚年，書法藝技大增，形成了自己的風格，並總結出書學綱領：「隨人作計終後人，自成一家始逼真。」

黃庭堅的書法藝術主要有行書、草書。他的行書奇崛中寓浩逸，結字中含緊收，四體開張，創造出輻射式的新書體。其行書橫畫斜傾，豎畫虯曲欹傾，縱橫開闔，頗有勁勢。行書代表作有：《范滂傳》、《松風閣詩》、《寒山子寵居士詩卷》等。其草書雄放瑰奇，筆鋒蒼勁有力，以側險為勢，橫逸為功，風神灑蕩，頗得張旭、懷素筆意。草書代表作有：《諸上座帖》、《李白憶舊遊詩卷》、《花氣詩帖》、《廉頗藺相如傳》等。黃庭堅的書法，隸書不如行書，行書不如草書。黃庭堅的書法頗受蘇軾影響，博采眾長，中鋒尤得秦篆、漢隸筆意。康有為在評價其書法時說過：「宋人之書，吾尤愛山谷，雖昂藏鬱拔，而神閒意濃，入門自媚。若其筆法，瘦勁婉通，則自篆來」[42]。在書學理論上，黃庭堅主張學習古人要領會妙趣，要得其神髓，不必一筆一畫逼似，「學書要須胸中有道義，又廣之以聖哲之學，書乃可貴」[43]。發揮了蘇軾技道兩進說，強調要把道義哲理寓於書

39 《宋史》卷四四四《黃庭堅傳》。
40 《趙氏鐵網珊瑚》卷五，四庫全書本。
41 康有為：《廣藝舟雙楫》卷六，上海，上海書畫出版社，1981。
42 《廣藝舟雙楫・行草》。
43 《予章黃先生文集》卷二十七《書繒卷後》。

法中，要有「學問文章之氣，鬱鬱芊芊發於筆墨之間」。[44]

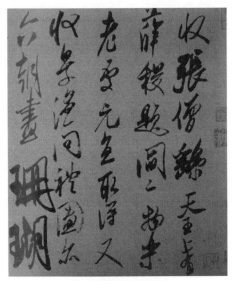

《珊瑚帖》米芾

米芾（1051-1107 年），字元章，襄陽人，人稱「米南宮」，「米襄陽」。米芾天資高邁，為人狂放，不能與世俯仰，所以仕途多難，因上書彈劾，被罷官。米芾為人奇險，不襲蹈前人軌轍，冠服效仿唐人，風神蕭散，音吐清暢，好潔成癖，人稱「米顛」、「米痴」。米芾的書畫俱為第一，《宋史·文苑傳》中稱「芾為文奇險，不蹈襲前人軌轍，特妙於翰墨，沈著飛翥，得王獻之筆意。畫山水人物，自名一家，尤工臨移，至亂真不可辨。」他經常借一些前代名人墨跡，卻往往以贗本歸還人家，其所摹臨的唐人楷書，甚能迷惑當時一些書畫鑑賞高手。可見他對古人書法頗有研究。後宋徽宗聞其名，召入瑤林殿草書，特許他預觀宣和內府祕藏，縉紳以為榮耀。米芾的書法道路少學顏體，後學柳體，知顏柳出自於歐體，又學歐體。學習褚體最久，入宣和內府通觀古人名蹟，深得《蘭亭》法，尤工臨摹，人稱「集古字」。其自雲：「蓋取諸長處總而成立。既老，始自成家，人見之，不知以何為祖也。」[45]可見米芾的書法是吸收眾家之所長。其書法，剛健端莊之中包含婀娜流麗之態，蘇軾稱其書有超邁入神。他的書法多為行草，皆從隸楷中來，落筆不苟，點畫所至，深有意態。他自己說學習書法貴在用筆，把筆輕，心於虛，自然振迅天真出於意外；其次書法要得筆意，謂骨筋皮肉，脂澤風種。宋人孫覿曾雲：「米南宮跅弛不羈之士，喜為崖異單鷟驚世駭俗之行，故其書亦類其人，超軼絕塵，不踐陳跡。每出新意於法度之中，而絕出筆墨畦經之外，真一代之奇蹟也」[46]。元人虞集也說：「米南宮書神氣飛揚，筋骨雄毅，而晉魏法度

---

44 《予章黃先生文集》卷二十九《跋東坡書遠景樓賦後》。
45 米芾：《海岳名言》，叢書集成初編本。
46 孫覿：《向太后輓詞跋》。

自整然也」。又說：「大抵宋人書，自蔡君謨以上，猶有前代意。其後坡、谷出，遂風靡從之，而魏晉之法盡矣。米元章、黃長睿諸公，方知古法」[47]。《宣和書譜》也說：「書仿羲之，篆宗史籀，隸法師宜官，晚年出入規矩，深得意外之旨。」可見米芾在宋四大家中最為尚意，又獨樹一幟。他的作品主要有：《苕溪詩卷》、《蜀素帖》、《樂兌帖》、《崇國公墓誌》、《草書九帖》、《虹縣詩卷》、《多景樓詩帖》等等。《多景樓詩帖》燥筆與濃墨相間，頓挫轉折富有變化，全篇氣勢淋漓。後人對此有評價：「《多景樓詩》最為豪放，儼然如枯松之臥澗壑，截然如快劍之斫蛟鼉，奮然如龍蛇之起陸，矯然如雕鶚之盤空……至於雄入九軍，氣凌百代，而於古人有一日之長，其筆陣之堂堂者乎？」[48]其《蜀素帖》縱逸不拘成法，極富創新精神，後人對此頗有讚許，「一掃二王非妄語」，「集古終能自立家」，[49]就是肯定他這種敢突破前人的精神。

米芾在書法理論上頗有成就，他傾向崇古，對「古意」、「古雅」、「寶晉」高度重視，但在書法實踐中又具有創新精神，崇古與創新對立統一，以古為新，以新見古。書法風格強調平淡、天真、意趣，主張自然隨意。他尤強調學書貴在勤奮和專一，如「學書須得趣，他好但為乃入妙，別為一好縈之，便不工也」。「一日不書，便覺思澀」[50]。其書論著作有《書史》、《海岳名言》、《寶晉英光集》、《寶章待訪錄》等。

# 三、徽宗與瘦金體

宋代書法到了北宋後期，隨著國運不濟，書法也漸趨衰落。宋徽宗趙佶是北宋最無能的一個皇帝，他沒有唐太宗的治世才能，但在藝術上卻超過唐太宗。書畫藝術在他統治的數十年間，尤其是大觀、宣和年間，得到迅速發展。他不僅設

---

47 虞集：《道園學古錄》卷十。
48 《書林藻鑑》卷九，引趙秉文語。
49 《書林藻鑑》卷九，引王文治：《論書絕句》。
50 米芾：《梅岳名言》。

立宣和書畫院，編撰《宣和書譜》，且其本人對書畫頗有造詣，自創一種書法新體——瘦金體，為宋代書法藝術的繁榮昌盛作出了特殊的貢獻。封建帝王垂青丹青筆墨，本無可厚非，但他卻厚書畫而薄政治，導致國運不濟，最後國破家亡，實在是徽宗之大不幸。

宋徽宗趙佶（1082-1135 年），十八歲嗣位，在位二十五年，怠於國政，疏斥忠良之士，重用奸臣，國勢日危，最後被金人攻破城池，困死北域。徽宗在位期間，建立翰林書畫院，網羅天下書畫珍品和書畫鑑賞名流。書畫院徵召書畫生入院，要經過考試，《宋史·選舉志》載：「書學生，習篆、隸、草三體……篆以古文、大小二篆為法，隸以二王、歐、虞、顏、柳真行為法，草以章草、張芝九體為法。考書三等，以方圓肥瘦適中，藏鋒畫勁，氣清韻古，老而不俗為上；方而有圓筆，圓而有方意，瘦而不枯，肥而不濁，各得一體者為中；方而不能圓，肥而不能瘦，模仿古人筆畫不得其意，而均齊可觀為下」。凡進入書畫院的，依成績分別授予書學生、供奉、祗侯、待詔、藝學、書學正等職，在書畫院專門從事書畫欣賞、書畫研究和書畫創作。徽宗網羅書畫人才，把書法繁榮發展推向了更高一層。此外，徽宗的書法藝術修養很高，他經常與書畫院名家一起，鑑定御藏的書畫精品，重加裝潢，然後親自題寫標籤，這在歷代帝王中是少有的。另外徽宗在《淳化閣帖》的基礎上，又出了一個著名的叢帖，即《大觀太清樓帖》，此叢帖摹刻精良，優於《淳化閣帖》，可惜原帖失於靖康之變。宣和時代，是宋代書畫藝術發展的鼎盛時期，許多御藏書畫精品被金人在攻破開封時洗劫一空，成為文化史上又一次重大的浩劫。徽宗對宋代書法的又一貢獻是令書畫博士將歷代書家精品加以記錄整理，編成了《宣和書譜》。此書記載宋徽宗和內府所藏書法墨跡，依歷代帝王書，以及篆、隸、正、行、草、八分、制、誥等八大類，共計一百九十七家，書跡一三四四幅。每類都有述說，在書法目錄前附書家小傳，品評風格淵源，保存遺聞軼事等方面均有參考價值。

除此之外，宋徽宗在書法史上的最大貢獻在於創立了「瘦金體」。「瘦金體」本為「瘦筋體」，之所以後人稱「瘦金體」，是因為徽宗為九五之尊，對御體的過分垂愛而已。徽宗的書法，先學黃庭堅之書法，後又上溯到薛稷、褚遂良。宋人蔡絛《鐵圍山叢談》雲：「祐陵（徽宗）作黃庭堅書體，後自成一家。」大明

人陶宗儀在其《書史會要》中雲：「徽宗行草正書筆勢縱逸，初學薛稷，變其法度，自號『瘦金體』」。徽宗「瘦金體」雖有一定的傳承關係，但自創此體，有其特色：在瘦硬中寓腴潤之致，挺勁犀利，秀麗飄逸。其代表作有：《瘦金體千字文》、《夏日詩帖》、《欲借風霜二詩帖》。如《瘦金體千字文》一反唐楷書的風貌，以清勁嚴整、一絲不苟之態，把字的腴潤硬朗之態展現於人們面前。除「瘦金體」書法，徽宗的草書藝術也很高，如《掠水燕翎詩紈扇》，以「瘦金體」入草，別具風韻。不像行書正書那樣有肥有瘦，而是肥瘦相間，縱逸蕭朗。在用筆上，有輕重之變。並非一味追求「瘦」。在線條上挺勁飛動，有懷素的筆意，具黃庭堅的墨情，變化萬千。

宋室南渡，書壇風氣不如北宋。由於偏安臨安，國勢不振，學術藝術漸趨沉寂固守，尤其是理學被定為官方哲學，更限制了藝術的創新和發展。書法亦不例外。但有趣的是南宋雖無書法名家，但有不少的書法名蹟。整體上講南宋文人由於遭受到千年未有的大變局——靖康之恥，所以整個時代的人們，心理的痛傷是很深的，他們有一種北歸收拾舊河山的強烈願望，因此在文化藝術上無法傾心獨創，整個南宋書壇基本上仍然為蘇、黃、米書風籠罩。

南宋書壇應首推宋高宗趙構。趙構為徽宗第九子，同他父親一樣，政治上沒有多大作為，在藝術上卻聰穎靈慧。他的書法初學黃庭堅，再學米芾，後專意「孫過庭字，故孝宗、太上皆作孫字」[51]。他學書非常用功，書法造詣不在徽宗之下，只是藝術風格有所不同。他的書法用筆潤媚圓和，精奧純正，豐腴圓潤不失清逸之氣，溫柔妍婉頗具清和流宕之象，結字在真行之間，疏朗秀整，章法疏闊寬穩。代表作有《徽宗文華序》、《御書石經》、《暮春三月詩帖》、《賜岳飛手敕》、《洛神賦》等。

除高宗的書法名蹟，南宋書壇尚有不少名蹟，如「為宋小楷第一」的吳說《衰遲帖》、愛國詩人陸游的《秋清帖》、范成大的《急下帖》、朱熹的《七月六日帖》、《城南唱和詩》、《賜書帖》、《秋深帖》、吳琚的《橋畔垂楊七絕詩》、張

---

51 楊萬里：《誠齋詩話》。

即之的《裴茗帖》、文天祥的《虎頭山詩》等。

## 四、書學研究

由於宋代書法藝術的創新和繁榮，使書法理論研究在唐代發展基礎之上又向前發展，尤其是金石學的出現，開拓了書法研究的新領域，具有劃時代的意義。

北宋對書法創作經驗的總結是很重視的，像北宋書法四大家的蘇軾、黃庭堅都有精闢的論述，散見於他們的題跋中，沒有形成專書。但這些見解，對書法的變革創新起到了很好的推動作用。米芾根據其一生創作的心得，寫成《海岳名言》，談了許多諸如如何運筆、布局、臨摹等方面的問題，有許多獨到的見解。其《書史》，專門考訂歷代書法珍品，是研究鑑定宋以前書法名蹟的重要參考資料。

北宋形成體系的書學論著應首推朱長文的《墨池編》，此書是專門研究書法淵源的，內容豐富，分成字學、筆法、雜議、品藻、贊述、寶藏、碑刻、器用八大類，每一類都旁徵博引歷代論文，並附有自己的評論，考核得失。對書家生平和作品的專門研究，《宣和書譜》是最有成就的，也可以說是北宋書評的集大成者。書譜著錄了前代書法墨跡，品評其風格流派，上自漢魏，下迄北宋宣和年間，收錄書家近二百人，是一部內容豐富的書法史資料，故有「宣和之政，無一可觀，而賞鑑則為獨絕」[52]的美稱。

逮至南宋，宋高宗趙構著有《翰墨志》、姜夔著有《續書譜》、陳槱著有《負暄野錄》，內容都是有關雜議書法以及說明筆墨紙硯使用的。只有陳思的《書小史》、《書苑菁華》別有特色。《書小史》收錄書家小傳五百三十一人，「采輯不濫，敘次亦具剪裁，足稱佳構。且匯敘歷代書家為史傳，是編實有草創之

---

52 《四庫全書總目》卷一一二，《宣和書譜》提要語。

功」[53]。《書苑菁華》編錄古人論書之說，收錄有一百六十餘篇，清人對此書的編纂之功有較高的評價：「自唐以來，唯張彥遠《書法要錄》、韋續《墨藪》兼采群言，而篇帙無多，未為賅備。其裒錄諸家緒言，薈萃編排以資考訂，實始於是編」。[54]

宋代書學研究，雖有上述幾部開創性的論著，但總的來說並無多大突破，倒是與書法關係甚密的金石學的興起，為宋代書家研究古代金銘文、石刻提供了新的天地，這是宋代文化史上的一件大事，對書學研究也具有劃時代的意義，鑒於前文已有述及，故此不再贅述。

第三節 ·

# 樂舞與
# 都市文娛

音樂、舞蹈和城市娛樂既反映著一個時代文化發展的整體水平，也反映出時代特徵和人們的精神面貌。樂舞和文化娛樂是任何時代都少不了的，它對於陶冶人們的情操、淨化人們的心靈、提高人們的審美情趣有著極大的關係。總體而講，宋人的精神生活是非常豐富和充實的，這從樂舞和文化娛樂中能夠充分地體現出來。

---

53 余紹宋：《書畫書錄創題》卷一《史傳》。
54 《四庫全書總目》卷一一二，《書苑菁華》提要語。

# 一、音樂

音樂具有極強的感染力，音樂隨時代的變化而變化。宋代的音樂因不同階層的需要和欣賞水平，呈現出不同的特點。總體來說，宋代的音樂有宮廷音樂、地方音樂和民間音樂之別。

## （一）宮廷音樂

宋王朝如同歷代封建王朝一樣，非常重視音樂，把樂與禮並稱，並把它作為維護封建統治的重要手段。宋代的樂包括音樂以及需要音樂伴奏的歌、舞、百戲等一切文藝表演，範圍是相當廣的。在宮廷，樂種主要有雅、燕、鼓吹等。所謂雅樂，主要是供宮廷郊祀、宗廟、朝會所用的正樂，也稱大樂。演奏的內容有強烈的政治色彩，主要是為封建統治歌功頌德。燕樂則為宴會所用。

宋代的宮廷音樂及音樂機構主要有以下幾種：

**1. 教坊** 北宋教坊設於汴梁，最初隸屬宣徽院，後隸屬太常寺。開始時教坊組織尚未完備，依唐制分成宴樂、清樂、散樂、立坐諸部。教坊的樂工來源較雜，一部分是五代後周教坊的樂工，此外在統一過程中，從各割據政權的宮廷中吸納相當一部分的樂工，還有各地藩鎮進送的樂工，等等。這些是宋初教坊樂工的基本構成。北宋初期的教坊雖沒有唐時規模龐大，但樂工的伎

「丁都賽」戲曲雕磚

藝水平基本上是一流的。故《宋史・樂志》稱：「由是，四方執藝之精者，皆在籍中。」這種情況只是代表宋初的情形，隨著社會秩序穩定，經濟文化的繁榮和發展，宋初的教坊規模已不能再適應時代的需要，因此在進入北宋中期以後，教坊按樂工擅長的技藝分為不同的十三部，即篳篥部、大鼓部、杖鼓部、拍板色、

笛色、琵琶色、箏色、方響色、笙色、舞旋色、歌板色、雜劇色、參軍色等。教坊是當時官辦的最大規模的藝術表演機構，在這個機構中有嚴密的組織，並設有教坊使、副使、判官、都色長、高班、大小都知都官等官員進行管理。十三部部有部頭，色有色長，是不同樂工的首領。宋代的教坊是宮廷表演的重要角色，教坊人數最多時達到四百多人。

宋室南渡，在杭州立都，教坊也隨之而立，因諸種原因，廢置無常，存在時間不長，這與北宋是有很大區別的。宋高宗即位初，因避金寇，教坊沒有設立，直到紹興十四年（1144 年）才恢復教坊組織，招募樂工四百六十多人。當時散樂專學十三部，取消雅樂樂器中的塤、篪和羯鼓，並減少了一些樂工，增添拉絃樂器中的嵇琴。到了孝宗時，由於民間樂舞表演的發達，教坊被取消，所用樂人，「臨時點集」[55]。教坊的樂工分散到宋高宗退位後所居的德壽宮、臨安府衙前樂和轉歸民間。因此在朝廷需要時，則臨時募集，募集的樂工也主要來自德壽宮舊教坊的樂工、臨安府衙前樂的舊教坊樂工、鈞容直的樂工、民間藝人。所以從南宋絕大部分時間來看，教坊基本上是廢置的，有名無實。教坊的演變過程，說明了一個問題，即官樂逐漸被民樂所取代，這是由於商品經濟發展，民間音樂的興起並成為文藝舞台的主力軍的必然結果，從這裡也反映了宋代社會的一些變化。

**2. 雲韶部**　雲韶部是宋初平南漢時，收廣州內臣聰警者 80 人，令其在教坊學藝，稱為黃門樂。太宗雍熙時，改名為雲韶部。雲韶部共有主樂內品 30 人，歌 3 人，雜劇 14 人，琵琶 4 人，笙 4 人，箏 4 人，板 4 人，方響 3 人，篳篥 8 人，笛 7 人，板鼓 7 人，羯鼓 2 人，大鼓 2 人，傀儡 8 人，主要供上元觀燈，上巳、端午觀水嬉，元旦、清明、春秋二社，親王內宴觀射時所用，也是為宮廷服務的，屬於皇家樂隊之一種。

**3. 鈞容直**　是抽調各種軍隊中善為樂者組成，也稱為軍樂。太宗太平興國二年（977 年），初設並名之曰引龍直。主要是為皇帝巡幸、游幸、親征時導從之

---

55 《宋史》卷一四二《樂志‧教坊》。

用，在其他時候如御樓觀燈、賞花、習射等，和教坊樂工一起供皇家所用。鈞容直由內侍省一至二人監領，樂師有 136 人。真宗景德年間，鈞容直人數增加，增加歌 2 人，雜劇 40 人，板 10 人，琵琶 7 人，笙 9 人，箏 9 人，篳篥 45 人，笛 35 人，方響 11 人，杖鼓 34 人，大鼓 8 人，羯鼓 3 人，唱誕 10 人，小樂器 1 人，排樂 40 人，掌撰詞 1 人，加上原來的樂師，共 232 人。以後人員增加更多，到北宋中葉，人數達到 434 人，幾與教坊相比擬。鈞容直因保留了軍樂中鼓吹樂的特點，因此頗為教坊優人看不起，「鈞容擊鼓，百面如一。教坊不如他齊整，打一面如打百面」[56]。仁宗時，對鈞容直進行了一些改革，主要是向教坊趨同，「其大曲、曲破並急慢諸曲，與教坊頗同矣」。[57]南渡後，鈞容直的命運同教坊一樣，廢置無常，在高宗紹興三十年（1160 年）被完全廢棄。

**4. 東西班樂**　設於宋初太宗太平興國年間，初是選東西班擅長音樂的樂工組成。樂器主要是銀字篳篥、小笛和小笙，用途隨皇帝御駕奏樂，「或巡方則夜奏於行宮殿庭」[58]。因其用途單一，人數較少，樂器簡單，故在宮廷樂隊中影響不大。

**5. 四夷樂**　宋同隋唐一樣，是漢族建立的封建王朝，為了標榜自己為正統，往往採用少數民族的音樂供皇家觀賞，以顯示其文功武威。因此，四夷樂具有其獨特的用途。宋代的四夷樂除保留有龜茲、高麗的樂種外，還有在戰爭中俘虜的戎樂組成的四夷樂，但規模已大不如前代。因從唐代以來四夷樂傳入中原，長期與中原音樂互為融合，宋代的諸樂中有胡樂的成分，因四夷樂有其獨特的風格，因此在中原地區長期不衰。但在宋代的宮廷音樂中，四夷樂減少了許多。


### （二）諸軍樂和衙前樂

宋代的音樂，除為宮廷演奏的皇家樂隊之外，在地方則有諸軍樂和衙前樂。

---

56　《江鄰幾雜志》，叢書集成初編本。
57　《宋史》卷一四二《樂志》。
58　《文獻通考》卷一四六《樂考》。

**1. 諸軍樂** 是軍隊中的軍樂隊，因兵種不同或駐地不同，所以樂隊也不同，這些統稱為諸軍樂。諸軍樂除供軍中使用外，有時還參與地方上節日演出，如京師禁軍樂隊，有時供宮廷所需，有時供京師節日演出。宋代軍隊分為三大類，主要是禁軍和廂軍，是國家的正規軍，軍隊人數很多，最多時達一百多萬，因此諸軍樂的人數也很龐大，「諸營軍皆有樂工，率五百人得樂工五十員」[59]，幾乎占軍隊總數的十分之一。如仁宗時，全國軍隊有一百二十萬，那麼樂工就有十二萬人，其規模是何等的龐大！宋代何以招募如此龐大的樂隊，這是有其原因的。宋代軍隊實行招募制，除招募青壯年入伍當兵外，此外在宋代禁軍中還有大量的有一技之長的人員，如紡工、繡工等，樂工進入軍隊也就屬於很正常的事了。軍隊樂工大量存在，一則表明宋代統治者出於穩定軍心的需要，二則也是宋代流行樂舞對軍隊的衝擊，三則反映軍隊的腐敗及奢侈享受風氣的濫觴。

**2. 衙前樂** 除軍中有樂隊外，在地方州府也有自辦的樂隊，這些統稱為衙前樂。「凡天下郡國皆有牙前樂營，以籍工伎焉」[60]。這裡的郡國指州、府一級的地方政府，宋代稱為牙前，又作衙前。衙前樂的樂工主要是民間專業文藝表演者，他們和其他工匠一樣，在官府中是註冊登記的，又叫作樂籍。他們如同衙前役一樣，有供官府娛樂的義務。衙前的樂工雖在官府註冊，但不是官辦的樂隊，平常主要在城市瓦肆勾欄中進行表演謀生，如果官府需要，就將其招來服務，帶有服役的性質。因此衙前樂也可視為民間藝工的一種。

在北宋一百多年間，因開封是當時全國政治、經濟、文化中心，商品經濟發達，文化事業空前繁榮，各色人等紛紛湧入城市中，因此在開封城從事樂舞這一行當的人很多，這就為開封府的衙前樂提供了充足的人員來源。因此，宋代開封府的衙前樂足與宮廷樂隊和諸軍樂呈鼎立之勢，其歸開封府下屬左、右軍巡院管理。開封府的衙前樂對北宋宮廷音樂有很大影響。如宋初太祖乾德元年（963年），舉行秋祀大禮，官樂未準備好，下詔選開封府樂工八百三十人，「權隸太

---

59 陳暘：《樂書》卷一八八《樂圖論・雜樂・東西班》，四庫全書本。
60 同上。

常習樂」[61]。以後凡官府樂人不足，就「追府縣樂工備數」[62]。這是宋初皇家樂隊未完備下出現的現象。太宗以後，宮廷樂隊基本上完備，但仍有徵集民間樂工的現象。這說明一個問題，即宋代從事音樂演奏的人是很多的，再一就是衙前樂實際比宮廷樂隊和諸軍樂要早，最起碼是同步的。由於民間樂工的隊伍不斷壯大和演奏水平的提高，許多樂工被選入官辦樂隊中，因此官辦樂隊的「雅正之音」就受到了來自民間音樂的衝擊。「聖朝樂府之盛，歌工樂吏多出市廛畎畝，規避大役，素不知樂者為之。至於曲調，抑又沿襲胡、俗之舊，未純乎中正之雅」[63]。衙前樂基本上是民間音樂，這種淳樸有力、不斷變化、反映著時代特色的俗樂，有著強大的生命力，漸漸成為宋代樂壇的主力軍。

到了南宋，隨著宮廷音樂的衰落，衙前樂異軍突起，成為領導南宋樂壇的主流。南渡後，臨安府的衙前樂非常盛行，高宗朝，尚可與教坊相匹敵，孝宗朝以後，就漸漸取得樂壇上的領導地位。吳自牧在《夢粱錄》中記載：「紹興年間，廢教坊職名，如遇大朝會、聖節、御前排當及駕前導引奏樂，並撥臨安府衙前樂人，屬修內司教樂所定集定姓名，以奉御前供應」[64]。可見宮廷演奏任務已由教坊完全轉移到民間樂工身上，這可以說是宋代樂壇一大變局。尤其是宋金議和之後，每遇金使來臨安，都要招集大量樂工前往演奏助興，樂工數目大致有：樂人300，百戲軍 100，百禽鳴 2 人，小兒隊 71 人，女童隊 137 人，築球軍 32 人，起立門行人 32 人，旗鼓 40 人，這些樂工都由臨安府派差，只有相撲子等 21 人，由衙前忠佐司派差[65]。可見南宋在舉行大的演出活動時，宮廷樂隊已不存在，諸軍樂參與者也很少，從事這項工作的全由衙前樂工來完成了。這種變化代表著宋代樂壇的一大方向，這也是社會發展所帶來的必然結果。

## （三）民間樂隊──「路岐人」

61 《續資治通鑑長編》卷四。
62 《宋史》卷一四〇《樂志》。
63 《宋朝事實類苑》卷十八，《典禮音律》條引《沂國公筆談》。
64 《夢粱錄》卷二十《伎樂》，杭州，浙江人民出版社，1980。
65 《宋史》卷一四二《樂志》。

上面我們所說的宮廷樂隊、諸軍樂和衙前樂，其作用主要是為統治者服務的，因此可以視為上層社會的樂隊。但是到了宋代，由於土地兼併的日益嚴重，以及商品經濟的發展，迫使許多人尤其是農民放棄以土地為生的謀生手段，成為游離於土地之外的「流民」。這些人被迫湧入城市中，加入了藝人行列，成為流動的文藝演出隊，稱為「路岐人」。「路岐人」不同於在城市勾欄中專門表演的「社會」藝人，也不同於「趕趁人」。「社會」是藝人的專業組織，在南宋尤盛，如杭州一帶就有唱賺的遏雲社、傀儡戲的蘇家蒼傀儡社、隊舞的女童清音社、雜劇的子弟緋綠清音社、清樂的清樂社、要詞的同文社、吟叫的律華社。每個社有藝人百十人，最多的達到三百多人，他們有自己的組織，有禮規，這些藝人除節期和臨時性演出外，大多在瓦舍的勾欄中從事定期的表演，他們可以說是衙前樂的主要徵募對象，社會地位稍高一點。「趕趁人」是進入不了「社會」裡的一些藝人，更不能在勾欄中從事表演，平常只能在茶肆酒樓進行賣藝，以此謀生。而「路岐人」比之更慘，他們主要是來自農村的破產農民，在失去土地後被迫靠賣藝來維持最低的生活。他們是流動的樂隊，沒有固定演出場所，從農村到城鎮，串街走巷，相當活躍，成為南宋各地文藝舞台上的重要力量。宋人周密在《武林舊事》中記載：「或有路岐，不入勾欄，只在耍鬧寬闊之處做場者，謂之打野呵。此又藝之次者」[66]。又說：「又有村落百戲之人，拖兒帶女，就街坊橋巷呈百戲使藝，求覓鋪席宅舍錢酒之貲」。吳自牧《夢粱錄》中也有類似的記載：「若唱嘌要令，今者如路岐人、王雙蓮、呂大夫，唱得音律端正耳。」[67]這說明路岐人社會地位是很低的，其進行表演主要是為了謀生。但路岐人的隊伍是很大的，不僅在城市中有，在農村中更多，而且演出水平也有很大提高，出現了一些足與「社會」圈的藝人相比高的傑出藝人。路岐人同「社會」圈裡的藝人和「趕趁人」一樣，屬於民間樂工，在南宋後期，漸漸成為官府出錢僱用樂工到宮廷或到其他地方從事演出的「和雇」的對象，這反映出宋代文藝發展的方向，由官府到民間的轉變，促進了宋代音樂的發展。

---

66 《武林舊事》卷六《瓦子勾欄》，杭州，西湖書社，1981。
67 《夢粱錄》卷二十《伎樂》。

## （四）民間音樂的發展

在宋代樂壇上，民間音樂是一束愈開愈豔的花朵，漸漸成為宋代音樂發展的方向。

**1. 民歌**　民歌作為底層人民的心聲，有許多很富有現實意義的內容，尤其是宋代階級矛盾和民族矛盾尖銳激化的情況下的產物，其思想性就極富有愛國精神和現實意義。宋代民歌流傳下來的不多，但卻能反映當時民歌創作的盛況。如《蓬蓬花》是宣和初燕山地區的勞動人民利用女真族創作的一首「新番嘌唱」。歌詞內容為：「臻蓬蓬，外頭花花裡頭空。但看明年二三月，滿城不見主人翁。」唱時用鼓伴奏，反映了燕山地區的漢人對契丹貴族的詛咒，表達了一定要收復燕雲十六州的信念和冀盼回歸北宋的決心。這首歌代表了人民的呼聲，形式上又生動活潑，因此深受人們喜愛，不僅「京師翕然並唱」，且很快「傳於天下」。再如南宋詞人楊萬里在坐船去京口（今江蘇鎮江）的路上，聽到船伕拉縴唱的一首民歌：「張哥哥，李哥哥，大家著力一起拖。一休休，二休休，月子彎彎照幾州。」這首歌「其聲凄婉，一唱眾和」，反映了勞動人民生活的苦難。更具典型的是產生於南宋建炎年間的《月子彎彎照幾州》，歌詞為：「月子彎彎照幾州？幾家歡樂幾家愁？幾家夫妻同羅帳？幾家飄零在他州？」這首歌反映了南宋初金人占領了淮河以北，而高宗不思北伐，只圖苟且偷安，在戰亂之中，大江南北，許多家庭妻離子散，家破人亡。很富有現實意義，曲折地揭露了南宋統治者的妥協投降和百姓的離難之苦。

**2. 鼓子詞**　其最早是流行於宋代的一種民間歌曲，後來因引起了文人學士的興趣，他們利用鼓子詞的形式創作了一些鼓子詞的作品，如呂渭的《聖節鼓子詞》、侯寘的《金陵府會鼓子詞》。這些鼓子詞一般在形式上比較簡單，由一個或兩三個同宮調的相同曲調聯成。後來這種鼓子詞發展成為常在勾欄裡表演的說唱音樂。

此外還有唱賺、諸宮調、貨郎兒、吟叫、合生等。

關於宋詞，本書在文學章節中已有論述，這裡不再重複。

## （五）樂理著作

由於音樂的發展，推動了人們對樂理的研究，許多文人也開始重視對音樂成果的總結，因此在宋代樂壇上出現了一些頗有價值的樂理著作，並在此基礎上編纂出了中國古代第一部音樂百科全書式的巨著——《樂書》。宋代樂理方面的著作和論述不少，主要有以下幾部：

1. **《皇祐新書圖記》三卷**　仁宗朝阮逸、胡瑗奉詔修撰，尤其在考證古代樂制方面，「精核可取」。[68]

2. **《樂書》二百卷**　陳暘著，陳氏為哲宗期進士，對樂舞頗有研究。這本書可分為兩部分：第一部分從第一卷到第九十五卷，主要引用《三禮》、《詩》、《書》、《春秋》、《周易》、《孝經》、《論語》、孟子的言論，一一加以解釋；第二部分從九十六卷到二〇〇卷專門論述律呂本義、禮器、樂章和五禮如何用樂等。這一部分還可分成兩個部分，第一六五卷以前專講樂，以後為舞，又分雅、俗、胡諸部加以敘述論證，可稱為「樂圖論」。這本書圖文並茂，包括了樂器、歌舞和雜技等。陳暘著這本書，雖反映出作者強調中庸之道、中和雅正的音樂復古思想，對俗樂和胡樂多有貶詞，但對宋代民間樂器、舞蹈、雜技等，記載頗詳，保存了許多重要史料。

3. **《律呂新書》兩卷，九十三篇**　其中八十三篇講律呂本源，十篇講律呂辯證，作者為南宋蔡元定。此外他還著有《燕樂》一書。這兩本書反映了作者對音樂研究的心得。

除上述這些專書外，宋人還有許多音樂理論方面的專著和短篇議論，諸如成玉磵的《琴論》，沈括《夢溪筆談》中的《樂律》，王灼的《碧雞漫志》等，都提出了作者一些頗有價值的見解。至於個人文集中有關音樂方面的評論則更多，這些均反映出宋代音樂的繁榮發達。

---

68 《四庫全書總目提要》卷三十八《經部·樂類》。

## 二、舞蹈

中國封建時代的舞蹈藝術，到盛唐時達到很高水平，晚唐五代以來，由於戰亂不斷，對舞蹈藝術的摧殘相當嚴重，迄至北宋建立，天下又趨於一統，安定的政治局面，使社會經濟、文化藝術得到空前繁榮，舞蹈在遭受摧殘後又得以復甦。宋代的舞蹈有許多方面是繼承唐代的，但又有了許多變化和發展，成為藝術舞台上最為活躍的隊伍之一。

### （一）宮廷舞蹈

唐代舞蹈藝術，種類上有「健舞」、「軟舞」、「字舞」、「花舞」、「馬舞」等，這些舞蹈種類，既有很高的藝術價值，又有豐富的內容，表現了獨特的風格。這些藝術瑰寶發展到宋代，均被繼承下來。如唐代的「字舞」、「花舞」等形式，在宋代依然保留。《齊東野語》雲：「州郡遇聖節賜宴，率命猥伎數十，群舞於庭，作天下太平字，殊為不經，而唐王建《宮詞》雲：『每遍舞時分兩向，太平萬歲字當中』，則此事由來久矣」。可知宋代也沿用唐時的「字舞」，舞式也是相同的，只不過在宮廷中跳「字舞」，其目的是粉飾太平、歌功頌德，舞隊要求整齊而已。

宋一統天下，在宮廷中倡行歌舞，因此就有歌舞大曲登場表演，名稱雖襲唐代，但內容已大大不同。宋代的大曲有歌有舞，歌舞相間進行。關於演奏情況，陳暘有所交代：「大曲前緩疊不舞，至入破則羯鼓、襄鼓、大鼓與絲竹合作，勾拍益急，舞者入場，投節制容，故有催拍、歇拍、姿制俯仰，變態百出」[69]。可以說宋代的歌舞大曲在入破之後舞者才能進場表演，而大曲演奏由三部分組成：一是散序，二是排遍，三是入破。也就是說大曲在進入入破時才能舞蹈。宋代大曲由唐演變而來，在教坊中表演樂舞，十八調四十大曲。宋人在表演時，有樂有舞而無詞。宋代大曲曲詞流傳下來的有：董穎的《道宮薄媚》、曾布的《水調歌

---

69 陳暘：《樂書》卷一八五。

頭》、史浩的《採蓮》等。

在北宋，詞是非常流行的，因此在上層社會的宴會上，多歌詞而不舞，也就是說取樂多以唱歌，而沒有跳舞。歌舞並作的稱「傳踏」，也叫「轉踏」。北宋的「轉踏」，通常是一個曲調連續歌唱，每一曲唱一件事，有多少曲唱多少事。這是宋初的情況。到北宋中葉以後這種情況已有變化，出現了隊舞，有小兒隊、女弟子隊。這些隊舞，是宮廷的舞蹈，流行於上層社會，其中雖保留有唐代的舊名，但內容已有不同。

關於宋代宮廷的舞蹈的情況，從有關史書的記載來看，大致是這樣的：每年春秋二社及聖節，宮中要設宴，第一皇帝升御座，宰相進酒，宮中開始吹篳篥，其他樂工合奏，賜眾大臣酒，皆就坐，宰相飲，作《傾杯樂》；百官飲，作《三台》……第四百戲皆作，開始表演……第七合奏大曲……第九小兒隊舞，亦致辭以述美德……第十四女弟子隊舞，亦致辭如小兒隊。第十五是雜劇。如果外交宴會如宴請遼國使臣，程序基本與上述相同，只是沒有女弟子隊舞和雜劇。上元觀燈這樣的大節日，樓前設露台，台上奏教坊音樂，樂舞小兒隊；台南設燈山，燈山前陳設百戲山棚，用散樂舞女弟子。

關於隊舞的體制，各有十種名稱，小兒隊有七十二人，一是《柘枝》隊，衣五色繡羅寬袍，戴胡帽，繫銀帶；二是《劍器》隊，衣五色繡羅襦，裹交腳幞頭，紅羅繡抹額，器杖；三是《婆羅》隊，衣紫羅僧衣，緋褂子，執錫環柱杖：四是《醉胡騰》隊，衣紅錦襦，繫貼韉，戴氈帽；五是《諢臣萬歲樂》隊，衣紫緋綠羅寬衫，渾裹簇花帽頭；六是《兒童感聖樂》隊，衣青羅生色衫，繫勒帛，總兩角；七是《玉兔渾脫》隊，衣四色繡羅襦，繫銀帶，冠玉兔冠；八是《異域朝天》隊……九是《兒童鮮紅》隊……十是《射鵰四鵰》隊……女弟子隊，共有一百五十三人，一是《菩薩蠻》隊；二是《感化樂》隊；三是《拋球樂》隊；四是《佳人剪牡丹》隊；五是《拂霓裳》隊；六是《採蓮》隊；七是《鳳迎樂》隊；八是《菩薩獻香花》隊；九是《彩雲仙》隊；十是《打球》隊。上述是小兒隊及女弟子隊的各隊舞蹈以及舞人的服飾。關於北宋宮廷歌舞的情形記載最為詳細的是《東京夢華錄》，因篇幅所限，在此不再細述。

南宋時的宮廷樂舞情況，在《武林舊事》、《教坊記》中有詳細記載，從「天基聖節排當樂次」內容來看，第一盞到第十三盞，大抵皆奏器樂而不舞。到篳篥奏《萬歲梁州》曲破，齊汝賢，舞頭豪俊邁，舞尾范宗茂。以此開始舞蹈，舞人技藝出眾者稱舞頭舞尾。南宋宮廷宴會，一般是音樂、舞蹈、雜劇等相間進行。

## （二）民間舞蹈

宋代的民間舞蹈很盛，大體可以分為兩類：一是民間群眾性的自我娛樂活動；一是民間專業演出團體向城市集市集中，並向商業化、劇場化發展。

關於都市民間專業歌舞的盛況，在《武林舊事》中有詳細記載：「都城自舊歲冬孟駕回，則已有乘肩小女、鼓吹舞綰者數十隊，以供貴邸豪家幕次之玩……三橋等處，客邸最盛，舞者往來最多……姜白石有詩云：『燈已闌珊月色寒，舞兒往往夜深還。只應不盡婆娑意，更向街心弄影看』。又云：『南陌東城盡舞兒，畫金刺繡滿羅衣。也知愛惜春遊夜，舞落銀蟾不肯歸』……至節後，漸有大隊如《四國朝》、《傀儡》、《杵歌》之類，日趨於盛，其多至數千百隊……至五夜，則京尹乘小提轎，諸舞隊次第簇擁前後，連亙十餘里，錦繡填委，簫鼓振作，耳目不暇給」。這是城市專業舞蹈的情況。至於隊舞的節目大概有七十多種，如《快活三郎》、《快樂三娘》、《男女竹馬》、《男女杵歌》、《大小斫刀鮑老》、《交袞鮑老》、《諸國獻寶》、《穿心國入貢》、《六國朝》、《四國朝》、《撲蝴蝶》、《喬三教》、《喬迎酒》、《喬親事》、《喬樂神》、《喬捉蛇》、《喬師娘》、《地仙》、《旱划船》、《村田樂》、《踏蹺》、《貨郎》等等。「其品甚夥，不可悉數。首飾衣裝，相矜侈靡，珠翠錦綺，炫耀華麗，如傀儡、杵歌、竹馬之類，多至十餘隊」。

在城市中的舞蹈專業團體也形成了自己的行業組織，稱為「社火」，以便於演出。《西湖老人繁勝錄》中就記載杭州的舞蹈專業組織的情況：「清樂禮轃鞀舞老番人，耍和尚，鬥鼓禮：大敦兒、瞎判官、神杖兒、撲蝴蝶、耍師姨、池仙子、女杵歌、旱龍船、福建鮑老禮一禮，有三百餘人，川鮑老亦有一百餘人」。《夢粱錄》載：「姑以舞隊言之，有清音、遏雲、掉刀、鮑老、胡女、劉袞、喬三教、喬迎酒、喬親事、焦錘架兒、仕女、諸國期、竹馬兒、村田樂、神鬼、十

齋郎，各禮不下數十」。從這幾種文獻來看，當時開封、杭州的民間專業舞蹈是很盛的，不僅自動組成組織，且演出隊伍和名目都很豐富。在這些專業舞蹈隊中，出現了許多舞蹈能手，如北宋東京瓦子中的張真奴，南宋杭州舞綰百戲的張遇喜、劉仁貴，神鬼舞的謝興哥、花春等。這些專業演員的出現，使宋代舞蹈發展到一個新水平。

再看民間群眾性的自我娛樂活動，幾乎各地都有，不過因地域不同而內容也有所不同。如「南方風俗，中秋夜，婦女相持踏歌，婆娑月影中，最為盛集」。男子在田間勞動之餘，有時也利用踏歌，一邊娛樂，一邊休息。踏歌就是人們成群結隊，手拉著手，以腳踏地為節拍，邊歌邊舞，表現人們的喜悅心情。諸如腰鼓、獅舞、山車旱船舞以及《村田樂》等都非常流行，不論在廟會、社日、過節，都與其他節目一起演出。即便是現在能看到的民間舞蹈如《跑旱船》、《大頭和尚戲柳翠》、《踏高蹺舞八仙》等，都可以溯源到宋代。這種舞蹈風格樸實，富於生活氣息，伴奏有大鑼、大鼓等打擊樂器，舞蹈者時作調笑，時作武打，時作鬼臉，粗豪壯健，表現出了民間舞蹈的特色，這與上層社會所喜愛的宮廷舞蹈相比，迥然異趣。

宋代的舞蹈和唐代相比有許多不同之處，唐人重獨舞和雙舞，而宋代重隊舞，舞蹈中加入故事情節，發展成為歌舞劇。不僅宮廷舞蹈重視隊舞，而且民間舞蹈也有隊舞的增加，後來的《秧歌》、《花鼓》等集體舞實起源於宋代。此外像傳統的傀儡和新興的「皮影」，也加入舞蹈動作在都市中流行，且傀儡曾進入宮廷宴樂中，與歌舞、雜劇並列。宋代的舞蹈藝術可以說達到封建時代之頂峰，宋以後，由於劇曲的興起，城市舞蹈藝術有「式微」之嘆，開始走向下坡路，而民間舞蹈卻依然很盛。

# 三、城市娛樂

宋代社會是中國封建時代的一個轉折期，其突出表現在社會經濟的發展和城市經濟的繁榮。當時除開封、杭州外，全國興起了許多著名的商業都市，如長

安、洛陽、蘇州、廣州、泉州、揚州、相州、益州等。商業都會的興起，是商品經濟發達的結果，因此唐代的坊市制到宋代發生了變化，民間可以隨意開設店鋪，營業時間幾乎通宵達旦，坊市無嚴格限制，可以交叉進行。隨著城市經濟的繁榮，城市人口的劇增，城市更趨繁華，我們從《東京夢華錄》序中可窺知當時的開封盛況：

> 僕從先人宦遊南北，崇寧癸末到京師……正當輦轂之下，太平日久，人物繁阜。垂髫之童，但習鼓舞，班白之老，不識干戈，時節相次，各有觀賞。燈宵月夕，雪際花時，乞巧登高，教池游苑。舉目則青樓畫閣，繡戶珠簾。雕車競駐於天街，寶馬爭馳於御路。金翠耀目，羅綺飄香。新聲巧笑於柳陌花街，按管調弦於茶坊酒肆。八荒爭湊，萬國咸通。集四海之珍奇，皆歸市易，會寰區之異味，悉在庖廚。花光滿路，何限春遊，簫鼓喧空，幾家夜宴。伎巧則驚人耳目，侈奢則長人精神。

在《武林舊事》中，杭州城的繁華更是空前：

> 翠簾銷幕，絳燭籠紗，遍呈隊舞，密擁歌姬，脆管清吭，新聲交奏，戲具粉嬰，鬻歌售藝者，紛然而集。至夜闌，則有持小燈照路拾遺者，謂之掃街，遺鈿墮珥，往往得之。

市民階層的壯大，標誌著城市經濟發展到一個新的高度，既然市民階層已登上歷史舞台，那麼反映市民階層的文化娛樂活動也必然從農村走向城市，從分散的規模小的演出團體發展到有固定場所、專業性的城市文藝團體，為市民階層演出各類文藝。恰在此時，市民的消閒文化興起了，這是中國文化史上的一件大事，具有劃時代的意義。

## （一）瓦子勾欄的興起

何謂瓦子？「謂其來時瓦合，去時瓦解之義，易聚易散也。」[70]在北宋都城

---

70 《夢粱錄》卷十九《瓦舍》條。

汴梁，瓦子又稱瓦舍、瓦肆，是城市民間表演藝術的固定場所。在瓦子中還有許多勾欄，所謂勾欄就是在瓦子中由不同專業的藝人，用欄杆之類的東西組成一些小的演出場所。

宋代瓦子勾欄起於何時？恐怕很難說清楚，主要是作為民間的東西，官方及士大夫階層很少注意到，但它確實是城市繁榮後的產物。宋代城市的真正發展大概是從宋初幾十年之後的事，因此也就在這個時期，大批藝人進入京城，立場謀生。《東京夢華錄》的作者所描寫的東京的情況是北宋末年，在此之前，東京城肯定是相當繁華的。據孟元老《東京夢華錄》所載，當時汴京的瓦子勾欄就非常多，演出也非常熱鬧。當時的瓦子有名的就有新門瓦子、桑家瓦子、朱家橋瓦子、州西瓦子、保康門瓦子、州北瓦子等，其中特別提到了「桑家瓦子」：

桑家瓦子，近北則中瓦，次里瓦。其中大小勾欄五十餘座。內中瓦子、蓮花棚、牡丹棚、里瓦子、夜叉棚、象棚最大，可容數千人。自丁先現、王糰子、張七聖輩，後來可有人於此作場，瓦中多有貨藥、賣卦、喝故衣、探博、飲食、剃剪、紙畫、令曲之類。終日居此，不覺抵暮。

此外，南宋人王栐的《燕翼貽謀錄》追記東京大相國寺的瓦市，熱鬧非凡，可容萬人，況且日日如此，每日都有固定的演出，也有相當的觀眾。其次是搭有戲棚，一些有名的藝人來此作場演出，觀眾多達幾千人。在這些瓦子棚中，雜耍百戲可謂百花齊放，有小說、戲劇、傀儡、雜劇等等，門類已非常多。

汴京的瓦子勾欄，發展到南宋更是變本加厲，這主要是因為江浙一帶在宋代已成為最富庶的地區之一，加之南宋初雖遭到一些兵燹之苦，但很快便恢復太平景象，破壞性不大；最主要的是由於宋室南渡，一大批藝人也轉徙南下來到臨安，繼續他們的藝術表演。因此杭州的勾欄瓦舍發展特別快，並迅速超過北宋汴京。到南宋中期，杭州城內的瓦子有南瓦、中瓦、大瓦、北瓦、蒲橋瓦。北瓦規模最大，有勾欄十三座。城外有二十座瓦子，如錢湖門里勾欄、門外瓦子、嘉會門瓦、候潮門瓦、小堰門瓦、四通館瓦、薦橋門瓦、菜市門瓦、艮山門瓦、米市橋瓦、舊瓦、北關門新瓦、羊坊橋瓦、王家橋瓦、行春橋瓦、赤山瓦、龍山瓦等。這些大瓦內集中了許多勾欄。到了南宋末年，「北瓦、羊棚樓等，謂之遊

棚。外又有勾欄甚多，北瓦內勾欄十三座最盛」。[71]

　　關於南宋瓦子勾欄的情況，應首推杭州的北瓦最為典型，不僅因此瓦在杭州諸瓦中規模最大，有十三座勾欄，且瓦內各種藝人的演出，簡直可以說是宋代市民文化的一個縮影。《西湖老人繁勝錄》對當時記載甚詳，我們可以從此書中了解到當時的一些情況：

　　（1）常是兩座勾欄，專說史書，喬萬卷、許貢士、張解元。

　　（2）背做蓮花棚，常是御前雜劇，趙泰、王芙喜、宋邦寧、河宴、清鋤頭、假子貴。

　　（3）弟子散樂，作場相撲，王僥大、撞倒山、劉子路、鐵板踏、宋金剛、倒提山、賽板踏、金重旺、曹鐵凜，人人好認。

　　（4）說經，長嘯和尚、鼓道安、陸妙慧。

　　（5）小說，蔡和、李公佐、史惠英、小張四郎。其中小張四郎，「一世只在北瓦，占一座勾欄說話，不曾去別瓦作場」。

　　（6）勾欄合生，雙秀才。

　　（7）覆射，女郎中。

　　（8）踢弄瓶碗，張寶歌。

　　（9）杖頭傀儡，陳中喜。

　　（10）懸絲傀儡，爐金線。

　　（11）使棒作場，朱來兒。

　　（12）打拓硬，孫大郎。

　　（13）雜班，鐵刷湯、江魚頭、兔兒頭、菖蒲頭。

　　（14）背商謎，胡六郎。

　　（15）教飛禽，趙十七郎。

　　（16）裝鬼神，謝興歌。

　　（17）舞番樂，張遇喜。

---

71 《武林舊事》卷六《瓦子勾欄》。

（18）水傀儡，劉小僕射。

（19）影戲，尚保義、賈雄。

（20）賣嘌唱，樊華。

（21）唱賺，濮三郎、扇李二郎、郭四郎。

（22）說唱諸宮調，高郎婦、黃淑卿。

（23）喬相撲、蘸魚頭、鶴兒頭、鴛鴦頭、一條黑、牛門橋、白條兒。

（24）踢弄，吳全腳、耍大頭。

（25）說諢話，蠻張四郎。

（26）散耍，楊寶興、陸行、小關西。

（27）裝秀才，陳齋郎。

（28）學鄉談，方齋郎。

　　從《西湖老人繁勝錄》中我們可以了解到杭州城瓦子勾欄的盛況，在勾欄中，各種伎藝及演員水平之高、人數之多，北宋汴京非能與比，且「分數甚多，十三座勾欄不閒，終日團圓」。這說明每一座瓦子就是一個綜合性文藝表演場所，在勾欄中從事表演的演員，除極少部分終身固定在一個勾欄中不動外，大多數是進出於諸勾欄瓦子中，做輪迴表演。

　　兩宋瓦子勾欄的興起，代表著一種時代新潮流，即民間文化的興起，也可以說是市民文化的興起，這是宋代城市經濟繁榮的必然結果。從上文記述的情況看，兩宋的瓦子勾欄有以下幾個顯著的特點：

　　一是有相當數量的觀眾，「大抵諸酒肆瓦舍，不以風雨寒暑，白晝通夜駢闐」。追求這種娛樂的多是些市民商旅。

　　二是有定期上演的百戲雜劇。「崇觀以來，在京瓦肆伎藝……仗頭傀儡任小三，每日五更，頭回小雜劇，差晚看不及矣」。[72]

　　三是有一些頗有名氣的藝人坐場。

---

72 孟元老：《東京夢華錄》卷五《京瓦伎藝》，北京，中華書局，1982。

四是這些瓦子勾欄的興起，都有歷史繼承性。如杭州在唐、五代時就發展成為江南的一個新都會，《堅瓠集》裡說：「西湖之盛，起於唐，至南宋建都，遊人仕女，畫舫笙歌，日費萬金，目為銷金窩。」尤其是北宋滅亡後，當時從汴京隨同南下到杭州的移民極多，這些人中既有官紳士宦，也有從事民間藝術的藝人。他們到了杭州，不免追念東京承平樂事，為了生存，只好重張豔幟，再事笙鼓。無怪乎周密在《武林舊事》言：「既而成裙黑邸，耳目益廣，朝歌暮嬉，酣玩歲月，意謂人生正復若此。」

　　五是民間文化的興盛，不僅集中於汴京、杭州，在成都、揚州、廣州、鄂州、洛陽、長安等地也都普遍。如莊季裕《雞肋編》卷上記載成都演出的情況：「成都自上元至四月十八日，游賞幾無虛辰……自旦至暮，唯雜戲一色。坐於閱武場，環庭皆府官宅看棚。棚外始作高撅，庶民男左女右，立於其上如山。每諢一笑，須筵中哄堂，眾庶皆嚵者。」宋費的《成都宴遊記》也有類似的記載：「成都宴遊之盛，甲於西蜀。蓋地大物繁，俗好娛樂，凡太守歲時宴集，騎從雜沓，車服奢華，倡優鼓吹，出入擁導。四方奇技，幻怪百變，序進於前，以從民樂。歲率有期，謂之故事。及期，則士女櫛比，輕裘袪服，扶老攜幼，列道嬉遊，或以坐具列之廣庭，以待觀者，謂之邀床，而謂太守為邀頭。」大城市如此，其他小城鎮也有「瓦子巷」一類的記載。

　　對促進宋代勾欄瓦舍的興盛，除承平日久的廣大市民需要外，還有一個階層尤為重要，這就是軍士。宋代奉行養兵政策，軍隊有諸軍樂，但更重要的是閒暇的士兵們參與民間娛樂，促進了瓦子勾欄的興盛。尤其南宋臨安的瓦子勾欄的發展，無不與軍隊有著直接的關係。據《咸淳臨安志》卷十九載：「以上瓦子，蓋取聚則瓦合，散則瓦解之義，故老雲：紹興和議後，楊和王為殿前都指揮使，從軍士多北人，故於軍寨左右營創瓦舍，召集伎樂，以為暇日娛樂之地。其後修內司於城中五瓦以處遊藝。」《夢粱錄》中也有同樣的記載：「瓦舍者，謂其來時瓦合，出時瓦解之義，易聚易散也。不知起於何時。頃者，京師甚為士庶放蕩不羈之所，亦為弟子流連破壞之門。」紹興間因駐軍多西北人，是以城內外創立瓦舍，召集伎樂以為軍卒暇日娛樂之地。「今貴家子弟郎君，因此蕩游，破壞尤甚於汴都。其杭之瓦舍，城內外合計有十七處」。可見杭州的瓦舍與軍士有莫大的

關係。

宋代瓦子勾欄的興起，也與都市市民的閒暇生活有關，兩宋雖有兵燹戰禍，但相對於他朝來說要少得多，且多為局部，因此承平景象成為宋代社會的特徵。「自本朝承平，民頗饒澤，垂髫之兒，皆知翰墨，戴白之老，不識戈矛，原野腴沃，常獲豐穰。澤地沮洳，寢以耕稼……所謂天下之樂土也」[73]。在這樣的狀態下自然產生了大眾娛樂的文明。一方面承平日久，國家無事，帝王官僚鬆怠，享樂消閒的生活成為時尚，同時城市中密布的酒樓勾欄，官方民間開設的妓院酒館也鼓動民間玩樂。瓦子勾欄的存在，改變了人的行為，從無處消愁到出門解悶尋歡作樂，因此到勾欄玩耍成為市民閒暇生活的一部分。這種狀況促進了勾欄瓦舍在宋代的大興，也標誌著市民文化、市民娛樂在宋代的發展。

## （二）百戲盛況

在瓦子勾欄中，民間藝人從事各種伎藝表演的項目很多，各種伎藝總稱為百戲，漸漸成為城市娛樂的主要內容。據馬端臨《文獻通考》載：「宋朝雜樂百戲，有踏球、蹴球、踏蹻、藏挾、雜旋、弄槍碗瓶、觀劍、踏索、尋橦、筋頭、拗腰、透劍門、飛彈丸、女伎，百戲之類，皆隸左右軍而散居，每大饗燕，宣徽院按籍召之」[74]。其實在宋代的瓦子勾欄中，從事表演百戲的，遠不止這些，還有上竿、倒立、擎戴之類，也包括魔術及馴化動物表演等等。在宋代的百戲表演中，最主要的有雜技、角牴、魔術和馴化動物等。

**1. 雜技**　雜技是宋代百戲的主要內容。宋代百戲雜技項目有一百二十多個，為了適應新的要求，藝人們組成了不同專業的基礎組織──「社火」，這種社團規模大的稱社，規模小的稱火。當時的雜技「社會」組織可謂星羅棋布，如「蹴鞠打球社」、「川弩射弓社」、「齊雲社」、「角牴社」、「繪革社」等，均屬雜技的社火組織。雜技「社火」組織的成員來自社會各個階層，有藝人世家，也有沒落

---

73 朱長文：《吳郡圖經續記》，四庫全書本。
74 《文獻通考》卷一四七《樂考》。

的士人，還有表演村落百戲的農民，如《夢粱錄》所載：「武士有射弓踏弩社，皆能攀弓射弩，武藝精熟。射放嫻習，方可入此社耳。更有蹴鞠、打球、射水弩社，則非仕宦者為之，蓋一等富室郎君，風流子弟與閒人所習也。」通過「社火」活動，培養了眾多的人才和節目。如《武林舊事》中所載的屬於百戲雜技的有：舞綰百戲、撮弄雜藝、踢弄、泥丸、頂撞踏索、使棒、打硬、舉重、打彈、蹴球、射弩兒、弄水、煙火，等等。

所謂踏球，即球用木製成，高尺餘，演出者立木球上，使球圓轉而行。蹴球，即踢球活動，分單人、雙人、三人及多人踢等多種形式。上竿即爬竿，立竿數十丈，竿上端立橫木，演者在上裝神鬼、吐煙水。屬於繩技的有：跳索、踏索、脫索等。踏索即爬大繩，表演者在繩上走動，裝神弄鬼、舞判官，把雜技和舞蹈相結合。雜手藝即以手伎和腳伎為主的項目，演員稱為踢弄家，如踢瓶、弄碗、踢磬、踢罐、踢鐘、弄花錢、長鼓槌、踢筆墨、壁上睡、虛空掛香爐、弄花球兒、掞築球、弄斗、打硬、教蟲蟻、弄熊、藏人、燒火、藏針、吃針、射弩端、親背、攢壺瓶、綿包兒、撮米酒等。

宋代雜技的繁榮，突出的特色在於節目的新奇豐富和演出形式的別緻多樣。宋代雜技演出形式主要有：精緻的廳堂雜技，即宴樂雜技、宣敕儀式中的雜技、廣場雜技、水上雜技、元宵雜技、瓦舍勾欄中的雜技、路岐和村落雜技。宋代雜技節目在數量上大大超過前代，節目技巧有了許多新的發展，這些節目總的特點是：一是傳統技藝有了普遍提高；二是新節目、新品種繁多；三是節目趨於小型精巧。

**2. 形體技藝**　宋代的形體技藝除繼承前代的拗腰、倒立、跟頭、穿刀門外，還發展了一批複合性節目，如「水上鞦韆」、「水上耍旗」，即把翻騰技巧和水戲結合在一起；「撲旗子」是把耍大旗和翻騰技巧糅為二體；「擎戴」即雙人技巧，「蓋兩伎以手相抵戴而行也」，有較高的技巧難度；「舞綰」即兩個演員人耍人的技巧，「都城自舊歲冬孟駕回，則已有乘肩小女、鼓吹舞綰者數十隊，以供貴邸

豪家幕次之玩」[75]。舞綰表演的基本形式是一尖子演員站在同伴肩上表演各種形體技巧；「倒食冷淘」，冷淘即涼粉，倒食是向後彎腰呈反弓狀銜起涼粉。

**3. 高空節目**　宋代高空節目不同於前代，如頂竿，前代是在增加竿上人數和竿的高度上下工夫，而宋代竿身短，這樣頂竿者重心愈難把握，演技要求則很高。高竿技巧如豎金雞竿，即是在廣場上豎高竿，由繩索拉拽，不僅解除竿木倒傾的顧慮，也增加了大幅度的運動和激烈的技巧。還有在高竿頂上表演雜劇的，「殿前兩幡竿，高數十丈，左則京城所，右則修內司，搭材分占上竿呈藝解。或竿尖立橫木列於其上，裝神鬼，吐煙火，甚危險駭人。」[76]「投坑」即「有伎者以數丈長竿，繫椅於杪，伎者坐椅上，少頃下投於小棘坑中，無偏頗之失」。這真是前所未有的高空節目，既要有膽量、勇氣，還要有準確性。「走索」在宋代有新的發展，即「索上擔水」、「跳索」、「踏蹺上索」等，是對演員的平衡技巧提出新的要求。

**4. 雜手藝、踢弄**　這兩項是用手足耍弄物件來表現技巧的節目，在宋代很盛，因此手技和足技堪稱代表。手技有拋接器物的，和尚的「弄花鼓槌」、「打交輥」，此外，新出現的節目有「消息」，即是從古代狩獵工具「飛去來器」演化而來的手技。手技除拋擲技藝外，尚有旋轉器物的技巧，如轉盤，即「蓋取雜器圓旋於竿標而不墜也」。「弄頭」即由民間陀螺演化而來，宋代用雙手拉動繩子，使其在空中旋轉成各種各樣的花式。宋代的踢弄技巧比手技發展更快，除蹴球成為朝野時尚外，還出現了與踢球有關的「拶築球」、「白打」等技巧，出現了其他踢弄技巧，如踢瓶、踢磬、踢筆墨、弄球子、踢鐘、踢缸、踏蹺、蹬人、蹬桌、蹬梯等。耍弄節目有投壺、打彈弓、射弩端、弄槍等。

**5. 角牴**　又名相撲、爭交，即指力技，是屬於角力摔跤的百戲雜技，女子摔跤的叫「女颭」。在宋代，介乎於雜技和體育之間的相撲很流行，不論在宮廷宴會、皇帝生日、郊祭或廟會、瓦市、勾欄，都有力士相撲、爭交的蹤跡。相撲形

---

75 周密：《武林舊事・元夕》。
76 孟元老：《東京夢華錄》卷八。

式各種各樣，有的近似體育競技，有的近似雜技，可歸百戲賣藝。男子角牴主要以力取勝，而女子摔跤則多為以智取勝。《夢粱錄》載：

> 瓦市相撲者，刀路岐人聚集一等伴侶，以圖摽手之資。先以女颭數對打套子，令人觀睹，然後以膂力者爭交。若論護國寺南高峰露台爭交，須擇諸道州郡膂力高強、天下無對者，方可奪其賞。如頭賞者，旗帳、銀杯、綵緞、錦襖、官會、馬匹而已。頃於景定年間，賈秋壑秉政時，曾有溫州子韓福者，勝得頭賞，曾補軍佐之職。杭城有周急快、董急快、王急快、賽關索、赤毛朱超、周忙憧、鄭伯大、鐵稍工韓通住、楊長腳等，及女占賽關索、囂三娘、黑四姐女眾，俱瓦市諸郡爭勝，以為雄偉耳。[77]

由此可見，南宋的杭州還有相撲比賽，選手從全國各州郡選擇，這可視為全國相撲冠軍爭奪賽。至於瓦市中的相撲，在開賽前由女相撲手數對打套子，即開場賣藝，其服飾與男相撲手一樣，袖短而無領，袒胸露臂。正因為相撲有較高的觀賞性，因此不論是官辦大賽或瓦市比賽，觀眾如潮，較其他技藝有更高的吸引力。

**6. 魔術**　魔術作為百戲之一種，在宋代也很流行。宋代魔術大體上有三類，即手法魔術、藏挾魔術和撮弄魔術。

手法魔術在宋代有長足發展，出現了自成套數的手技項目，如「泥丸」、「弄頭錢」、「變錢兒」、「綿色兒」等。「泥丸」又稱「仙人栽豆」，其基本表演形式是：桌上扣著兩隻小碗和五顆小紅豆或泥丸，在藝人巧妙的扣碗、翻碗之間，紅豆或泥丸隨心所欲，變來遁去。

撮弄魔術，即小魔術。「撮」指取物，撮弄聯用始於宋代。節目主要有「撮米酒」、「撮放生」等，即在空碗中變出米酒，空手中變出壽桃之類。《武林舊事》中曾記載，南宋理宗生日時，姚潤表演撮弄魔術「壽果放生」，就是在壽桃裡變出小鳥來。這類魔術，主要依靠道具機關的靈活和藝人以假作真的表演，《夢粱

---

77 《夢粱錄》卷二十《角牴》。

錄》中雲：「此藝施呈，委是奇特，藏去之術，則手法疾而已。」

藏掖魔術，宋人稱「藏掖」或「藏挾」。陳暘《樂書》解釋為：「藏挾，幻人之術，蓋取物象而懷之，使觀者不能見其機也」[78]。這個節目也稱為搬運魔術，即在臥單的掩蓋下，變出酒菜、玩具、水碗、火盆、動物等。這類節目不僅要求手疾眼快，還要有深厚的負載功底，即把這些東西藏在身上，不露聲色。

除了這三大類魔術外，宋代還出現了由傳統的「吞刀」、「吞火」而演變成「吃針」、「吞槍」等節目，最典型的要算「七聖法」。七聖法在北宋時為「作破面剖心之勢，謂之七聖刀」[79]，而到了南宋，則是「切人頭下，賣符，少間依元接上」[80]。這就是現在魔術上的所謂殺人復活術。宋代的這類魔術，各地俱有，愈演愈真，駭人聽聞。《宋會要輯稿》載：「訪聞臨安府並諸路州縣，多有邪偽之人於通衢要鬧處，割截肢體，剜剔腸胃，作場惑眾，俗謂南法，遞相傳習。」[81]此外，宋代也曾出現過大型魔術如「藏人」、「壁上睡」等，南宋舞隊中還出現「穿心國入貢」，即用棍棒穿透人體，由兩位助演舉起棍棒兩頭，抬起被穿透的人參加舞隊遊行。

**7. 馬戲和馴化動物**　宋代是馬戲發展的又一高潮，其主要成就在於騎術技巧的增多和騎與射的結合。在宋代的廣場雜技和諸軍百戲中，都有精彩的馬戲表演。從《東京夢華錄·駕登寶津樓諸軍呈百戲》可知當時馬戲的風采：

合曲舞旋訖，諸班直常入祗候子弟所呈馬騎，先一人空手出馬，謂之「引馬」。次一人磨旗出馬，謂之「開道旗」。次有馬上抱紅繡之毬，繫以紅錦索，擲下於地上，數騎追逐射之，左曰「仰手射」，右曰「合手射」，謂之「拖繡毬」。又以柳枝插於地，數騎以划子箭，或弓或弩射之，謂之「褾柳枝」。又有以十餘小旗，遍裝輪上而背之出馬，謂之「旋風旗」。又有執旗挺立鞍上，謂之「立馬」。或以身下馬，以手攀鞍而復上，謂之「馬騗」。或用手握定鐙袴，以身

---

78　陳暘：《樂書》卷一八七《樂圖論·俗部·雜樂》。
79　《東京夢華錄》卷七。
80　《西湖老人繁勝錄》。
81　《宋會要輯稿》、《刑法》二之一五〇。

從後鞦來往，謂之「跳馬」。忽以身離鞍，屈右腳掛馬鬃，左腳在鐙，左手把鞦。謂之「獻鞍」。又曰「棄鬃」。背坐或以兩手握鐙褲，以肩著鞍橋，雙腳直上，謂之「倒立」。忽擲腳著地，倒拖順馬而走，復跳上馬，謂之「拖馬」。或留左腳著鐙，右腳出鐙，離鞍橫身，在鞍一邊，右手提鞍，左手把鞦存身，直一腳順馬而走，謂之「飛仙膊馬。」

除馬術外，宋代民間馴化動物進行表演很盛，藝人們通過此來維持生計。據《東京夢華錄》載當時已有「猴呈百戲」、「魚跳刀門」、「使喚蜂蝶」、「追呼螻蟻」等節目，而在《西湖老人繁勝錄》中記載內容更多，有「教魚跳刀門」、「烏龜踢弄」、「金翅覆射」、「斗葉猢猻」、「老鴉下棋」、「蠟嘴舞齋郎」、「鵪鶉弩」等。隨著馴化動物的豐富多彩，出現了一批調馴專家，如北宋的劉百禽，南宋的趙喜、趙十一郎等。尤以趙喜的「七寶水戲」為代表：

呈水嬉者，以髹漆大斛滿貯水，以銅鑼為節，凡魚鱉鰍魚皆以名呼之，即浮水面，戴戲具而舞，舞罷既沉，別復呼其他，次第呈伎焉。[82]

此外，在宋代的百戲中還有口技、喬戲、彩扎和煙火等，這些都標誌著宋代民間娛樂的豐富，也說明了城市市民文化的發達，對後世產生了深遠的影響。

## （三）說唱曲藝

在宋代的都市文化中，百戲雖不失為市民娛樂的一種很重要的方式，但尤能體現民間文化的還要算是說唱曲藝。百戲雖博人歡心一笑，但說唱曲藝卻能給人以精神陶冶，具有一定的現實意義。更奇怪的是說唱曲藝把平民生活的一些真人真事編入曲藝中，既促進了民間曲藝的發展，又烘托出了曲藝的現實作用。因此，宋代的說唱藝術在中國曲藝發展史上有著劃時代的意義。

宋代的說唱曲藝，可分為兩大類：一是說，二是唱。說主要有說史、說經、

---

82 周密：《癸辛雜識》後集《故都戲事》，北京，中華書局，1988。

小說、說諢話四種，而唱有小唱、嘌唱、唱賺、鼓子詞、諸宮調等。

**1. 說史**　就是講史書，「講說前代史書傳興廢爭戰之事」[83]。有講漢、唐歷史故事的，有講《通鑑》的，有講三國歷史的，有講五代歷史的。其中三國歷史甚為流傳，後世《三國演義》尊劉備貶曹操的思想在那時的說書人思想中已表露出來，「聞劉玄德敗，顰蹙有出涕者，聞曹操敗，即喜唱快。」[84]且在城市的勾欄中，出現了許多著名的講史名藝，如《東京夢華錄》、《夢粱錄》等書均有詳細記載。

**2. 說經**　「即演說佛書」。宋代佛教大興，過去只有在寺院裡才能聽到的參悟佛教的東西，隨著市民文化的興起，也進入到了勾欄瓦舍中。說經的多為和尚，這也是佛教民間化、大眾化的一種表現。當時說經人所講的佛教內容，大多是關於佛教教義，也有一些佛教故事，如《大唐三藏取經詩話》就是當時說經人所依的話本。

**3. 小說**　小說興於北宋中葉，主要內容一是關於愛情方面的，一是關於公案的。關於小說的具體情況，我們在第十章話本中已有詳細交代，茲不多述。宋人是最佩服說小說的人，《都城紀勝》中說：「最畏小說人，蓋小說者能以一朝一代故事，頃刻間提破。」小說對後世文學和戲曲的發展影響甚大。

**4. 說諢話**　亦興起於北宋中期。說諢話的內容多為俚語，但尖酸刻薄，多有諷刺，如北宋的說諢話藝人張山人，其諢話「其詞雖俚，然多穎脫，含譏刺，所至皆畏其口」[85]，故此「人以為口業極雲」[86]，概括出了說諢話的一些特點。

以上是以說為主要內容的說唱曲藝，至於以唱為主要特點的說唱曲藝，其形式多種多樣，內容更是豐富多彩。

**1. 小唱**　主要隨詞的發展而在曲藝中占主要地位，一些藝人因詞曲短而精，

---

83 《都城記勝·瓦舍眾伎》。
84 王辟之：《澠水燕談錄》卷十，北京，中華書局，1981。
85 王辟之：《澠水燕談錄》卷十。
86 洪邁：《夷堅乙志》卷十八《張山人詩》。

靈活方便，所以就有了唱小詞的曲藝形式。《夢粱錄》中載：「街市有樂人三五為隊，擎一二女童舞旋，唱小詞，專沿街趕趁。元夕放燈、三春園館賞玩及遊湖看潮之時，或於酒樓，或花衢柳巷妓館家祗應，但犒錢亦不多，謂之『荒鼓板』。若論動清音，比馬後樂加方響、笙與龍笛，用小提鼓，其聲音亦清細輕雅，殊可人聽。更有小唱、唱叫、執板、慢曲、曲破，大率輕起重殺，正謂之『淺斟低唱』」[87]。可見唱小唱的藝人是走街串巷，出入於館園、妓院、酒樓的小型演出隊。這在北宋很普遍，南宋的勾欄中則不多見。

**2. 嘌唱**　嘌唱是宋代一種新的民歌歌曲形式，演唱時用鼓伴奏，《都城紀勝》載：「謂上鼓面唱令曲小詞，驅駕虛聲，縱弄宮調，與叫果子，耍唱曲兒為一體。本只街市，今宅院往往有之，叫聲自京師起撰，因市井諸色歌吟賣物之聲，采合宮調而成也。若加以嘌唱為引子，次用四句就入者，謂之下影帶。無影帶者，名散叫。若不上鼓面，只敲盞者，謂之打拍。」這說明嘌唱以令曲小詞為主，同時兼採宮調、叫果子、耍唱曲兒融為一體的一種曲藝形式，樂器很簡單，主要是鼓，但嘌唱藝人在進行表演時，卻很動聽，「唱得音律端正」。[88]

**3. 唱賺**　又叫道賺，其最早是北宋出現的一種民間歌曲。在北宋時，唱賺的曲式以纏令和纏達為主。纏令前有引子，後有尾聲，中間插入若干曲調；纏達前有引子，引子後則用兩個曲調不斷反覆而成。到了南宋，唱賺的曲式發生了變化，其吸收多種說唱曲藝而變為唱賺。它成為一種敘事歌曲，用一個宮調，若干個曲子，組成一個套數，以表演一個故事。唱賺的表演，一般由演唱者擊板，由另一個擊鼓，一人吹笛伴奏，可以視為民間一種小型器樂合奏。

**4. 諸宮調**　又叫諸般宮調，是北宋汴梁勾欄藝人孔三傳創造的一種以調性變化豐富而得名的說唱曲藝。起初，諸宮調比較簡單，由不同宮調的單曲連綴而成，各曲之間插有說白。後來在發展過程中不斷吸收其他歌曲藝術的因素，其曲式不斷豐富，除採用不同宮調的只曲之外，還用了不同宮調的套曲，所以諸宮調

---

87 《夢粱錄》卷二十《伎樂》。
88 同上。

就成為一種由不同宮調的只曲與套曲聯成的大型套曲了。諸宮調是一種說唱曲藝，說的部分為散文，唱的部分為韻文。孔三傳在創造諸宮調時，內容上「編撰傳奇靈怪，入曲說唱」，這樣，在演唱時故事性增強，同時在音樂上吸收唐宋大曲和宋代流行歌曲，再經過糅合其他說唱藝術，成為觀眾更喜愛的一種曲藝形式。諸宮調在演出時，一般由講唱者自己擊鼓，另外由他人用笛、拍板等樂器伴奏。

除上述這些說唱曲藝外，還有鼓子詞、吟叫、合生等。鼓子詞最初是一種民間歌曲，後來發展成為一種說唱曲藝，它的形式一般由一個或兩三個同宮調的相同曲調聯成。表演時，由一人主唱兼說講，另外幾個人作為歌伴和唱兼樂器伴奏。伴奏樂器以鼓為主。這些都是城市市民喜歡的節目。

## （四）雜劇與南戲

宋代的雜劇是一種綜合性的戲曲，是在唐末參軍戲的基礎上發展而來。北宋時，「散樂傳學教坊十三部，唯以雜劇為正色」[89]，雜劇取代歌舞成為教坊十三部裡的「正色」。北宋雜劇只分「艷段」和「正雜劇」。「艷段」相當於說話的「入話」，它是正劇上演前表演的一段日常生活中的熟事，如《打虎艷》、《少年游》、《歸塞北》等。「正雜劇」亦分兩段，是雜劇的主體，表演的是完整性的故事。到了南宋，雜劇分三個部分，即「艷段」、「正雜劇」、「雜扮」。「雜扮」原為民間一種獨立演出的滑稽戲。從《夢粱錄》中我們可以了解當時雜劇的一些情況：

且謂雜劇中末泥為長，每一場四人或五人。先做尋常熟事一段，名曰艷段。次做正雜劇、通名兩段。末泥色主張，引戲色分付，副淨色發喬，副末色打諢。或添一人，名曰裝孤。先吹曲破斷送，謂之把色。大抵全以故事，務在滑稽，唱念應對通遍。此本是鑒戒，又隱於諫諍，故從便跳露，謂之無過蟲耳。若欲駕前承應，亦無責罰，一時取聖顏笑。凡有諫諍，或諫官陳事，上不從，則此輩妝做

---

[89] 《夢粱錄》卷二十《伎樂》。

故事,隱其情而諫之,於上顏亦無怒也。又有雜扮,或曰雜班,又名紐元子,又謂之拔和,即雜劇之後散段也。頃在汴京時,村落野夫,罕得入城,遂撰此端。多是借裝為山東、河北村叟,以資笑端。

從《夢粱錄》看,宋雜劇故事,多以滑稽諷刺為主,政治性較強,隱諫諍於戲曲之中,在宮廷中很突出。如劉續霏《雪錄》載高宗罪廚師的雜劇故事,事雖不大,但屬指責皇帝的:

宋高宗時,饔人瀹餛飩不熟,下大理寺。優人扮兩士人,相貌各異。問其年,一曰甲子生,一曰丙子生。優人告曰:此二人皆合下大理。高宗問其故,優人曰:餃子、餅子皆生,與餛飩不熟者同罪。上大笑,赦原饔人。

這是雜劇諫諍高宗,譏諷時政,並被高宗所採納,但有些雜劇因諷刺朝政而遭到當權派迫害的也不少。岳珂《桯史》卷七《優伶詼語》記載:紹興十五年,高宗賜秦檜官邸於望仙橋,並讓藝人前往助興。酒宴正酣之際,有一參軍稱頌秦檜的功德,而一伶人「以荷葉交倚從之。詼語雜至,賓歡既洽,參軍方拱揖謝,將就倚,忽墜其幞頭,乃總髮為髻,如行伍之中,後有大巾鐶為雙疊勝。伶指而問曰:『此何鐶?』曰:『二聖鐶』。遂以撲擊其首曰:『爾但坐太師交倚,請取銀絹例物,此鐶掉腦後可也。』一坐失色。檜怒,明日下伶於獄,有死者。」伶人在秦檜權勢正炙之時,敢於斥責秦檜把迎「二聖」拋於腦後的無恥行徑,說明雜劇藝人的愛國精神,但其結局是悲慘的,遭到了殘酷迫害。

此外,雜劇藝人也演出了諸如《四小將整乾坤》歌頌英雄豪傑;《鶯鶯六麼》、《相如文君》、《鄭生遇龍女》等反對禮教,追求婚姻自由的雜劇。在當時的條件下,起到了鼓舞人民鬥志的作用。

就在雜劇發展的過程中,北宋末宣和年間在浙東一帶的民歌、曲子的基礎上發展成了一種新的民間戲曲——南戲,又稱「永嘉雜劇」或「戲文」。南戲是在北方雜劇的影響下,以南方民間散樂為基礎,並吸收了諸種技藝的歌唱、舞蹈表演手段、形式,漸漸與故事性情節相結合,並最後形成了具有地方特色的戲種。它與北方雜劇相呼應,漸漸成為古代戲曲的兩大流派。

南戲戲文過去知之甚少，經過學者們的不斷努力和挖掘，已知的南戲戲文有一百多種，尤以溫州為發達。據《猥談》載：「南戲出於宣和之後，南渡之際，謂之溫州雜劇。」到南宋後期，南戲在杭州的藝術舞台上獨占鰲頭，「王煥戲文，盛行於都下。」[90]南戲具有濃厚的生活氣息，充分表達了下層人民的思想感情，其劇目，不論是民間傳說或時事軼聞，均有強烈的戰鬥性。入元後，戲文依然盛行，充滿了旺盛的戰鬥精神。

在南宋的城市娛樂中，南戲具有壓倒的優勢，不論在勾欄或廟會，雜劇南戲以其特有的藝術魅力吸引著觀眾，既豐富了市民的文化生活，又為中國戲曲的發展奠定了雄厚的基礎和必要的條件。

90 劉一清：《錢塘遺事》，掃葉山房本。

# 第十一章

# 科學技術之光

　　在哲學、史學、文學、藝術、教育諸人文科學領域，宋代的成就具有劃時代的意義，在中國文化史上占有舉足輕重的地位。宋代的科技成就與人文科學一樣，是最引人注目的一個領域，成為中國古代科技史上最為輝煌的時代之一。

# 天文學與數學
# 的新高峰

## 一、天文學[1]的發現、發明與著作

宋代是中國封建時代天文學發展的重要時期之一，如果把宋元兩個時期的天文學成就合在一起，可以說是中國古代天文學發展的高峰。這個高峰至少包括了三個方面的內容：一是對恆星、新星和超新星的觀察；二是天文儀器的進一步改進；三是出現了一些有重大影響的天文學著作。

### （一）觀測恆星、超新星

宋代對恆星的大規模觀測，多集中在北宋，尤其是從真宗大中祥符三年（1010 年）到徽宗崇寧五年（1106 年）的近百年時間，共進行了五次較大規模的恆星觀測活動，其精確度比以前有很大的提高。大中祥符三年（1010 年），韓

---

1　本章參考杜石然等《中國科學技術史稿》等書的內容。

顯符製成新的渾儀，觀測「外官星位去斗、極度數」[2]；景祐元年（1034年），在編撰《景祐乾象新書》時，進行了第二次觀測，其主要成就是測定二十八宿距星的位置；皇祐元年（1049年）到皇祐五年（1053年），宋代天文學家周琮、于淵、舒易簡等人鑄造銅儀，對周天星官作了第三次觀測，其成果主要有三百四十五個星官距星的入宿、去極度；元豐元年（1078年）到元豐八年（1085年），又進行了第四次觀測，這次觀測的成果畫成了星圖。南宋理宗淳祐七年（1247年），王致遠依黃裳原圖刻於石板上，這就是天文學史上舉世矚目的蘇州石刻天文圖，共刻星一四三○多顆；徽宗崇寧元年（1102年）到崇寧五年（1106年），宋代天文學家姚舜輔等人又進行了第五次觀測，這次觀測最為

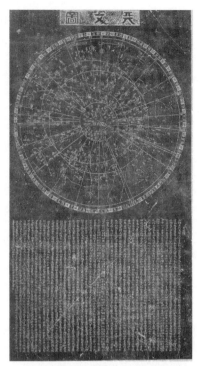

「天文圖」碑拓片（南宋）

精確。據後人研究，這次觀測的二十八宿距度誤差絕對值平均只有○點一五度，從此從唐代僧一行觀察二十八宿星的距離數據才被這次觀測結果所取代，在當時的條件下，能達到這麼高的精確度，是相當不易的。這表明宋人對恆星的觀測水平達到了一個新的高度。

宋人在觀測恆星的同時，對新星和超新星的觀測，也取得了突破性的進展，為人們所熟識的便是至和元年（1054年）對天關客星的觀測。關於這次觀測，《宋會要》中有記載：「嘉祐元年三月，司天監言：客星沒，客去之兆也。初，至和元年五月，晨出東方，守天關，晝見如太白，芒角四出，色赤白，凡見二十三日。」後世天文學家經過多年研究，對此成就已取得共識，承認天關客星附近的蟹狀星雲就是一○五四年爆發的超新星遺跡。宋人的觀測成果，可以視為這次超新星爆發的原始記錄，為蟹狀星雲及中子星等重大的天文學理論研究，提

2　王應麟：《玉海》卷三。

供了難得的歷史資料。

## （二）天文儀器的進步

宋代的天文學家是極富創造性的，他們在總結前人天文學成就的基礎上，將中國傳統的天文儀器諸如漏壺、圭表、渾儀、渾象等發展到最高峰。

關於漏壺的改進，最具成就的要數燕肅。他在天聖九年（1031 年）發明了蓮花漏法，在漏壺中第一次採用漫流系統。何謂漫流系統？即在漏壺的上部開孔，使多餘的水由孔中流出，以保持漏壺有恆定的水位。這一改進消除了漏壺水位的變化對水流量的影響，提高了漏壺計量時間的準確性，這在漏壺發展史上是一次重大的革新。

關於圭表測影的技術，在宋代也取得顯著的進步。為了克服圭表表端的影子因太陽光散射而模糊不清的問題，宋代大科學家沈括提出了一個新的辦法，即使用「副表」來增加影子的清晰度。另一位科學家蘇頌提出了「於午正以望筒指日，令景透筒竅，以竅心之景，指圭面之尺寸為準」[3]的辦法。這些新方法的採用大大提高了測影的精確度，使古代圭表測影技術達到一個新的水平。

關於渾儀製造，宋人在北宋百餘年間共製造五架巨型渾儀。從宋代渾儀結構來看，不同於漢唐的渾儀，主要是宋代渾儀比較簡化，減少了漢唐渾儀不太重要的環，改變了漢唐渾儀一些環的位置。在北宋天文儀器中，最傑出的成就要推蘇頌、韓公廉等人於元祐三年（1088 年）製成了水運儀象台。這是一種大型的儀器設備，能用多種形式反映和觀測天體的運行情況。它主要靠一套齒輪在漏壺流水的推動下使儀器能夠保持一個恆定的速度，與天體運行一致起來，既能觀測天象，又能計時、報時。

---

3　蘇頌：《新儀象法要》。

### （三）天文學專著

宋代天文學的發達，必然帶來人們記錄研究天體星位著作的出現。宋代的天文學專著主要有蘇頌的《新儀象法要》、王應麟的《六經天文編》等。最主要的要推蘇頌的《新儀象法要》。這一天文學著作反映了北宋天文學的巨大成就和機械製造技術的先進水平。全書共分三卷：上卷介紹渾儀的設計；中卷記載渾象的設計；下卷介紹水運儀象台的創製，書中附圖六十三種。

宋代的天文學成就反映了宋人對天體宇宙運行的探索精神，也反映了宋代科學水平所達到的一個新的高度，對宋代文化的繁榮起到了促進作用。

## 二、輝煌的數學

在宋代的科技成就中，數學的發展較為突出。從某種程度上講，宋代的數學在中國古代以籌算為主要計算工具的傳統數學發展過程中，可以說是一個登峰造極的時代。其許多科學成就，不僅在中國數學史上，而且在世界中世紀數學史上都是極為輝煌的。

### （一）名家輩出

宋代的數學成就突出地表現在南宋中後期和元初，即十三世紀中後期到十四世紀初，代表人物主要有秦九韶、楊輝和朱世傑。

秦九韶（1202-1261 年）生活的時代基本上是南宋寧宗朝到理宗朝，屬於南宋的中後期。他對星象、數學、音律無所不通，早年隨父在中都入太史學習，後來隱居從事數學研究。在長期的數學研究和積累之後，於淳祐七年（1247 年）完成了數學名著《數書九章》。該書共分十八卷，分大衍、天時、田域、測望、賦役、錢谷、營建、軍旅、市易九大類，每一類又用九個例題以闡明各種算法。本書的突出成就在於高次方程的數值解法和「大衍求一術」。對於數學的看法，

他最初認為數學「大則可以通神明，順性命，小則可以經世務，類萬物」，這種觀點實際上是理學對數學的影響。但在經過長期摸索之後，他改變了初衷，「所謂通神明，順性命，固膚末於見，若其小者竊嘗設為問答，以擬於用」[4]。用數學來闡明性命之學，實際上是辦不到的，只能起到「經世務，類萬物」的作用，這就是哲學和科學的不同。因此他的數學成就偏重於生產方面的應用，如「大衍」、「堆積」、「拓法」、「率數」等。

楊輝生活於南宋中後期，理宗景定元年（1260 年）中進士第。他的數學成就主要集中於幾部數學著作中，如一二六一年寫成的《詳解九章算法》（殘本）共十二卷，附有習題；一二六二年寫成的《日用算法》二卷；一二七四至一二七五年寫成的《楊輝算法》等。在他的書中，不僅收錄了不少現已無法見到的各種數學著作中的算題和算法，如「增乘開方法」和「開方作法本源」，而且在他的書中還記載有關於改革籌算的一些乘除簡捷算法。為了讓初學者了解乘除，他還編詩十三首，草圖六十六問，這些都體現了當時數學發展的新趨勢。楊輝晚年雖遭國破家亡之災，但他不仕於元，可以說是南宋的遺民。

朱世傑生活於南宋後期到元初，他一生雲游四海，以數學研究和數學教學為其職業。莫若在《四元玉鑑》的序中說：「燕山松庭朱先生以數學名家周遊湖海二十餘年矣。四方之來學者日眾。」祖頤在序中也提到：「周遊四方，復游廣陵（今揚州），踵門而學者雲集。」他的數學著作有《四元玉鑑》，共三卷，二十四門，二百八十八個問題，內容是講述多元高次方程組解法和高階等差級數等方面的問題。對於他及他的數學成就，西方的科學史家也給予高度評價，稱他是「他所生存時代的，同時也是貫穿古今的一位最傑出的數學家」。而《四元玉鑑》是「中國數學著作中的最重要的一部，同時也是中世紀最傑出的數學著作之一。」[5]他的另一數學著作為《算學啟蒙》，共三卷，二十門，二百五十九個問題，內容包括除法運算、開方、天元術等，是一部較好的啟蒙算書。

---

4 《數書九章序》。
5 轉引自杜石然等：《中國科學技術史稿》下冊，40頁，北京，科學出版社，1983。

宋代數學除這幾大家外，其他的數學著作不下二十多種，足見宋代數學之發達。究其發達之因，一則是科學發展的必然結果，二則是宋代對算學重視的結果。

## （二）天元術和四元術

天元術的成熟和發展是這一時期數學的突出成就。一般講用求解方程的辦法來解決實際問題，需要兩個步驟，一是根據問題設未知數，再按題所給條件列出一個含有未知數的方程，天元術的出現就是為解決列方程問題的一個突出成就。宋人有《天元局法》一書，不過已佚，像當時南宋的數學家秦九韶、金元之際的李冶都精於其法。天元術的出現，解決了一元高次方程式列方程的問題。不過，很快到宋元之交的朱世傑把天元術又向前推進了一步，出現了四元術——多元高次方程組的解法。朱世傑在《四元玉鑑》中按天、地、人、物，立成四元。天元術是將各項係數縱列成行，而四元術既有縱列，亦有橫列，擺成一個方陣，用來表示一個可以包括四個未知數的方程，並形成了一套多元多項式的運算方法。

## （三）劉益、賈憲和沈括的數學求解術

在宋代數學史上，劉益首先打破了對方程係數的限制，並推出了相應的算法——正負開方術。劉益著有《議古根源》一書。此書「引用帶縱開方正負損益之法，前古之所未聞也」，由此可見此書在方程論方面有突出貢獻，雖此書已失傳，但部分內容為南宋數學家楊輝的《田畝比類乘除捷法》所採納。

劉益之後，賈憲發明了增乘開方法。這種方法雖用增乘方法處理的是最簡單的高次方程，但把劉益的正負開方術推廣為一般高次方程解法的重要一步。況且，賈憲三角形的給出進一步從理論上證明了增乘開方法——隨乘隨加作法的正確。賈憲著有《算法數古集》二卷、《黃帝九章算法細草》九卷，可惜二書失傳。賈憲的三角形是十一世紀中國數學的傑出成果之一，它是方程論的重要內容，為後來隙積和無窮級數的若干重要成果的導出奠定了基礎。

沈括可以說是宋代最偉大的科學家之一，其《夢溪筆談》一書中有記載數學方面隙積術、會圓術的成果。此外，他還運用組合數學概念歸納出棋局總數，記載了一些運籌學方面的東西。何謂隙積術？沈括說：「隙積者，謂積之有隙者。如累棋、層壇及酒家積罌之類，雖似復鬥，四面皆殺，緣有刻缺及虛隙之處，用芻童法求之，常失於數少。」[6]隙積術在數學史上的意義，不在於他給出累棋、層壇的體積，而在於給出了積罌的求和公式。會圓術是給出了弓形的弦、矢和弧長之間的近似關係，「置圓田，徑半之以為弦，又以半徑減去所割數，餘者為股，各自乘，以股除弦，餘者開方除為

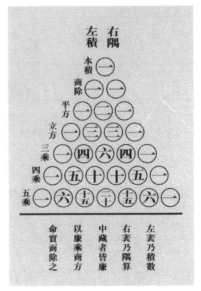

**開方作法本源圖**

勾。倍之為割田之直徑。以所割之數自乘退一位倍之，又以圓徑除所得，加入直徑，為割田之弧。」[7]沈括是中國數學史上由弦、矢給出弧長公式的第一人。《疇人傳》中說：「隙積會圓二術，補《九章》所未及。授時術草以三乘方取矢度即寫會圓術也。」

## （四）大衍求一術

南宋數學家秦九韶的數學成就在於他的鴻篇巨製《數書九章》一書，其主要內容有「大衍總數術」——一次同餘式組解法和「正負開方術」——高次方程的數值解法，這代表了中國乃至世界中世紀數學的最高成就。

「大衍求一術」是中國古代求解聯立一次同餘式方法的發展，秦九韶稱為「求一術」。因將其與《周易》大衍之數相附會，遂稱為「大衍求一術」，是從理

---

6　沈括：《元刊夢溪筆談》卷十八《技藝》。
7　同上。

論上對古代一次同餘式組問題解法作出了輝煌的總結。在中國古代數學史上有一個著名的孫子問題，即《孫子算經》中提出的：「今有物不知其數，三三數之剩二，五五數之剩三，七七數之剩二，問物幾何？」它的解法用到求三個一次同餘式的共同解。但在秦九韶以前，尚無關於這一算法的記載，秦九韶第一次對這一算法進行介紹並推廣到解決各種數學問題中。他所舉的例題就不是孫子問題中的三，五，七之類的簡單數據，數據可以是整數，也可以是分數和小數。秦九韶系統地指出了求解一次同餘組的一般步驟，既準確又嚴密。

宋代的數學成就以及延續到元代，是中國古代數學史上的光輝時代，後人在研究這段歷史後，無不發出由衷的感慨：

宋元數學，在中國古代以籌算為主要計算工具的傳統數學發展過程中，是一個登峰造極的新階段，在許多方面都取得了極其輝煌的成就。這些成就遠遠地超過了同時代的歐洲，其中高次方程的數值解法要比西方早八百年，多元高次方程組解法和一次同餘式的解法要早五百餘年，高次有限差分法要早四百餘年。宋元數學，不僅是中國數學史，同時也是世界中世紀數學史上最光輝的一頁。[8]

從數學這一科學領域，我們可以看出宋代文化發達的痕跡。宋人雖講「性理之學」，尤其在南宋理學被尊為官學，此風波及元朝，但自然科學領域的成就絲毫也不遜色，這也反映出了宋代文化開拓創新恢宏的時代特徵。但是元以後，尤其是進入明清，人們對數學的熱情開始衰落，從此以後，中國古代數學發展進入了低谷。

---

8　杜石然等：《中國科學技術史稿》下冊，38頁。

# 三大發明

在宋代文化史上，科學技術得以突飛猛進的發展，許多科學發明和創造不僅影響了中國文化發展的歷程，也對世界文明的進步和發展作出了貢獻，中國四大發明中的三大發明火藥即火器、活字印刷術、指南針就是這一時代的歷史產物。目前，科技史研究有新的進展，但無論如何，宋代是中國中古時期最輝煌階段，三大發明和宋代文化聯繫在一起。

## 一、火藥與火藥武器

在宋代，火藥的配方已脫離了初始階段的硝石、硫黃和木炭，各種藥物成分的配比比較合理，並開始應用到軍事上。

到宋代軍事中，人們對火攻器械進行了大量的改造，出現了馮繼升的火箭法，唐福獻的火球、火蒺藜，石普的火球、火箭等。火藥武器大量出現，推動了火藥的配方改進和專門的火藥研究，如北宋曾公亮、丁度等編著的《武經總要》中就有三個火藥配方。如毒藥煙球每個有 5 斤重，配方為硫黃 15 兩，煙硝 30 兩，木炭 5 兩，草烏頭 5 兩，巴豆 2.5 兩，瀝青 2.5 兩，還有少量的砒霜。火炮火藥配方：硫黃 14 兩，煙硝 40 兩，松脂 14 兩，以及定粉、黃丹、清油、竹

茹、黃蠟、桐油等。從文獻記載看，宋代的火藥配方成分增多，與唐火藥相比，主要成分硝、硫、木炭，宋代火藥硝的成分增加到兩倍甚至三倍，已與後來黑火藥的硝的含量接近。同時在火藥中加入其他材料，以利於易燃、易爆、易毒等效果。所以火藥雖不是宋人發明，但宋人在製造和使用過程中得到了較大的改進。

宋人對火藥的改進只是其成就的一部分，最主要的是將火藥應用到武器製造和發明上，推動了火藥的實用性，使火藥這一古老的技術得以發揮更大的作用。首先是火炮的出現。在宋代的文獻記載中出現了有關火炮的記載，當時的火炮形制不盡相同，有紙製、陶製和鐵製等。北宋末年，民族矛盾激化，金人不斷南下侵略，在宋金戰爭中，宋朝軍隊就發明使用了「霹靂炮」、「震天雷」等殺傷性較大的火炮。震天雷是鐵製火炮，威力很大，殺傷性很強，在《金史》中就曾這樣記載：「火藥發作，聲如雷震，熱力達半畝之上，人與牛皮皆碎迸無跡，甲鐵皆透。」到了南宋，不僅火炮大多為鐵製，且數量相當可觀，時人曾記載：「荊淮鐵火炮有十數萬隻。」[9]南宋末年，元軍攻南宋，馬墍守靜江，元軍圍城十餘日，城內糧盡，幾乎城不保，元軍迫使宋守軍投降，馬成旺部將婁鈐轄不為所動，在元軍攻城時，「婁乃令所部入擁一火炮然之，聲如雷霆，震城土皆崩，煙氣漲天外，兵多驚死者，火熄入視之，灰燼無遺矣」[10]。可見火藥威力之大以及出現了巨型火炮。這些火炮，不管是小型、中型或巨型，也不論是陶製、紙製、鐵製，不是用火藥放射的火炮，可能是以埋藏、放置的方式，也可能是引爆的炸藥包之類的火器。

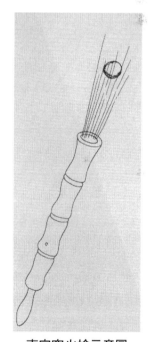

南宋突火槍示意圖

尤值得一提的是此時出現了管形的火槍，火槍的出現在北宋時尚未記載，到了南宋就有了明確的記載。如南宋初，陳規守德安城御金人時就採用「長竹竿火槍

---

9　李曾伯：《可齋續稿後集》，四庫全書珍本。
10　《宋史》卷四五一。

二十餘條」。李曾伯在一二五七年也提到「如火箭則有九十五隻，火槍則止有一百五筒」。[11]到一二五九年，南宋壽春府開始「造突火槍，以巨竹為筒，內安子窠，如燒放，焰絕，然後子窠發出，如炮聲，遠聞百五十餘步」。[12]這種火槍就是元代銅火銃的前驅，不同的是槍管由竹改為銅。這可以說是當時最先進的火藥武器。管形火器的出現在兵器史上是一個重大的突破，為近代槍炮的發展奠定了基礎。

宋人是非常聰明的，改進了火藥的配方並發明了兵器新品種火炮、火槍，但這些發明也未能挽救南宋的命運。所以，武器的先進與否並不能決定戰爭的成敗。宋人的火藥和火炮製造辦法在十二世紀後經中亞傳到歐洲，對歐洲社會產生了巨大的震動。歐洲人也正是學習了中國人這一偉大的發明，並加以改造，在近代後利用船堅炮利攻打中國，這是後話。反過來講，足見宋代的科學技術在飛越國界後對世界歷史進程所產生的影響。

## 二、指南針的發明及應用

唐代以來，中國的海運業得到空前發展，但是在一望無際、波濤洶湧的大海上航行，最大的困難便是辨別方向。經過長期的實踐和反覆的試驗，到了宋代，人們在人工磁化和使用磁針兩方面取得了重大的進展，導致了指南針的發明和廣泛的應用。

指南針，又叫羅盤針，是利用磁極的物理性來確定方向的工具。據北宋曾公亮等人所著《武經總要》載當時製造指南魚的辦法：「用薄鐵葉剪裁，長二寸，闊五分，首尾銳如魚形，置炭火中燒之，候通赤，以鐵鈐鈐魚首出火，以尾正對子位，蘸水盆中，沒尾數分則止，以密器收之。」[13]這是一種人工磁化方法的發

---

11 李曾伯：《可齋續稿後集》。
12 《宋史》卷一九七《兵志》。
13 曾公亮等：《武經總要》前集，卷十五，四庫全書珍本。

明，即利用強大地磁場的作用使鐵片磁化，這種方法是合乎科學道理的，在磁學和地磁學上可以說是一件大事。但依此法所得磁性較弱，沒有多大實用價值，但它使人們的眼界大開，就有了另一種人工磁化方法的出現。據沈括《夢溪筆談》載：「方家以磁石磨針鋒，則能指南。」[14]這是利用天然磁石的磁場作用，使鋼針內部磁疇的排列規則化，從而讓鋼針顯示出磁性的方法。這種方法既方便又有效，宋人掌握了這一技術，為指南針的發明創造了必不可少的條件。

關於指南針的做法，宋人有四種方法：一是水浮法，二是置指爪上，三是置碗唇上，四是縷懸。前文所述指南魚多採用水浮法，這種方法在宋代普遍使用，但它有一個缺點就是「水浮多蕩搖」。至於第二、第三種方法，長處在於「運轉尤速」，缺點就是「堅滑易墜」。因此只有第四種方法最可取，即「其法取新纊中獨繭縷，以芥子許蠟，綴於針腰，無風處懸之，則針常指南」。[15]此外，南宋陳元靚在《事林廣記》中還記載了一種指南龜裝置的新方法，即把一塊天然磁石安在木刻的指南龜肚中，在木龜的腹下挖一個小洞，對準了放在頂端的竹針上。使支撐點摩擦阻力很小，木龜就可以自由轉動為指南。

指南針一經發明，航海家們就發現了它的偉大用途，於是乎指南針很快便被運用到航海上。據北宋末年朱彧《萍洲可談》所載，當時「舟師識地理，夜則觀星，晝則觀日，陰晦則觀指南針」。[16]可見當時的海運已普遍使用指南針了。到了南宋初，徐兢在其《宣和奉使高麗圖經》中也有類似的記載：「唯視星斗前邁，若晦冥則用指南浮針，以揆南北。」

宋代的海運業是很發達的。從唐代以來，

據沈括《夢溪筆談》
復原的縷懸法指南針

---

14 沈括：《元刊夢溪筆談》卷二十四《雜志一》。
15 《元刊夢溪筆談》卷二十四。
16 朱彧：《萍洲可談》卷二，上海，上海古籍出版社，1989。

廣州、泉州等港口就是對外貿易的重要窗口，宋代秉唐代做法，在廣州和泉州設立市舶司，主管海外貿易。到了南宋，市舶司的重要性越來越被人們所認識，當時國家賦稅收入大半來自市舶司。足見當時海運業的發達。海運的發達，促使對外交往的頻繁，但這些成就都與指南針的發明有很大關係。正是因為發明了指南針，才使人們獲得全天候航行的能力，人類才第一次得以在茫茫大海上自由航行，開闢了許多新航線，縮短了航程，加快了航運，促進了宋與各國的文化交流和貿易往來。所以說，指南針的發明和應用在中國文化史上是一件了不起的大事，也是中國人民對世界文明做出的又一大貢獻。

# 三、畢昇與活字印刷

宋代文化之所以發達，其中一個先決條件就是印刷業的盛行，這為書籍翻刻和文化傳播提供了有利的條件。宋代的印刷業基本上承繼唐代，開始採用的是雕版印刷術，只不過這種方法到宋代又有了新的發展，雕版印刷趨於鼎盛。當時，雕版印刷最發達的地區集中在河南、四川、福建和浙江，印刷中心多集中在大城市，如兩宋的都城汴梁、杭州。福建建陽是當時造紙中心，成都、眉山是四川的雕版中心。此外，在廣東等地雕版印刷也很流行。

由於雕版印刷術的盛行，推動了宋代文化的興盛。在宋代，杭州是雕工薈萃之地，刻印了大量的經、史、子、集、醫、算等文化典籍。從版本學上講，浙本書字體方整，刀法圓潤。有宋一代，統治者非常重視典籍的雕刻，如宋初在成都雕刻印刷《大藏經》，共一〇七六部，五〇四八卷，歷時十二年才完成，僅雕版達十三萬塊。南宋時王永從在湖南刊刻佛經五千四百卷，僅一年即告完工，就不知用了多少良工巧匠。在對外文化交流上，如宋夏關係，宋曾送一部《大藏經》，這雖是一件好事，促進了民族間的團結和文化交流，但細想起來，不知要耗多少雕工的心血。所以，後世對宋版本書十分重視，一則是出於宋代刻工技術精良，紙墨裝潢精美；二則也說明雕版之不易。

雕版印刷雖然一版能印刷幾百部甚至上千部，但費工費時，且版片存放是一

個大問題，因此就在雕版印刷盛行之際，宋人又將印刷技術向前推進了一步，出現了畢昇創造的活字印刷術。這一方法的問世，可以說是世界印刷史上的一次革命，其影響是十分深遠的。

畢昇發明的活字印刷術的原理，類似於現在的鉛排技術，也可以說現在的鉛排技術源於畢昇的活字印刷術。他是用膠泥製成泥活字，一塊膠泥刻一個字，再放入火中燒硬。事先準備好一塊鐵板，將松香、蠟以及紙灰等混合在一起放在鐵板上。鐵板上再放一鐵框，在鐵框中放滿泥活字，排滿一框後放在火上加熱，使松香、蠟、紙灰熔化，冷卻後便將泥活字黏在一起。再用一平板將泥活字壓平。一版印完，將鐵板放在火上加熱，等松香、蠟熔化後取出泥活字，以備再用。為了提高印刷效率，畢昇準備了兩塊鐵板，一版印刷，一版排字。第一塊印完，第二塊又排好，印刷速度非常快。以現在人看來，活字印刷似乎並不複雜，但在那個時代確為不易，牽扯到許多技術問題，如造字、排版等等。到清代，安徽涇縣有一個叫翟金生的，完全依照畢昇的辦法花了三十年時間，造泥活字十萬多個，才印成《泥板試印初編》。由此推斷畢昇當時創製泥活字印刷的艱難。所以說，活字印刷術的發明，是印刷史上的一次創舉，為文化傳播帶來了方便。正是有了泥活字的發明，後世才有木活字、錫活字、銅活字、鉛活字。畢昇發明了活字印刷不僅影響了亞洲各國，也影響了整個世界的文明和進步。這是中國人民對世界文明作出的傑出貢獻之一。

# 沈括與《夢溪筆談》

在宋代的科學發展史上，沈括及其科學成就幾乎就是這個時代科學發展的代名詞，他的科學成就標誌著一個時代文化發展高峰的到來。

沈括（1031-1095 年），字存中，錢塘（今浙江杭州）人，是中國古代傑出的大科學家，他在科學領域的各個方面均有建樹。《宋史》稱他「博學善文，於天文、方志、律歷、音樂、醫藥、卜算無所不通，皆有所論著」，[17]可謂評價公允。

作為一個傑出的科學家，沈括一生著作甚豐，從《宋史·藝文志》中我們可以了解到，當時所錄他的著作就有二十二種一百五十五卷。現在能見到的有《夢溪筆談》、《補筆談》、《續筆談》、《長興集》、《蘇沈良方》等。其中最有價值的莫過於《夢溪筆談》，它可以說是宋代的一部小百科全書，內容涉及數學、天文曆法、地理、地質、氣象、物理、化學、冶金、兵器、水利、建築、醫學、動植物等領域，三分之一以上是關於科學技術的。其中對當時科技成就的忠實記錄尤為珍貴，如喻皓的《術經》、畢昇的活字印刷、三埽施工法、冷鍛瘊子甲和灌鋼技術、磁針裝置四法、水法煉銅法、淮南漕渠的復閘，等等。

---

17 《宋史》卷三三一《沈括傳》。

沈括的科學成就是多方面的。在此，我們只能採擷主要的成就來了解這位科學家的豐功偉績。

《夢溪筆談》書影

在天文曆法方面，沈括的成就相當突出。他非常注重對天體的觀測，在他主持司天監時，根據實測的日、月、五星的行度來改進曆法，他支持衛朴進行曆法改進，並於神宗熙寧七年（1074年）完成了《奉元曆》。在仔細觀察天體運行的基礎上，他生動地描述了五星運行的軌跡和隕石墜落的情景。為了測驗極星和天北極的距離，他一連三個月進行觀測，每夜觀測三次，共繪二百餘圖，得出了極星「離天際三度有餘」的結論。他對晷漏頗有研究，並得出了超乎前人的見解，如第一次從理論上推出冬至日晝夜一天的長度「百刻而有餘」，夏至日晝夜一天的長度「不及百刻」的重要成果。對於月亮盈虧的現象，他堅持「月本無光」，「日耀之乃光耳」的科學認識，「以粉涂其半，側視之，則粉處如鉤；對視之，則正圓。」[18]並加以演示。他肯定了「虹乃雨中日影也，日照雨則有之」[19]的觀點，掃蕩了前人「虹乃天地淫氣」的唯心迷信說法。

在天文學成就上，沈括非常重視觀測手段的改進，熙寧七年（1074年）七月「沈括上渾儀、浮漏、景表三儀」，這三種天文儀器主要是測量天體位置、時間和日影長短，但經過他的改進，觀測精度大大提高。對於曆法的改進，沈括頗有功績，他主張使用十二氣曆，即「十二氣為一年」。立春為一年的開始，「大盡三十一日」，「小盡三十日」；「一大一小相間，縱有兩小相併，一歲不過一次」，這樣就可做到「歲歲齊盡，永無閏餘」，這就把傳統的月相變化的內容注入到曆法裡。可惜此法未被採納，反而招致一些人的圍攻。

18 《元刊夢溪筆談》卷七《象數一》。
19 《元刊夢溪筆談》卷二十一《異事》。

在數學方面，沈括的成就在於推導出了「隙積術」和「會圓術」。隙積術是求解垛積的問題，屬於高階等差級數求和問題，並提出了一個正確的求解公式，開闢了數學研究的新領域。這一成果被南宋數學家楊輝、朱世傑等人所繼承並進一步加以發揮。會圓術是一個已知弓形的圓徑和矢高求弧長的問題，沈氏推演出了求弓形弧長的近似公式。

在物理學方面，沈氏的貢獻主要在磁學和光學上。對磁學的研究，他記述了指南針的四種裝置方法並詳其優劣，他還發現，磁針「常微偏東，不全南也」的現象，這可以說是關於磁偏角的最早記載。在光學方面，他通過對凹面鏡成像的實驗，指出：「陽燧面窪，以一指迫而照之則正，漸遠則無所見，過此遂倒。」這裡的「過此」之「此」，後人研究即為凹面鏡的焦點，也就是說，物體在凹面鏡焦點之內時得正像，在焦點上時不成像，在焦點之外則模糊不清。對於透光鏡，沈括進行了細心的觀測和研究，他說：「世有透光鑑，鑑背有銘文，凡二十字。字極古，莫能讀，以鑑承日光，則背文及二十字，皆透在屋壁上，了了分明。人有原其理，以為鑄時薄處先冷，唯背文上差厚後冷而銅縮多，文雖在背，而鑑面隱然有跡，於光中現。予觀之，理誠如是。」沈氏以鑄鏡時冷卻速度不同來解釋透光鏡能反射背面花紋的原因，雖不一定符合事實，這種科學探索精神還是值得稱道的。

在地學方面，沈括也作出了不少貢獻，熙寧七年（1074 年）四月，他到浙東察訪，當他看到雁蕩山山峰「峭拔險怪、上聳千尺、穹崖巨谷」的地貌景觀時，認為這是流水侵蝕造成的，「原其理，當是為谷中大水衝激，沙土盡去，唯巨石巋然挺立耳」。對於西部黃土高原的「立土動及百尺，迥然聳立」的地貌，他認為也是水流沖積所致。後來他到河北巡察，在太行山區發現「螺蚌殼及石子如鳥卵者，橫亙石壁如帶」，推斷出「此乃昔之海濱」。之所以成為現在的大平原，原因在於「皆濁泥所湮耳」。[20] 此外，沈括還發明了用木屑、麵糊堆捏地形，後改用蠟熔製作，形成了立體地圖。其發明的立體地圖法很快得以推廣，「詔邊

---

20 《元刊夢溪筆談》卷二十四《雜志一》。

州皆為木圖，藏於內府」。<sup>21</sup>

在藥物學方面，沈括的貢獻在於：根據實物，對藥物名存在的一物多名或多物一名的情況，作了詳細的辨疑工作，修正了前人的一些錯誤。此外，他還非常注意收集驗方，編有《良方》一書。在此書序中言：「予所謂良方者，必目睹其驗，始著於篇，聞不預焉。」尤其是關於「秋石方」的記載，可以說這是世界上最早的荷爾蒙製劑的製備方法。

沈括及《夢溪筆談》的科學成就，已引起後世學者的廣泛注意和研究，人們從各個方面加以研究，得出的結論就是他是一個在諸多自然科學領域有很深造詣的卓越的科學家。他的科學成就代表了宋代科學發展的水平，過去人們在論述宋代文化發達的盛況時，多從人文科學領域加以描述，而沈括的科學成就，則標誌著宋代文化的另一側面，即自然科學的發展水平。

第四節 ·
# 全面發展
# 的醫藥學

宋代是中國古代的醫藥學進入了全面發展的新階段，在醫學理論、各科的臨床診斷以及藥方等各方面都有長足的發展。

首先在醫藥書籍的編撰方面。宋朝政府十分重視醫學書籍編纂工作，因為醫

---

21 《元刊夢溪筆談》卷二十五《雜志二》。

學水平的高低不僅關係到一個時代的文明程度如何,也反映了人們在抗拒災害方面的能力。所以,從宋立國之初就對醫藥書籍的修訂工作相當重視。宋代第一部本草是在太祖開寶六年至開寶七年(973-974 年)由劉翰、馬志等人奉詔依唐代《新修本草》和五代《蜀本草》為據修成的《開寶本草》。此書共二十一卷,所記載藥物達九百八十三種。第二部本草是仁宗朝嘉祐二年(1057 年)由蘇頌等人奉敕所修的《嘉祐本草》,是書共二十卷,所載藥物達一〇八二種。隨後不久,宋帝又令各州郡把該地所產的藥物繪成圖送到汴京,最後由蘇頌加以整理編成了《圖經本草》。

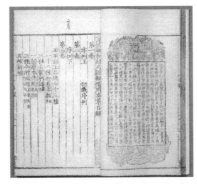

《重修政和經史證類備用本草》書影

到了北宋中後期,四川成都一醫人唐慎微在總結前人成果的基礎上又編成了一本本草,即《經史證類備急本草》,簡稱《證類本草》。該書內容豐富,有三十一卷,六十多萬字,收錄藥物一千七百多種。本書主要特點在於:在序例中闡述了百病主治藥物,服藥食忌例以及藥物的畏、惡、須、使等方法,使人們對歷代本草的源流和藥物的配比禁忌有了大致的了解。此外是書中除收錄宋以前諸家本草的內容外,又採用歷代單方,並驗之經史百家中有關藥物。此書不是官修,乃為私修,比前代本草有進一步的發展,故而明代醫學家李時珍對此評價頗高,認為「使諸家本草及各藥單方,垂之千古,不致淪沒者,皆其功也」。

到了北宋末年,寇宗奭又在此基礎上撰成《本草衍義》一書,此書所載藥物雖只有四百七十二種,但發明頗多。不僅推翻了前人的性味說,創立氣味說,而且還認為治病用藥,必須依病人的虛、實、老、少,病情的長與短以及藥物毒性的大小等,酌情使用,不能拘泥於成法,這是很合乎科學道理的。

其次是法醫和解剖學理論的發展。法醫檢驗古已有之,至宋,法醫知識有了進一步的發展,出現了《內恕錄》、《折獄龜鑑》、《棠陰比事》、《平冤錄》、《檢驗格目》等有關法醫檢驗的書籍。在此基礎上,南宋人宋慈於一二四七年寫成

《洗冤錄》一書，成為中國歷史上第一部有系統的法醫學專著。此書共五卷，第一卷載條令和總說，第二卷驗屍，第三卷到第五卷記載各種死、傷情況。此書的內容包括人體解剖、屍體檢驗、現場檢查、鑑定死傷原因、自殺和謀殺等，內容十分廣泛。尤其對自殺、他殺、病死的區別十分詳細。書後還附有各種救死方法。此書對後世影響很大，從南宋一直到清代，沿用了六百餘年。

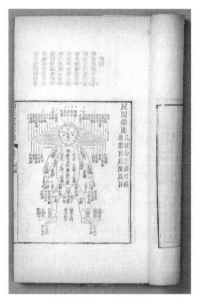

《洗冤錄》書影

解剖學在宋代也得以進一步發展，宋人進行了許多屍體解剖，還繪成圖。慶曆年間，宋景繪成《歐希範五臟圖》，是人體內臟圖譜，正確地記載了人體內臟肝、腎、心和大網膜的部位和形態。另一部是崇寧年間楊介整理的《存真圖》，正確記載了人體胸腹腔的前後左右各部位，主要述及血管、消化、泌尿、生殖系統，而且所述部分位置和形態基本正確。這兩本解剖學書籍在當時可以說具有世界先進水準，標誌著中國古代解剖學發展到了一個新的階段，不僅在實際中發揮了作用，而且也有助於其他醫科的發展。

再次是針灸和外科。針灸是中國傳統的醫術，到宋代有了較大的發展。仁宗天聖五年（1027 年），王唯一在其所著的《銅人腧穴針灸圖經》中，將各家對腧穴的不同說法統一起來，並製造了中國最早的兩個針灸銅人，這對針灸學的發展有很大幫助。初學者在學習針灸時，先將銅人外面塗上蠟，然後穿上衣服，體內充入水，針進入穴位則流水，反之找不到穴位針就無法進入。針灸銅人造型逼真，頗受醫學界歡迎。

針灸銅人體模型

在外科方面，宋人從整體觀念出發來治療的思想得到進一步發展，如陳自明在其《外科精要》中就主張外科要以內科為本。李迅的《集驗背疽方》詳述了發疽有內外之別，外發疽雖厲害但容易治療，內發疽雖緩慢卻不易治療。對於骨傷，宋人竇材在其《扁鵲心書》中記載麻醉藥「睡聖散」是用曼陀羅花配成的。

此外宋代的兒科發展水平也很高，在兒科診斷上已採用觀察指紋的新方法。宋代的兒科醫家已能區別天花、痲疹、水痘等傳染病，並有專門的治療方法。

總之，宋代的醫藥學發展水平是比較高的，尤其北宋的醫學發展水平是一個小高潮，在醫科上由唐代的四科發展到宋代的九科，分科趨細，研究愈精。在醫學理論上對後世產生了重大影響，為宋、元四大醫學流派的產生奠定了基礎。

## 第五節 ·
# 地學與農學

宋代的農業發展水平是相當高的，尤其是在南方，農業生產和技術達到了一個新的水平。突出表現在這樣幾個方面：一是發明了一些墾地方法，如圩田、淤田、沙田、葑田、架田、涂田、湖田等；二是農作物分布有很大變化，水稻生產躍居農作物首位，並從國外引進水稻新品種，如越南的「占城稻」，朝鮮的「黃粒稻」。且江南也「競種春稼（小麥），極目不減淮北」。[22] 經濟作物，南方的棉業發展很盛，園藝、蠶業也得以發展；三是農業生產條件改善，單位面積產量提高。宋代農業的重大變化推動了農學理論的發展，最具代表性的是陳敷的《農

---

22 莊季裕：《雞肋編》。

書》。

陳敷的《農書》著於南宋紹興十九年（1149 年），這是最早論述南方水稻生產區域的農業生產技術和經營的農學書籍。這本農書的主要內容有：一是整地技術，將田地分成早田、晚田、丘陵、平原和低地並採取不同的措施；二是育苗，在《善其根苗》篇中主要論述水稻的育苗技術，如培養壯苗的原則和重要性；秧田在插前的耕作和施肥；怎樣防止爛秧；控制秧田水層深淺等；三是中耕除草技術；四是烤田和灌田。陳敷的《農書》第一次專篇系統討論了土地的利用問題，首次明確提出兩條對土壤看法的基本原則：一是土壤雖有好壞，但若治理得當，同樣可栽種作物。對不同的土壤可採取不同的治理辦法；二是只要使用得當，土地就可以經常保持壯盛。除合理利用土壤外，施肥也很關鍵，並提出了施肥要點和四種新肥源，尤其推崇「用糞猶用藥」的思想。陳敷的《農書》是宋代農業上的重要成就之一，充分體現了農業生產精耕細作的思想。

如同其他領域一樣，宋代的地學成就也很突出，這主要表現於地理學書籍的編纂、地圖的製作、地質的考察和水利事業的發展等諸方面。

宋之前，對地理書籍的編撰歷代都很重視，如戰國時的《禹貢》、東漢班固的《漢書・地理志》、東漢吳平、袁康的《越絕書》、晉常璩的《華陽國志》、劉宋王僧虔的《吳郡地理記》、南齊陸澄的《地理書》、梁任昉的《地記》、隋朝的《諸郡物產土俗記》、《區宇圖志》、《諸州圖經集》、唐李泰的《括地志》、李吉甫的《元和郡縣圖志》等基本上都是地理書籍，記載的是疆域、山川、阨塞、道里、戶口、物產、風俗等。到了宋代，以圖經形式編撰地理書籍仍然很盛，宋初就規定：「凡土地所產，風俗所尚，具古今興廢之因，州為之籍，遇閏歲造圖以進。」[23]宋初官府也數次大規模修天下圖經和諸道圖經，如《開寶諸道圖經》等。此後官方修地理書更多，有《太平寰宇記》、《歷朝九域志》、《元豐九域志》等，不過從宋初開始修地理書時就出現了明顯的變化，圖經中的文字部分越來越多，而圖則漸處於附庸地位。到了南宋，圖文完全分開。所以說，從隋唐以來的圖經

---

23 《宋史》卷一六三《職官志三》。

地理書漸漸有所變化，到宋代完全過渡到地方志上，並形成了統一的規格和體裁。開創之功要推《太平寰宇記》，與其他志書不同的是將人物和藝文列入方志中，從而開創了方志的新體例。除官方編撰全國性的總志外，宋代各州郡縣也修有志書，如《乾道臨安志》、《淳祐臨安志》、《咸淳臨安志》、《吳郡志》等。

就在傳統的地理書籍向方志過渡之時，宋代還有人專門著書寫地理沿革，如鄭樵的《通志》中的《地理略》，考證歷代疆域沿革；《都邑略》則敘述歷代的都邑變化，均屬於沿革地理的範疇。

從宋立國開始，宋朝統治者採取了諸多辦法，加強中央集權，把軍權、財權等地方權力統統收歸中央。中央為了控制地方，諸凡軍事調動、財賦稅收的調撥沒有地圖是很困難的。因此宋代政府對地圖製作相當重視。宋初有規定每年地方州郡向朝廷移送地方圖經，這就為全國性地圖製作創造了良好條件。真宗時下詔令「翰林院遣畫工分詢諸路，圖上山川形勢，地理遠近，納樞密院」[24]，這就是淳化四年（993 年）完成的大型地圖──《淳化天下圖》。宋代的地圖很多，保存到現在的也不少，有稅安禮的《地理指掌圖》、程大昌的《禹貢山川地理圖》等。尤值得重視的是保存在西安和蘇州的三幅石刻地圖，即《華夷圖》、《禹跡圖》和《地理圖》。這三幅圖均屬南宋，北宋的則有《九域守令圖》。

在宋代隨著礦冶開發，人們對地質地貌的考察蔚然成風，這種風氣的推動使人們對某些礦藏及地質地貌的認識和研究比前代有了較大的進步。尤值得關注的是南宋初杜綰編著的礦物學著作《雲林石譜》。該書共三卷，記載石岩礦石達一百一十六種，各記其產地、採法、產狀、光澤、品評其優劣等，這反映了宋人對礦物認識的新水平，這是一部關於岩礦知識的著作。在這本書中作者還談及岩礦的風化和侵蝕方面的內容，這是沈括之後人們對某些地質地貌成因的明確記載。該書的一個重要特點是對化石有較深的認識和研究。對於該書中所記載的魚龍石、石燕，杜綰對此進行了研究，並指出其形成的原因。認識到魚化石是古代魚類的遺體，是經過長期埋藏後石化的結果。關於採集化石的情況，在該書卷中

---

24 王應麟：《玉海》卷十四。

有詳盡生動的記載：

> 潭州湘鄉縣山之巔，有石臥生土中，凡穴地數尺，見青石即揭去，謂之蓋魚石。自青石之下，色微青或灰白者，重重揭取，兩邊石面有魚形，類鰍鯽，鱗鬣悉如墨描。穴深二三丈，復見青石，謂之載魚石，石之下，即著沙士，就中選擇數尾相隨游泳，或石紋斑剝處，全然如藻荇，但百十片中，然一二可觀。大抵石中魚形，反倒無序者頗多，間有兩面如龍形，作蜿蜒勢，鱗鬣爪甲悉備，尤為奇異。

這些石魚是如何形成的呢？他認為：「豈非古之陂澤，魚生其中，因山頹塞，歲久土凝為石而致然歟？」雖然作者未能說明這是由於地殼發生變動，原來的湖河變成大山，魚被石埋藏結果所致，但也說明了一些這方面的推測，這種見解是相當進步的。

石魚成因如此，石燕又是怎樣形成的呢？石燕是無脊椎動物腕足綱石燕類化石，古人不識之，有「石燕遇雨則飛」的傳說。杜綰經過對化石的考察，揭示出了「石燕遇雨則飛」的現象本來原委，他說：「永州零陵出石燕，昔傳遇雨則飛，頃歲余涉高岩，石上如燕形者頗多，因以筆識之，石為烈日所暴，偶驟雨過，凡所識者，一一墜地。蓋寒熱相激迸落，不能飛爾。」[25]石燕何以形成，也是由於地殼發生變化所致。

魚、燕化石的出現，並使宋人對此深入研究，著實與宋代金石學大興分不開。也可以說人們收藏化石，不惜爬涉崇山峻嶺，也是出於對金石的垂愛。這種結果，促進了宋代地學的發展。

---

25 杜綰：《雲林石譜》卷中，叢書集成初編本。

# 瓷器、冶煉
# 與建築

## 一、瓷器工藝

　　宋代是工藝美術取得重大成就的時期，它伴隨著生產力的提高以及繪畫、書法等專業美術的提高而大放異彩。宋代有許多官營手工業作坊和私營手工業作坊，這些作坊都是有一定專業水平的。標誌宋代工藝美術成就的有刺繡、緙絲、漆器、雕刻、陶瓷等工藝，尤以陶瓷技術及瓷器為特色。因此，我們專就宋代瓷器工藝為例，來欣賞宋代工藝美術所達到的高度。

　　中國瓷器發展到唐代，基本上形成了兩大系統，即越窯青瓷和邢窯白瓷。到了宋代，又有了突破性的進展，一是瓷窯遍及全國，二是製瓷工藝發展到一個高峰，不論是瓷的釉色、花紋、技術，還是其他方面，都發展到了令人驚嘆的地步。宋代瓷器的重大發展還主要表現在青瓷和白瓷上，這是從製瓷工藝上講的。宋代青瓷十分精美，南方以龍泉窯為代表，北方則以汝窯為代表，後來鈞窯異軍突起，把青瓷工藝推到爐火純青的地步，使青瓷發展達到頂峰。白瓷亦有重大發展，北宋時以定窯為代表，南渡後則以景德鎮為代表。景德鎮「影青」白瓷更是一種特殊的發展。

宋代製瓷業非常普及和發達，當時形成了有影響的八大窯系，主要以燒造技術和瓷器風格加以區別，北方有定窯、磁州窯、鈞窯、耀窯，南方有景德鎮窯、越窯、龍泉窯和建窯。

官窯貫耳瓶

　　磁州窯是宋代民間著名的瓷窯之一，其窯址在今河北邯鄲觀台鎮，其所燒製的瓷器主要為白瓷和黑瓷，特點是胎地釉色主要以黑白兩色構成，有白地黑花或黑地白花，也有黃地黑花、綠地黑花、白地赭花等。其花紋複雜流暢，具有獨特的民間風格。磁州窯系的裝飾藝術開創了中國彩繪裝飾的新途徑。

　　定窯系其窯址在河北定州（今河北曲陽）而得名。定窯瓷器以白釉為主，此外也有綠釉、黑釉、紅釉和褐釉。定窯燒製瓷器的胎料加工很細，胎質薄且堅硬，潔白瑩潤。定窯燒製的碗碟多採用復燒技術，碗口、碟邊無釉，包銅邊或金銀邊，十分精美。在配釉上定窯或用石灰石煉成釉灰，或以白雲石代替石灰石，釉中的成分接近明清瓷器，可見其技術水平達到了前所未有的高度。定窯製花技術多有創新，不僅把絲織物和金銀器上的各種圖案搬到瓷器上，而且還從大自然中吸取了不少素材加以創作。其製花技術主要有印花、刻花和劃花。

鈞窯玫瑰紫大花盆

　　鈞窯因其地址在河南禹州而得名。鈞窯突出成就是在青釉之外又增添創造出銅紅釉，其產品以彩色瓷器為多，胭脂紅產品最佳，其次是蔥翠和墨色。鈞窯瓷器釉中含磷較高，以致呈現乳濁色，而銅紅釉是用銅的氧化物為著色劑，在還原狀態下燒製成功的，所以其產品滋潤均勻，華而不俗。銅紅釉的出現對後來陶瓷業發展產生了深遠的影響。鈞窯的另一個成就是人為燒成的窯變花釉，這種釉色多為通體天青色或月白色與紫紅釉相互掩映，美麗壯觀，因此在宋代鈞窯產品就被奉為上品，其「紅如胭脂，青如蔥翠，紫若

墨黑，三者色純無少變露為上品」[26]。

耀州窯其中心窯場在陝西銅川，北宋中後期最盛。其主要產品為青瓷。其產品精美，胎骨很薄，釉層均勻，其燒製技術十分純熟，燒造時採用匣砵，還採用了兩次燒成的辦法。

耀州窯刻花

除上述四大窯系外，還應提及汝窯。汝窯在今河南汝州，北宋中後期發展很盛，宋末發展到頂峰。其產品質量或工藝水平居全國之冠。汝窯主要是為宮廷燒製瓷器，這些瓷器主要有：鵝頸瓶、壺、碗、盤、洗、器蓋等，釉色有天藍、天青、粉青、豆青和蔥綠等，器物胎質細潔，釉色蘊潤，其中含有瑪瑙的結晶體，晶瑩發亮，十分美麗，是宋瓷中的精品。清人有詩云：「官哥配汝非汝儔，聲價當時壓定州。」[27]此窯器的最大成就是全身釉水勻淨，鐵的還原到此已趨完成，成為中國瓷器史上一個劃時代的產物。

上述為宋代北方窯系，而在南方主要有景德鎮窯系和龍泉窯。

景德鎮窯的產品為青白瓷，是一種釉色介於青白之間的薄胎陶器，又稱影青瓷，有人把它列為南定窯系[28]。景德鎮的製瓷工藝經歷了一個迅速發展的過程，早期燒造技術採用拉坯，裝燒時使用匣砵和仰燒法。進入中期以後，廣泛採用旋坯成型，仰燒改為覆燒。其產品造型規整、胎質密而薄，透光度很好，瓷器的色澤白中泛青。據後人研究，此時景德鎮的影青瓷

汝窯盤（北宋）

---

26 朱琰：《陶說》卷二《古窯考》。
27 道光朝《直隸汝州全志》卷九《古蹟·汝窯》。
28 王玉哲主編：《中國古代物質文化》。

在硬度、薄度和透明度等方面已與現在硬瓷的標準相同。

龍泉窯由越窯發展而來。龍泉窯是南方青瓷的主要生產地之一，在南宋時達到鼎盛。南宋時其產品主要是粉青和梅子青釉色，這兩種釉色陶瓷代表了中國青瓷釉色登峰造極的水平，其青瓷器「粹美冠絕當世」。[29]

龍泉窯葫蘆瓶

總的來說，宋代瓷器製造技術非常高明，成為中國陶瓷發展史上一個極為重要的時期，其許多技術幾乎與明清相同，有些則與近現代相似，可見其工藝之發達。此外，在裝飾方面，宋瓷花紋尤為突出，有劃花、有繡花、有印花、有錐花，還有堆花、嵌花以及釉裡紅、釉裡青等。尤其是釉裡青為宋代最大發明，成為宋瓷工藝方面的獨創。宋瓷一般胎質較厚，但也出現許多薄瓷，最薄的釉如薄紙，胎薄如蛋殼，聲音如玉磬，「瓷器至此，可謂登峰造極矣」[30]。瓷器加彩也始於宋，在許多瓷器上白釉裡加紅綠彩繪花卉等，也有青、黑等色花卉、人物。如河北磁州窯的一個瓷枕上，就繪有趙匡胤兵變圖[31]。把歷史故事繪於瓷器上，是宋瓷的獨創。

# 二、冶煉技術的提高

宋代，隨著手工業生產的發展，礦冶開採相當普遍。當時開採的礦產主要是有色金屬礦和黑色金屬礦。開採的礦主要有金、銀、銅、錫、鉛、鐵等。隨著礦產開採的發展，冶金技術有了明顯的進步，礦產開採技術也有了很大發展。

---

29 《浙江通志》卷八，明嘉靖四十年。
30 吳仁敬、辛安潮：《中國陶瓷史》，35-36頁。
31 史樹青：《北宋磁州窯「陳橋兵變」圖瓷枕》，《歷史教學》，1979年第1期。

煤在中國很早就被發現並使用，但直到北宋，煤才在北方普遍開採和使用。一九六〇年，河南鶴壁市發現了一處宋代古煤礦遺址，[32]從挖掘報告中可以看出，這個煤礦由豎井、巷道和十個採煤區組成。從古煤礦的巷道和採煤遺址看，已與二十世紀六〇年代鶴壁中新煤礦採煤規模相同，人數有數百人之多。這個遺址突出了宋代的採煤技術，先由地面開鑿豎井，再依煤層的自然變化開掘巷道，而後將煤田分成若干小區，運用「跳格式」先內後外的方法逐步後撤。同時井下有排水系統，除用轆轤抽水外，還將水引入採完煤的低窪地貯存。從這個遺址可以看出中國的採煤技術至宋代已初步定型。由於煤的大量開採，使煤的用途更加廣泛，日常生活中人們使用煤，「民燒石炭，家有煉冶之具」[33]，汴京城「盡仰石炭，無一燃薪者」[34]。同時煤也被應用到金屬冶煉和製瓷業中，這是宋人的一大創造。如蘇軾在徐州時就曾派人找煤礦，並將煤應用到冶煉中去，他在《石炭》一詩中說：「以之冶鐵作兵，犀利異常」[35]。後來在北方的一些宋瓷窯址中，也發現了用煤的遺跡，煤的開採和廣泛應用，必然會帶動其他生產部門的飛躍。

在宋代的冶煉業中，冶鐵業發展相當快，不僅冶鐵多，產量高，從業人員多，而且冶鐵技術也相當先進。近些年，在河北邢台、安徽繁昌、福建同安[36]等地先後發現了宋代的煉鐵遺址。綜合文獻和考古材料，可知當時冶鐵技術的水平。當時的煉鐵爐為圓形，是用長方形灰磚砌成的，煉鐵的辦法是用栗樹柴鋪在爐膛下作燃料，然後將破碎的鐵礦石和石灰石鋪在上面，最後點火冶煉。當時的冶煉和鑄造是已經分工的。在冶鐵業中鼓風設備採用木風扇。木風扇是木風箱的前身，開閉木箱蓋的鼓風，蓋板上有活門，木箱與蓋板連接處有一活門。一是進風口，一是出風口。蓋板搧動，兩活門交替開閉，同時用兩具木風扇交叉使用，可連續鼓風。這種木風扇體積較大，一般得兩人或兩人以上才能拉一扇。木風扇的使用，使風量風壓顯著提高，因此鐵的產量和質量相當高。在冶鐵中，宋人發

32 《河南鶴壁市古煤礦遺址調查簡報》，《考古》，1960年第3期。
33 《文獻通考》卷九。
34 莊季裕：《雞肋編》卷中。
35 《東坡詩集注》卷三十。
36 《河北邢台發現宋墓和冶鐵遺址》，《考古》，1959年第7期；《繁昌縣古代煉鐵遺址》，《文物》，1959年第7期；《同安發現古代煉鐵遺址》，《文物》，1959年第2期。

明的「灌鋼法」，較之前代有許多重大改進，當時的灌鋼「用柔鐵屈盤之，乃以生鐵陷其間，泥封煉之，鍛令相入」，又說：「二三煉則生鐵自熟，乃是柔鐵」。[37] 這種柔鐵就是熟鐵。改進的「灌鋼法」，能煉出純鋼，並能製成很細的鋼針和用生鐵鑄成「薄幾類紙」的輕便耐久的器物。

宋代冶銅技術的提高，主要表現在膽銅法的應用。所謂膽銅法就是把鐵放在膽礬溶液裡，使膽礬中的銅離子被金屬鐵所置換而成為單質銅並沉澱下來的一種產銅辦法。這種辦法比較簡單易於掌握，因此膽銅產量很大。北宋末占到全國銅產量的百分之二十，到南宋達到了百分之八十五。膽銅法主要有烹熬和浸泡兩種。沈括曾記述烹熬法：「信州鉛山縣有苦泉……其水熬之，則成膽礬，烹膽礬則成銅。」[38]《宋史‧食貨志》中有浸泡法：「以生鐵鍛成薄片，排置膽水槽中浸漬數日，鐵片為膽水所薄，上生赤煤，取括鐵煤，入爐三煉成銅，大率用鐵二斤四兩，得銅一斤……所謂膽銅也。」[39]

此外，宋人在採銀和煉銀方面，發明了「吹灰法」，還有砷白銅的製法等。總之，宋代的冶煉技術在當時都非常先進，推動了後世冶煉技術的進步。


# 三、建築業的輝煌

中國古代的建築結構一般以木結構為主，這種形式發展到宋代，達到了純熟和高度發展的階段。具體表現在城市建築、宗教建築和橋梁建築的布局結構和風格上。這些建築成就標誌著宋代建築技術達到了新的高峰。

在宋代的建築史上有兩點恐怕是值得建築史學者們很好加以研究的，一是出現了對前代建築技術和建築藝術成就進行總結並寫出有關建築規則和定製的建築學專著，如喻皓的《木經》和官修的《營造法式》；二是磚塔建築技術的新創造。

---

37 《元刊夢溪筆談》卷三。
38 《元刊夢溪筆談》卷二十五。
39 《宋史》卷一八五《食貨志》。

關於前者，沈括在《夢溪筆談》中記載宋人喻皓著有《木經》三卷，內容是傳述前古木建築的技術，可惜此書不傳。到了北宋熙寧年間，官方開始組織編寫建築技術的標準，終於在元祐六年（1091 年）編成了《元祐法式》，這可以說是官方頒布的第一部有關建築的規則方面的書籍。可惜，因此書存在著「只有料狀，別無變造用材制度，其間工料太寬，關防無術」等缺點，所以令李誠重新編修。李誠用了六年時間，於元符三年（1100 年）編成此書，崇寧二年（1103 年）正式刊印。所以從《元祐法式》到《營造法式》的最後刊印，前後用了三十五年時間。此書共三十六卷，三百五十七篇，三五五五條，分釋名、各作制度、功限、料例、圖樣五部分，可以說此書是對歷代工匠流傳下來的經驗以及當時的建築技術成就作了全面的總結，是中原地區官式建築的規範。因此，此書可以說是世界上最早的一部建築學專著。該書的特點有以下幾個方面：一是在建築工程做法、定額等方面，雖帶有法令性質，但比《元祐法式》有很大進步，將「有定式而無定法」作為編書宗旨，尤其注意「變造用材制度」。雖對一般情況制定一定的規範，但根據特殊情況又留有餘地；二是圖文並茂。該書共有六卷繪出詳圖，有房屋仰視平面圖、橫剖面圖、局部構件組合圖、部件圖、構件構造圖、彩畫、雕飾圖、施工儀器圖等；三是將「材分八等」，說明了木結構的各種比例數據。此書顯示出宋人對建築力學方面的認識水平等。所以說該書是宋人建築技術向標準化定型化方向發展的標誌。

關於後者，宋代出現了許多的磚塔，從而使磚塔技術又向前邁進了一大步。宋代的磚塔平面多採用八角形，也有少數的六角形，方形的很少。其外表式樣以閣樓式為主，內部結構多變，有壁內折梯式、迴廊式、穿壁式、穿心式、旋梯式等。這些磚塔建築，有的是磚木混合結構，有的是磚石混合結構。

了解了宋代建築學的新創造後，我們再具體看看這些建築技術在城市、宗教、橋梁方面的綜合運用。

## （一）北宋開封和南宋杭州

汴京是北宋的都城，其形狀特徵是南北略長的長方形。其建築布局最裡層為

皇城，中間為內城，外邊是外城。汴京的皇城周長九里十八步，四面各有一門，即南為丹鳳門，北為玄武門，東為東華門，西為西華門，四門與內城、外城相連。在城的四角有角樓，城外有護城河。在皇城南北中軸線的正南面，依次分布著大慶殿、常朝紫宸殿等主要宮殿。西面與之相平行的有文德、垂拱二組殿堂，為帝王日朝和宴飲之用。北部為皇帝的寢宮和內苑。東北一隅為大型皇家園林——艮岳。內城周長約二十餘里。南面有三重門，正南為朱雀門，左曰保康門，右曰崇明門。城外有護城河。城內主要建築是衙署、寺觀、王公宅第以及民居、店鋪、作坊等。街道的布局呈井字形。外城又叫新城，周長有五十里。城四周有十三座陸門和七座水門，每座城門都有甕城，上面建有城樓和敵樓。城外有寬十餘丈的護城河。宋代的開封城由三層組成，每層建築布局各有不同。

北宋開封城市經濟非常繁榮，這就引起了城市建築布局的變化，北宋汴京城取消了唐代用圍牆包繞的封閉式的坊市制度，人們可在街的兩側開設店鋪，店鋪與民居混雜在一起。隨著商業交易活動的繁榮，在汴京出現了夜市。此外，京城中還出現了市民遊樂活動的場所——瓦子勾欄。因城市建築密集，人口眾多，為防止發生火災，在城中建有若干個望火樓。汴京城水道很多，有汴河、蔡河、五丈河、惠通河等，這些河流穿越城中，主要是將各地糧食物資運到京師，以保證京城物資供應。在河流與街道交匯處，建有橋梁，僅汴河上就有十三座橋梁。由此可見，北宋的開封城建築布局十分嚴謹，是十至十二世紀間世界上最大的城市。

北宋亡後，南宋遷都杭州，開始經營杭州城。杭州水上交通十分發達，北以大運河和太湖流域與華北相通；東從錢塘江出海，可與浙、閩、粵沿海各地通航；西以富春江和新安江與浙西、皖南相聯繫。杭州城在當時就是南宋四大港口之一，繁榮程度勝過汴京。杭州城的形制東西仄南北長，由郭城、宮城兩部分組成。宮城在城南鳳凰山東萬竹堂下，周長九里。政府機構多集中在宮城東北和寧門前。杭州城總體布局不如汴京雄偉氣派，宮殿廟堂也沒有汴京宏大的建築，但布局精巧秀麗，並結合江南自然景觀進一步發展了園林建築。杭州城的房屋建築由簡趨繁，由正方形、長方形的平面建築發展為凸字形、又發展為工字形、王字形。杭州城也有不少高層建築，城內房屋建築高低錯落，頗有特色。臨安城內商

業活動非常發達，大小商行共有四百多個，城外有瓦子勾欄等活動場所，西湖可供遊人玩賞，此外寺院建築很多，大小寺院有六百多所。所以杭州城在當時也是世界上最為繁榮的城市之一。

## （二）寺廟建築

宋代的宗教活動非常昌盛，尤以佛、道為最。由於統治者積極淫佛崇道，其結果之一就是不惜花耗巨資修建佛寺道觀。此外祭祀的祠廟建築也頗多。因此，宋代的宗教建築多集中在佛、道寺院、觀宇上。

宋代統治階級極力崇佛，因此，佛教建築比隋唐五代有所發展。佛教寺院的平面布局多依中軸線排列若干院，再向縱深發展。如河北正定興隆寺即為此布局。寺山門內為一長方形院落，左右為鐘鼓樓，大覺大師殿在中間。北邊為摩尼殿，摩尼殿左右又有配殿，亦為長方形院落。再向北進入第二道門，裡邊即為寺院的主要建築佛香閣。佛香閣的左右前方各有二層的轉輪藏殿和慈氏閣。佛香閣往裡，有彌勒殿。寺院建築富麗堂皇，非常講究。

宋代道教建築與佛教大體相似，也是沿縱向中軸線排列。主要建築物有山門、龍虎殿、三清殿、重陽殿和立祖殿，以三清殿為最大。殿內的壁畫題材非常豐富，線條流暢，構圖宏偉。如山西永濟縣的永樂宮等。

宋代的祠廟建築最典型的要算山西太原晉祠聖母廟，此廟建於北宋天聖年間，在中軸線上依次排列的建築有石橋、鐵獅子、金人台、獻殿、飛梁、聖母殿等，尤以聖母殿建築技術為特別，殿內無一根明柱，整個屋頂由山牆內的暗柱和廊柱支撐。殿內的塑像秀麗多彩，堪稱宋代塑像的精品。此外山西萬榮縣汾陰后土祠的建築亦很典型。此廟主要建築有坤柔殿和寢殿以及之間的廊屋，布局可以視為組合式。

## （三）橋梁建築技術

橋梁建造在宋代有了飛速發展，不僅建橋的數量多，而且在建橋技術上有了新的突破，尤其體現在傳統的拱橋和梁橋的建造上。不僅建了許多小型橋梁，而且也建了一些大中型橋梁，在中國建橋史上，可謂是一個建橋高峰。著名的橋梁有北宋汴京虹橋、泉州洛陽橋、南宋泉州安平橋。

虹橋是北宋木拱橋的代表作，這種橋的特點在於「無柱，皆以巨木虛架」[40]，也就是說它是用木梁相連成拱，不用支柱。其主拱結構很簡單，由縱骨和橫骨組成，每根拱骨放在相鄰拱骨中部的橫木上，橫木與拱骨用鐵（或其他金器）相連，拱架並列大約有二十一排，緊密排放，使之相互擠成一列，因此橫木縱橫聯結。因虹橋的建造以木梁交疊而成，又稱「疊梁橋」。這種木拱結構的橋梁在世界橋梁史上是罕見的。因其構造簡單，架設簡便，可用短小的材料構造成大跨徑的結構物，既不影響行船，又可避免洪水衝擊，所以這種橋在汴京的河道推廣甚快。現在從《清明上河圖》中還可看到這種橋的盛況。

洛陽橋建於北宋皇祐五年（1053 年），幾乎用了七年時間才完成。據宋人蔡襄《萬安渡石橋記》記載，此橋長 360 丈，寬 1 丈 5 尺，有 47 個橋孔。現在的洛陽橋長 834 米，寬 7 米，有 46 個橋墩，47 個橋孔，基本上保留了原有的規模。洛陽橋位於洛陽江入海口的江面上，這裡江寬水急，海潮洶湧，建橋十分艱巨，有許多技術難題。為了解決橋梁基礎穩固的問題，時人在建橋時採用了「筏形基礎」的新型橋基，即在江底沿橋梁縱軸線鋪滿數萬立方大石塊，築成一條寬 20 多米，長 500 米的石堤，然後在石堤上建橋墩，這是建橋史上的一大創舉。為了解決橋墩與橋基的聯結穩固問題，時人採用「繁殖蠔房」的辦法，利用牡蠣的石灰質貝殼附在石塊間繁殖使橋基的橋墩連接成一個堅固的整體，橋面只用三百多塊重達二十至三十噸的石梁架成。在運送時可能利用潮汐的漲落規律，控制運石塊船隻的高低架設而成的，這就是浮雲梁架法。洛陽橋揭開了中國橋梁史上新的一頁，反映了宋人的聰明智慧和創造精神。

---

40 《東京夢華錄》卷一。

安平橋建於南宋紹興八年至紹興二十一年（1138-1151 年），其跨越於安海港海灣上，全長八百一十一丈，有三百六十一座橋墩，長度超過五里，時人又稱為五里橋。在二十世紀初鄭州黃河鐵橋建成前，為中國歷史上最長的橋梁，故有「天下無橋長此橋」的說法。

此外，在科學技術領域，宋人在諸多方面均有創新。因此，可以說宋代不論是人文科學還是自然科學，都是中國封建時代發展的一個高峰期，從而使人們深信，中國文化發展到宋代達到了前所未有的高度。

# 第十二章

# 宋代社會時尚

　　宋代政治的穩定，經濟的繁榮，文化的發達，尤其是商品經濟的異常活躍，必然對社會生活產生一定的影響。因此，在宋代的物質生活領域和精神生活領域出現了許多新的變化，這些變化正是與當時的社會時尚和生活習俗密切相關的。

第一節·

# 多彩的
# 生活方式

衣食住行是人們最基本的生存生活方式，宋代，尤其是進入北宋中葉以後，隨著社會的繁榮和進步，在人們的消費方式等物質生活領域，出現了許多變化。

## 一、服飾風格的多樣

北宋建立後，採取了諸多措施加強和完善中央集權制，其中之一就是繼承前代服飾等級制的特點，制訂了一套上自帝王、太子、宗室以及各級品官，下至吏庶道釋等各類服飾制度。按類別來分，可分為品官服飾，一般男子服飾，婦女服飾等。各類服飾在式樣、顏色、用料、附加物諸方面都有嚴格的規定，以示區別各種人物的不同身分。但是在商品經濟的衝擊下，人們的消費觀念發生了變化，服飾的等級制的某些規定受到了衝擊、破壞，加之民族之間交往的擴大，一些少數民族的服飾也對宋人服飾產生了一些影響，因此宋代的服飾既有等級制的嚴格制約，又有衝破制約的一些傾向。

## （一）品官服飾

宋代品官服飾按類別可分為祭服、朝服、公服、時服、戎服以及喪服等。祭服有大裘冕、袞冕、鷩冕、毳冕、絺冕、玄冕。袞冕一般用於祭祀天地、祭祠宗廟、上尊號、冊封等大型典禮時穿；通天冠、遠遊冠服一般用於大的典禮，多為帝王所服。朝服，又叫具服，用於朝會，上身朱衣，下身朱裳，掛以玉劍、玉珮、錦綬，著白綾襪和黑皮履。此種服飾，以官職高低而有不同，像六品官以下，就沒有中單、佩劍和錦綬。此外著朝服所戴的冠有進賢冠、貂蟬冠、獬豸冠；公服又叫從省服，即常服，主要以服色來區別官職的大小。如三品官以上用紫色，五品以上用朱色，七品以上為綠色，九品以上為青色。公服的形式有圓領、大袖，下裙加一橫襴，腰間束革帶，頭戴幞頭，腳穿靴或革履，「自王公至一命之士通服之」[1]。元豐時服飾又有變化，四品以上為紫色，六品以上為緋色，九品以上為綠色，相較宋初有所鬆動。時服是依季節不同而頒給各類官員的服飾，開始只賜予將相、學士、禁軍大校，從建隆三年（962年）開始，遍賜文武群臣及將校。所賜衣服有袍、襖、衫、袍肚、勒帛、褲等，此種服裝多以各式有鳥獸紋樣的錦紋衣料製成。此外在品官服飾中最主要的首服為幞頭，附屬物件有革帶，依官職高下其材料及考究均有所不同。如太平興國七年（982年）規定：三品以上服玉帶，四品以上服金帶，五品六品服銀色鍍金，七品以上來參官及內職武官服銀帶，八品九品以上服黑銀，餘官服黑銀方團袴和犀角帶，至於貢士、胥吏、工商、庶人可服鐵角帶。

到了南宋，服飾大體承襲北宋，有深衣紫衫、涼衫、帽衫、襴衫五種。深衣用白細布做成，衣全四幅，「圓褶方領，曲裙黑緣」，穿時佩有大帶、緇寇、幅巾、黑履，一般為士大夫家冠婚、祭祀、宴居、交際所用；紫衫即軍服，後來在戰事稍解後廢除；涼衫，制同紫衫，以白色料製成。孝宗時，除乘馬道途允許著裝外，其他場合一概禁止，大致涼衫類似凶喪之故。從此以後，涼衫只能用於凶喪之服；帽衫，即帽以烏紗，衫以皂羅為衣，角帶、系鞵，自成體系。襴衫，圓

---

1　《宋史》卷一五三《輿服志》。

領大袖，下施橫襴為裳，腰間有辟積，主要為進士、國子生、州縣生的服裝。

《大駕鹵簿圖》（局部）

## （二）一般男子服飾

除官府規定在特殊情況下所穿的服飾外，其在平時或私下場合所穿的服飾以及官員致仕、告老還家，同於一般庶民服裝飾。祭服和冕服，是所有人都要用的，不論貴賤，不過平民在著祭服時不能穿冕服，平民的祭祀活動用一般服飾來代替。宋代雖然對服飾有嚴格的等級規定，但由於人們追求美觀，出現了一些

「逾僭」的現象，所以統治階級為了維護封建等級制度，千方百計加以限制。《石林燕語》載：「國朝既以緋紫為章服，故宮品未得服者，雖燕服亦不得用紫……太平興國禁品官綠袍，舉子白襴下不得服紫色衣，至道間弛其禁。舉人聽服皂，公吏、士商、伎術通服皂白。」燕服即私服，即私居在家時所穿的衣服。《文獻通考》中也記載：「今請公吏及士商、技術不繫官樂人通服皂白」。以行政命令的手段改變服飾「逾僭」的現象，其目的是：「俾閭閻之卑，不得與尊者同榮；倡優之賤，不得與貴者並麗」[2]，嚴格規定一般的男子服飾只能有黑白二色。至於公吏、士商行人的服飾，限制相當嚴格，《東京夢華錄》中記載：「其賣藥賣卦，皆具冠帶。至於乞丐者，亦有規格。稍似懈怠，眾所不容。其士農工商，諸行百戶，衣裝各有本色，不敢越外。謂如香鋪裏香人，即頂帽披背；質庫掌事，即著皂衫角帶不頂帽之類。街市行人，便認得是何色目。」[3]這說明在宋代的社會生活中，除從衣著上分辨出等級制的特徵外，再就是從衣著上表現出行業的特徵。

宋代統治者雖在服色、質料以及其他裝飾方面對不同等級的人有不同的限制，但衣著的基本形式，士庶間有相同之處，也有相異之點。宋人的一般衣服有襦、襖、袍、帽、幞頭、巾等。衣是上身所著的衣服的通稱，有衫、襖、襦等，裳是下身所穿的，即後世的裙。這種上衣下裙的形式，除官服中有外，一般人很少穿，只有士大夫有時以上衣下裳作為野服穿著，但沒有革帶、佩肚等。袍是長至腳上，有裡有表，宋人有時也叫長襦，有寬袖廣身和窄袖緊身之別。品官者著錦袍，未有官職者著白袍，老百姓著布袍。襦和襖均為平民所穿，襦為有袖頭，其長短一般至膝蓋間，作為襯在裡邊的衣著，而襖近似襦，是作為燕居時穿的，二者無甚大的區別。短褐為粗布或織麻布做成的粗糙之衣，為一般貧民所穿。衫是沒有袖頭的上衣，有穿在裡面短小的衫，有穿在外邊比較長的衫，宋時的衫有涼衫、紫衫、白衫、毛衫等。除了衣著外，宋代還流行在服飾上配有附件，頭上戴的有冠、巾、帽、幘、笠等；腰間有腰圍、革帶、勒帛等；腳上穿的有鞋、

2　《宋史》卷一五三《輿服志》。
3　孟元老：《東京夢華錄》卷五《民俗》。

履、木屐、行纏等。

## （三）婦女服飾

宋代女服可分為命婦服和普通婦女服飾二類，命婦有內命婦、外命婦。內命婦是皇帝的嬪、妃及皇太子良娣的女性；外命婦包括公主及王妃以下，也包括各類品官的妻母。一般來講，命婦的品級視其夫與子，《宋史》載：「至於命婦已釐九等之號，而服制未有名稱，詔會有司視其夫之品秩而定其服飾」。[4]宋代命婦的服飾主要有褘衣、褕翟、鞠衣、朱衣、禮衣及常服等，首服有九龍四鳳冠、龍鳳珠翠冠、九翠四鳳冠、花釵冠等。宋代命婦的服飾主要表現政治身分的高低，維護封建等級制的尊嚴。這種服飾主要在朝會、宴見和大禮時才用，在一般的場合是不經常穿戴的。

宋神宗皇后著龍鳳等肩冠、
交領大繡花錦袍像

宋代婦女日常服飾，包括貴族婦女平時所穿的衣服，上身大多有襖、襦、衫、背子、半臂等，下身有裙子、褲，腰間有圍腰、腰巾，另外還有抹胸、裹肚，作為貼身內衣用的。婦女的一般首飾包括頭上戴的冠子和髮髻的式樣以及插在髮髻上的金、銀、珠、玉等做成的各種簪、釵、步搖、梳箆等。宋代婦女的服飾，隨著社會風氣的變化也時有變化，一些富裕家庭的婦女敢於突破等級禁令，常常模仿后妃的髮式、用具等，俗稱為「內樣」，為的是趕時髦，被統治者斥之為「侈風」和「服妖」。尤其是進入宋中後期以後，社會僭越現象越來越重，「京師士庶，邇來漸事奢侈，衣服器玩，多

---

4　《宋史》卷一五三《輿服志》。

鑲金為飾，雖累加條約，終未禁止」。[5]更甚者「富民牆屋得彼文繡，倡優下賤得為後飾」[6]。許多女性創製了新的衣式，並迅速在社會上流行。如曾流行於京都妓女所穿的旋裙，前後開胯，因便於騎驢，很快在一般士大夫家中流行起來。司馬光還批評這種時尚，說：「婦人不服寬袴與襜，制旋裙必前後開勝，以便乘驢。其風始於都下妓女，而士大夫家反慕之。」[7]到了徽宗崇寧、大觀年間，婦女的上衣趨於短而窄，並形成一股風氣。到宣和、靖康之際，婦女上衣更趨緊逼狹窄。且婦女上衣又流行前後左右襞開四縫，用帶扣約束之，當時叫「密四門」。小衣也偏窄貼體稱身，前後左右開四縫而且用紐帶扣之，叫「便當」，又叫「任人便」。這種風氣南宋初有所收斂，到南宋晚期又再度興起。始興於內宮及閨閣之家，後上行下效，很快在各地都流行起來。宋代婦女服飾尤好奇異，從北宋後期開始，隨著女真金人的強大，宋朝上層女性的服飾開始效學北方少數民族婦女的打扮，主要表現在髮髻方面。如束髮垂腦的「女真妝」，首先在宮中出現，繼而波及全國，所謂：「淺淡梳妝，愛學女真梳掠」。又舞女喜戴帽覆額，也是從遼、金學來的。針對這種情況，南宋孝宗時有臣僚上言：「臨安府風俗，自十數年來，服飾亂常，習為邊裝，聲音亂雅，好為北樂，臣竊傷悼。中原士民，延首企踵，欲復見中朝之制度三四十年，卻不可得。而東南之民，乃反效於異方之習而不自知，甚可痛也。今都人靜夜，十百為群，吹鷓鴣，撥洋琴，使一人黑衣而舞，眾人拍手和之，傷風敗俗，不可不懲，詔禁之。」[8]可以看出，宋人在時尚上尤喜奇特，北方少數民族的風俗也影響了南宋人的風尚。

# 二、餐飲業的發達

進入北宋中葉以後，經過幾十年的休養生息，社會經濟迅速發展，社會物質財富迅速增加，尤其是商品經濟的活躍，刺激著人們的消費觀念的轉變，整個社

---

5　《續資治通鑑長編》卷六十八。
6　《宋史》卷一五三《輿服志》。
7　《宋會要輯稿》刑法二之五十三。
8　畢沅：《續資治通鑑》孝宗乾道四年。

會的生活水平有了明顯的提高，行業規模擴大，品種豐富多樣。統治階級窮奢極欲，也體現在飲食文化上。

宋代的飲食狀況可從北宋汴京，南宋臨安反映出來。整體上講，兩京可以視為當時南北飲食的交流中心。北宋東京的菜系主要有北饌、南食、川飯，且南方烹飪技術傳入北方，改變了北方人粗放的飲食習慣，使飲食業更為精美豐富。宋室南渡，大量北方人遷入杭州，原來東京的飲食業也隨之而來，南北飲食得到又一次交流。吳自牧的《夢粱錄》中所言：「南渡以來，幾二百餘年，則水土既慣，飲食混淆，無南北之分矣」[9]。從《東京夢華錄》、《夢粱錄》等文獻記載來看，當時的烹飪技術已很高超，擇要述之，有烹、燒、烤、炒、爆、熘、煮、燉、燻、鹵、蒸、臘、密、蔥拔、酒、凍、鮓、簽、醃、托、兜等數十種，且每一種都可做出二十多個品種，可謂豐富多樣，這是其一。

其二是從食品的製作方面，已有了專業化的食品店和作坊。如北宋開封的餅店，既有胡餅店，亦有油餅店，最有名的是武成王廟前海州張家、皇建院前鄭家，「每家有五十餘戶」。[10]南宋杭州的這類專業飲食店更多，據《武林舊事》載，有麩麵、糰子、饅頭、燻炕鵝鴨、燻炕豬羊、萁豆、饊之等，這些專門化的食品店生產的各類食品，除自己賣售外，也有城市裡的一些平民，「多與作坊行販已成之物，轉求什一之利。或有貧而願者，凡貨物盤架之類，一切取辦於作坊，至晚始以所直償之」[11]。在一些食品店門前，「以枋木及花樣杏結縛如山棚，上掛成邊豬羊，相間三二十邊。近裡門面窗戶，

**婦女剖魚雕圖**

---

9　《夢粱錄》卷十六。
10　《東京夢華錄》卷四。
11　《武林舊事》卷六。

皆朱綠裝飾」[12]，以此招徠顧客。

宋代都城酒店林立，各類酒店所供應的品種及檔次也不一樣，有裝修豪華的大型高檔的酒樓，「門首皆縛綵樓歡門，唯任店入其門，一直主廊約百餘步，南北天井兩廊皆小閣子，向晚燈燭熒煌，上下相照，濃妝妓女數百，聚於主廊槏面上，以待酒客呼喚，望之宛若神仙」[13]。在這樣的高檔酒樓裡，飯、酒、菜一應俱全，各種做工精細、考究的食品更是讓人食之不盡，流連忘返。低一檔的酒店或食品店專賣家常便飯，如骨頭羹、煎豆腐，等等。還有一些小食店專賣點心。所以，兩宋都城的飲食業很發達，高中低三個檔次的酒店可供顧客選擇，且食品品種多不勝數，反映了宋代食品行業的興盛。在宋代都城中，各行各業均結成一定的組織，或稱「行」，或稱「團」，飲食業也不例外，據《夢粱錄》載，當時杭州的「團行」中，屬於飲食行業的有酒行、食飯行，後市柑子團、城北魚行、城東蟹行、雞鵝行、修義坊肉市、城北米市等。

除了這些名目繁多的食品店和食品品種外，餐飲業很發達，主要有冷飲、酒、茶。宋代城市中有許多冷飲店，門前均掛有「飲子」、「暑飲子」、「香飲子」等招牌，經營的品種主要有：「甘豆湯、柳子酒、豆兒水、鹿梨漿、木瓜片、沈香水」等。酒在宋代是人們生活中所不可缺少的飲品，宋代飲酒之風很盛，從皇宮大院到偏遠鄉村，都可以見到大大小小的酒店和酒館。宋代酒的品種很多，幾乎各地都產有名酒，北宋時據《酒名記》載有名酒百餘種，南宋的名酒據《武林舊事》載也有五十餘種。當時的酒主要是米、麥等糧食作物釀成的，也有不少水果酒。宋人飲酒之風很盛，帶動了飲酒業的興旺，因此在城市專賣酒的酒店很多，有相當規模的酒樓，如北宋汴京的攀樓、楊樓，南宋臨安城的和樂樓、春風樓、熙春樓等。這些大的酒樓所賣酒均為上等飲品，並配有美味佳餚。小的酒店稱為腳店或分茶，酒價便宜，顧客「只三二碗便行」[14]。大小酒店，均乾淨衛生，服務周到。酒是人們日常生活中不可缺少的飲品，而茶作為飲料，在宋代更是大

---

12 《東京夢華錄》卷四。
13 《東京夢華錄》卷三。
14 《夢粱錄》卷六《酒肆》。

盛。當時許多地方都盛產茶，還出現了專門種茶的茶戶、茶工。茶中名品很多，製茶技術也大大提高。隨著製茶業的興旺，飲茶之風遍及城市鄉村，在城市中還專門設有茶店，以供人們休閒聚會、聊天之用。

宋貴戚之家日常生活日趨於奢侈豪華。司馬光說：「宗戚貴臣之家，第宅園囿，服食器用，往往窮天下之珍怪，極一時之鮮明。唯意所致，無復分限。以豪華相尚，以儉陋相訾。愈厭而好新，月異而歲殊。」[15]。華元郡王趙允良，「好畫睡，一宮之人皆晝臥夜興。好坐木馬子，坐則不下，或飢則便就其上飲食，往往乘興奏樂於前，酣飲終日。」[16]。真宗時宰相呂蒙正好食雞舌湯，每日必用，以致園中雞毛成山。徽宗時宰相蔡京喜吃鵪鶉，每一食羹即殺數百隻。上有所好，下必行人，宗室貴臣如此，那麼豪富大賈也不甘示弱，連一般的平民也競相奢侈。正是統治階級的窮奢極欲的生活，使國家財富揮霍殆盡，北宋的滅亡或許與此有關。

# 三、宅第的豪華

宋人是非常講究宅舍建築的，但在宋初，出於維護等級制度的需要，所以對士庶宅舍建造有嚴格規定。《宋史‧輿服志》載：「凡公宇，棟施瓦獸，門設梐枑。諸州正衙門及城門，並施鴟尾，不得施拒鵲。六品以上宅舍，許作烏頭門。父祖舍宅有者，子孫許仍之。凡民庶家，不得施重栱、藻井及五色文采為飾，仍不得四鋪飛簷。庶人舍屋，許五架，門一間兩廈而已。」[17]。如此的規定固然對約束士庶的超標準建房第宅有一定的作用，但最高統治者居住的皇宮卻建得富麗堂皇，這自然刺激一些人的攀比心態，因此越軌行為不斷發生。仁宗時針對這種情況再次下詔：「天下士庶家，屋宇非邸店、樓閣臨街市，毋得為四鋪作及閒八；非品官毋得起門屋；非宮室寺觀，毋得繪棟宇，及朱黑漆梁柱、窗牖，雕鏤

15 《溫國文正司馬公文集》卷二十三《論財利疏》
16 丁傳靖：《宋人軼事彙編》卷三《諸王宗室》，北京，中華書局，1980。
17 《宋史》卷一五四《輿服志》。

柱礎」[18]。但是隨著商品經濟的發展，城市中的一些暴發戶及富裕人家往往設法突破這一限制，出現了彩繪棟宇的現象。

《趙大翁夫婦對坐圖》壁畫

宋代官員的宅第，從建築布局上講，一般由三部分組成，宅第的大門，院內主要建築和後花園。府邸的大門，一般有三間，中間的一間多為過道，左右兩間為護院人所居；院內建築由前廳、穿廊和後寢三部分組成，一般呈工字形或王字形形狀。前廳為接待賓客或日常起居用房，後寢為臥室，中間有迴廊，多種植花草，以點綴環境。後院多為大小不等的園林建築。如北宋時李用和府邸，宅東有空地百餘畝，「悉疏為池，力求異石為名木參列左右，號靜淵莊」[19]。宰相王黼的宅第，「窮極華侈，壘奇石為山，高十餘丈，便坐二十餘處，種種不同，如螺鈿閣子，即梁柱門窗什器皆螺鈿也」[20]。其他如蔡京、童貫等權臣，府第建築都非常華麗，園林風光更為精美。至於一般的官僚，也都十分注重經營宅第，如理學家邵雍在洛陽的宅第，「皆有水竹花木之勝」，[21]就連史家兼政治家的司馬光也同樣注重宅園建設，其共同點便是宅第園林化。這一特點非一二人所為，而是社會普遍現象。可見，從宋初以來，尤其是宋中葉以後，宋人對宅院建築的熱潮一浪高過一浪，形成了中國古代建築史上的一個高潮。

南宋以後，統治者對社會各階層熱衷於宅院建築的豪華頗為關注，為了制止

18 葉夢得：《避暑錄話》卷下。
19 同上。
20 《三朝北盟會編》卷三十一。
21 《邵氏聞見錄》卷十八，北京，中華書局，1983。

侈靡之風，對於宮殿要求「惟務簡省，宮殿尤樸」[22]。對於官民營室屋，「一遵制度，務從簡樸」[23]，但實際上收效並不大。鑑於南方水鄉的特點，官僚、地主、富商在建築宅第時，十分注重選擇佳地，疊石造山，引水開池，山水花木，融為一體，形成了別具特色的江南官僚宅第的特點。因此，宋代的宅第建築，從室內布局和藝術效果看發生了重大變化，這種變化正是與社會上流行的華靡奢侈之風相適應的。

# 四、交通工具的改進

宋人的交通工具，可以分為陸路和水路兩部分。陸路主要是馬、車、轎，水路為船。

在北宋初期，作為交通工具的是馬、驢、牛等，因國家初創，統一戰爭需要大量的馬匹，因此官員乘馬的很少，多乘驢或牛。此後馬成為人們的主要交通工具。宋代嚴格限制人們乘轎，只有年老的官員才准許乘轎。進入北宋中葉以後，一些富家開始用人力槓抬的轎子或兜子代步，但是宋代統治階級對此有嚴格的限制，如太平興國七年（982 年）李昉上奏：「今後富商大賈乘馬，漆素鞍者勿禁」，「工商庶人家乘簷子，或用四人、八人，請禁斷，聽乘車、兜子，异不得過二人」；仁宗時又規定：「豪貴之族所乘坐車，毋得用朱漆及五彩裝繪，若用黝而間以五彩者聽。民間毋得乘簷子及以銀骨朵、水罐引喝隨行」；神宗時進一步下令：「民間止令乘犢車，聽以黑飾，間以五彩為飾，不許呵引及前列儀物。」[24]。可見，當時社會上不僅坐的交通工具有明顯的發展，而且最主要是在交通工具上繪有華麗的繪圖及裝飾品，以顯示富貴。如清明節人們出城上墳或踏春，「轎子即以楊柳雜花裝簇頂上，四重遮映」[25]。所以官方的禁令在商品經濟

---

22 《宋史》卷一五四《輿服志》。
23 同上。
24 《宋史》卷一五三《輿服志》。
25 《東京夢華錄》卷七。

及人們不斷提高的消費觀念衝擊下，越來越難於執行，因此普遍出現了「京城士人和豪右大姓，出入率以轎自載，四人舁之，甚者領以椶蓋，徹去簾蔽，翼其左右，旁午於通衢，甚為僭擬」。到了北宋後期，官紳富豪競相奢侈，「不獨貴近，比比紛紛，日益滋甚」[26]。就連民庶之家，富民倡優也以乘轎為尋常事。

南宋以後，由於丟失大半江山，馬匹供應的主要基地隴右無法再為宋輸送馬匹，因此馬匹十分緊張，轎子漸漸成為人們日常的主要交通工具。貴族士女乘小轎有的不垂簾幕，有的乘車，車子的形象頗似轎子，前後有小欄杆而用牛拖之。至於士大夫出門，常乘驢、騾。

在運載貨物方面，北方主要用車，當時的大車每輛可載四五千斤，用牛騾十多匹[27]。當時的車因用途不同而建造也有不同，從《東京夢華錄》中可知當時運載車輛的情形：太平車，「上有箱無蓋，箱如構欄而平，板壁前出兩木，長二三尺許，駕車人在中間，兩手扶捉鞭鞍駕之，前列騾或驢二十餘，前後作兩行，或牛五七頭拽之。車兩輪與箱齊，後有兩斜木腳拖曳，中間懸一鐵鈴，行即有聲，使遠來者車相避。仍於車後繫驢騾二頭，遇下峻險橋路，以鞭唬之，使坐倒繉車，令緩行也。可載十石」。平頭車，「兩輪前出長木作轅木，梢橫一木，以獨牛在轅內，項負橫木，人在一邊，以手牽牛鼻繩駕之，酒店多以此載酒梢桶矣」。獨輪車，又叫串車，「前各二人把駕，兩旁兩人扶拐，前有驢拽」，主要為「般載竹木瓦石」。還有宅眷坐的車子，用椶葉作蓋，前後有構欄門，垂簾。浪子車，平盤兩輪，唯用人拽。痴車，「載巨石大木，只有短梯盤而無輪」，「皆省人力也」[28]。

宋代的造船業很發達，運糧有漕船，航海有海船，戰船有車樓船、多槳船，此外還有供遊人玩賞的龍舟、遊船。總之，船的種類因用途不同而造型、大小不同。可以說宋代造船業以及船在交通中的作用是非常重要的。最為華麗的船要算供皇帝貴族遊人玩賞的船，《都城紀勝》載杭州西湖的舟船，「大小不等，有

26　《宋史》卷一五三《輿服志》。
27　《癸辛雜識・別集》上，《北方大車》條。
28　《東京夢華錄》卷三。

一千料，約長五十餘丈，中可容百餘客；五百料，約長三二十丈，可容三五十餘客。皆奇巧打造，雕欄畫棟，行運平穩，如坐平地。」[29]《夢粱錄》中記載西湖的舟船更盛，西湖的大小船隻，不下數百舫，有容百餘人、三五十人、三二十人的，製作精巧，雕欄畫棟的遊船；也有無人撐駕，用車輪腳踏而行的賈秋壑府車船；有用香楠木製造、裝飾精美的御舟；還有在棚中專賣小食品的小船；也有打魚放生的瓜皮船；也有專載妓女、百戲藝人的小腳船。這些船隻因用途在於供遊人玩賞，所以在裝飾上多富麗堂皇。

總之，在宋代的物質生活方面，宋人是極為奢侈、揮霍的，這從一個方面也反映了當時社會生活的時尚。

第二節 ·
# 繁縟複雜
# 的禮俗

在物質生活方式方面，宋人表現出最大的特點是奢侈、鋪張，而在精神生活領域，尤其是在生兒育女、婚喪嫁娶方面，宋人的禮儀非常繁縟，這與這一時代的經濟發展水平、新儒學的崛起有著一定的關係。

---

29 《都城紀勝》，舟條。

# 一、婚嫁習俗

宋代社會出現的一些新變化，也使婚姻習俗烙上了時代的印記。總的來說，宋代男女締結姻緣，雖有大膽追求自由婚姻的積極一面，但大多數人的婚姻仍是通過「父母之命」、「媒妁之言」來完成的。因此，婚媒在宋代婚姻締結中所起的作用很大。但由於婚媒在締結姻緣過程中往往有謀取錢財的因素，因而釀成了許多婚姻悲劇，誠如袁采在《袁氏世範》中說：「古人謂周人惡媒，以其言語反覆，給女家則曰男富，給男家則曰女美。近世尤盛，給女家則曰男家不求備禮，且助出嫁遣之資；給男家則厚許其所遷之賄，且虛指數目。若輕信其言而成婚，則責恨見欺，夫妻反目至於仳離者有之。大抵嫁娶固不可無媒，而媒者之言不可盡信，如此宜謹察於始。」[30]在宋人的話本小說中都有反映媒婆見錢財而害人的故事。儘管如此，媒人的作用仍然見重於當時。

宋人的婚齡，開始沿襲唐代，男十五、女十三歲即可成婚，這顯然是早婚。宋代的婚齡一度也是如此，後來有些士大夫提出異議，把婚齡提到男十六、女十四歲。但在實際過程中，宋人的結婚年齡大致在二十至二十五歲左右[31]。這是有些學者經過多方研究所得出的結論，頗為可信。

隨著社會的進步，商品經濟的異常活躍，宋代的婚姻出現了許多變化，其中最明顯的一點就是隨著士族門閥制度的衰落，給婚姻帶來的影響，「婚姻不問閥閱」，直求資財成為時尚。一代名臣蔡襄就曾指出：「娶婦何謂，欲以傳嗣，豈為財也。觀今之俗，娶其妻不顧門戶，直求資財。」[32]司馬光站在封建禮教的立場上對此更是深惡痛絕，他有一段精彩的陳述：

今世俗之貪鄙者，將娶婦，先問資妝之厚薄；將嫁女，先問聘財之多少。至於立契約雲：某物若干，某物若干，以求售某女者。亦有既嫁而復欺給負約者，是乃駔儈鬻奴婢之法，豈得謂之士大夫婚姻哉！其舅姑既被欺給，則殘虐其婦以

---

30 盛義：《中國婚俗文化》，7頁，上海，上海文藝出版社，1992。

31 同上書，26頁。

32 《宋文鑑》卷一〇八。

擄其忿。由是，愛其女者，務厚資裝，以悅其舅姑。殊不知被貪鄙之人，不可盈厭，資裝既竭，則安用汝力哉？於是，質其女以責貨於女氏，貨有盡而責無窮，故婚姻之家，往往終為仇讎矣。[33]

司馬光的這種說法在宋代極為普遍，但這種現像是否像呂和叔所說的那樣「非所以謹夫婦嚴宗廟也」[34]。其實不然，婚姻從論門閥出身到論錢財，應該說是一種歷史的必然，至少對於突破封建等級的束縛，還是有一定的積極作用的。就在婚姻不問閥閱直求資財之風的影響下，宋代出現了一種特殊的婚姻方式，即榜下擇婿。每逢科考之年，京城的一些富商巨賈為了在政治上撈取地位，在進士榜揭曉之時，花重金擇狀元或一些進士入門為婿。許多進士出身貧寒，一朝中舉，既可升官，又可娶妻，還可撈一把錢財，一舉幾得，很快就形成一股風氣。這其實是商品交換在婚姻方面的又一表現。

在宋代的婚姻方面，納妾之風相當盛行，這不是宋代的特色，可以說是整個封建時代的產物。宋代納妾之風盛行，城市中也有大量的妓女，這些都是社會腐朽性的表現。

宋人禮俗比古代有所簡便，古人推重六禮，入宋後隨著婚姻觀的變化，六禮變成三禮，即納采、納幣、親迎。宋人的婚禮，據《東京夢華錄》、《夢粱錄》等書所載，大致有以下的程序：

男、女婚姻嚴格按照「父母之命」、「媒妁之言」來進行。議婚之初，由男方向女方求婚，若女方同意，即「以草帖子通於男家，男家以草帖問卜，或禱簽，得吉無克，方回草帖」[35]。草帖之類似後來的庚帖，「序三代名諱，議親人有服親田產官職之類」[36]。草帖互換後，再行細帖，表示雙方願意結親。之後男家送些酒之類與女家，稱「繳檐紅」，女家送活魚三五條，箸一雙，謂之「回魚箸。」

---

33 司馬光：《書儀》卷三《婚儀》。
34 《事林廣記》前集卷十《家禮類》。
35 《夢粱錄》卷二十。
36 《東京夢華錄》卷五。

接下來是行定聘之禮。在這個過程中最有趣者是「相媳婦」。「京師風俗，將婚姻者，先相婦。」相媳婦即男家先派親屬到女家，若看中女方，則以釵子插冠中，叫「插釵子」；如果不中意，則留下一兩匹綵緞，與之壓驚。南宋杭州的風俗與北宋差不多，相親是男女雙方在花園或湖舫內相見，其他禮俗與汴京相同。相親之後就是下定聘禮，這在宋人心目中是很重要的，分三個階段，即下定禮、下聘禮和下財禮。下定禮，即男家「用銷金色紙四幅為三啟，一禮物狀共面封，名曰『雙緘』，仍以紅綠銷金書袋盛之。或以羅帛貼套，立男二女綠衣，盛禮書為頭合，共轝十合或八合，用彩袱蓋上，送往。」女方在當日也要回定禮物。接下來是送聘之禮，聘禮依男家貧富狀況而定，「富貴之家，當備三金送之，則金釧、金鐲、金帔墜者也。若鋪席宅舍，或無金器，以銀鍍代之」。接下來是送財禮，財禮一般僅以銀錠若干封，綵緞數匹及酒果茶餅之類送下。

　　定聘結束後為迎親。迎親前三日，男家要送一些催妝品，女方也以禮物贈答。婚禮前一日，女方要到男家鋪房，掛帳幔，擺設珠寶首飾、化妝用具等，也有親人睡在新房，叫暖房。此外還派親信婦人或陪嫁女從，看守新房，不讓外人進入，以待新人進房，才敢自由出入。迎親當日，男家要準備若干禮物，借官私妓女乘馬以及鼓樂隊吹奏，到女家迎娶新人。花轎到男家門口，一些人攔門求「利市錢紅」，又準備五穀豆錢彩果，望門而撒，叫做「撒穀豆」。之後新人下車，引入新房。之後禮官請兩新人出房，綰結同心結，立於堂前，由男家雙全女親，用秤或機杼挑蓋頭，之後參拜諸神和家廟，回房行交拜禮，並各取青髮一束結在一起，謂之「合髻」，象徵為結髮夫妻，白頭到老。第二日新娘要拜見公婆，行拜舅姑之禮。婚後三日要回岳父家行拜門禮等，整個婚禮大概要折騰一個月左右才算結束。總體上講，宋人對婚禮極為重視，婚禮也非常隆重熱烈，其諸多程序大多為後世所沿用，尤其是許多婚禮習俗為後世所承繼，並一直延續到今。如鬧洞房戲弄新娘，儘管理學家極力反對，但作為傳統依然在社會上流行不衰。莊季裕在《雞肋編》中言：「民家女子，不用大蓋，放人縱親，處子則坐於榻上，再適者坐於榻前，其觀者稱歡美好，雖男子憐撫之亦喜，而不以為非

也」[37]。撒帳與撒豆穀,即新人入洞房對拜後,雙雙坐於床邊,由人拿吉祥物向新房中撒,以表示驅邪求吉利。轉席、鋪氈即新人下輿時,地下鋪著青布條或氈席,避免新人雙腳觸地。拜堂,在宋代改為新婚次日進行等等。

宋代的婚禮基本為後世所承繼,但由於宋代社會的特點,決定了宋時婚姻自有其特殊的一面,這就是政府通過法律及禮教來規範婚姻。

**婦女滌器雕圖**

唐末五代的藩鎮割據,使封建禮教遭到了很大的破壞,在婚姻上,等級制婚姻受到了嚴重衝擊,「婚姻之法,自朝廷以及庶民,蕩然無制,故風俗流靡,犯禮者眾」[38]。以致於在婚禮婚俗上出現了士庶合流的現象,歐陽修針對北宋前期的婚俗情況,指出:「今之士族,當婚之夕,以兩倚相背,置一馬鞍,反令婿坐其上,飲以三爵,女家遣人三請而後下,乃成婚禮,謂之上高座。凡婚家舉族內外姻親,與其男女賓客,堂上堂下,竦立而視者,唯婿上高座為盛禮爾……今雖名儒巨公,衣冠舊族,莫不皆然。嗚呼!士大夫不知禮義,而與閭閻鄙俚同其習,見而不知為非者多矣。」[39]歐陽修是站在維護封建等級制度的立場上批評這一習俗的,這也反映了當時的確存在婚姻不問門第、士庶相混的現象,這是一種歷史的進步。

但是統治階級為維護其特權,對婚姻還是進行了一些法律上的控制,如宋律就曾規定:「諸卑幼在外,尊長後為定婚,而卑幼自娶妻,

37 莊季裕:《雞肋編》卷下。
38 《宋文鑑》卷五十二。
39 歐陽修:《歸田錄》卷二十。

已成者，婚如法，未成者，從尊長，違者杖一百。」[40]宋代對婚姻控制最嚴的需算宗室婚姻，要受到諸種限制，如宗室男子不能娶下賤之女，宗室女夫死後可以改嫁，但宗室婦在夫死後嚴禁改嫁等，其目的是維護宗室的特權。

宋人因受唐人婚姻習俗的影響，在很長一段時間，對婦女改嫁可謂直言不諱。宗室、士大夫家庭改嫁很普遍，宋代明文規定，宗室女可以改嫁，對改嫁之夫家的門第也有所降低，甚至是再婚之人也允許。至於官宦人家，改嫁與再嫁更多，如范仲淹之母就改嫁淄州朱氏，其兒子死後，由他做主，將兒媳改嫁給門生王陶。薛居正的兒媳柴氏，早寡無子，攜貲財改嫁給官員張齊賢等。至於庶民之家改嫁更為普遍。但是從北宋仁宗時開始，一些政治家和理學家針對婦女改嫁問題，進行了批評，明確提出婦女不能改嫁，要從一而終。到南宋朱熹更是把「夫為妻綱」列為「三綱」之首，提出「人道莫大於三綱，而夫婦為之首」[41]，因此宋代較為開放性的婚姻到南宋末趨於保守，堅守貞節成為束縛婦女婚姻的一道枷鎖，後世愈烈。

# 二、生育習俗

婚姻的最終結果是生兒育女、繁衍後代。宋人的生育禮俗尤為隆重，據《東京夢華錄》、《夢粱錄》載，在產婦臨盆之際，其娘家要送銀盆或彩盆，內裝粟桿一束，上以錦緞或紙覆蓋，其上再放花朵、通草、貼套，表示五男二女之意，還有彩畫鴨蛋一百二十枚，膳食、羊、生棗等，送至婿家，其名叫「催生禮」。分娩以後，親朋要送細米炭醋。出生七天叫「一臘」，十四天為「二臘」，二十一天叫「三臘」。娘家及親朋均送膳食。滿月之日，娘家要送彩畫錢及金銀錢、雜果，大展「洗兒會」。這日親朋均來，在銀盆內煎香湯，把洗兒果、彩錢等放進去，仍用色彩繞盆，稱為「圍盆紅」。年長者用金銀釵攪水，稱為「攪盆

---

40 《宋刑統》卷十四《戶婚律》，北京，中華書局，1984。
41 朱熹：《朱文公文集》卷二十《論阿梁獄情札子》。

釵」。親朋也把金錢銀釵撒入盆中，稱為「添盆」。盆內有栗棗，少婦爭而食之，以表示生男之兆。小兒洗完澡剃完髮以後，轉入保姆房中，叫「移窠」。到一百天，也要宴請賓客。至一歲，叫「周晬」，在中堂之內擺列父祖誥敕、金銀七寶玩具、文房書籍等，讓小兒坐於中間，觀其先抓何物，以示日後從事何種職業，這叫做「拈周試歲」。親朋要送一些禮物，同時主家要設宴款待。

這種生育兒子的場面，不分富貧，均要經過這些過程，但在偏遠地區及生活貧困的家庭，迫於生計卻出現了另一種習俗，即溺嬰棄子。溺嬰即在嬰兒剛出生之際，就將其溺於水中，棄子即將兒子拋棄。這種現像在宋時很盛，尤其在湖北、湖南、福建等地較嚴重。何至於如此，主要是貧困人家養活不了這麼多子女，在沒有什麼辦法控制生育的情況下，只好採用這種殘忍的手段。

# 三、喪葬禮俗

在宋代，由於受到傳統儒家孝道觀念的影響以及佛道信仰的深入，在對待喪葬方面，表現出了截然不同的兩種觀念：一是厚葬之風盛行，二是薄葬風習流行。

宋人之所以重視厚葬，主要受傳統儒家「事亡如事存」的喪葬觀念的影響，宋祁認為「孝莫重乎喪」[42]。李覯也認為「死者人之終也，不可以不厚也，於是為之衣衾棺槨，衰麻哭踊，以奉死喪。」[43]還有人將喪葬視為「禮之大者」，[44]把喪葬的厚與薄視為孝與不孝的重要標誌。正是這種將喪葬融於禮義、孝道之中，因此宋人普遍重視厚葬。在喪葬中突出表現在僧侶、道士直接參加民間喪事活動，誦經禮懺，設壇作齋，超度亡靈，使喪葬儀式更趨繁瑣、落後，喪葬費用也更加浩大。因此史書關於宋人厚葬的史料非常多，奢侈浪費非常嚴重。如汴京厚

---

42 宋祁：《景文集》卷六十一《孫僕射行狀》，四庫全書珍本別集。
43 李覯：《李覯集》卷二《禮論第一》，北京，中華書局，1981。
44 《河南程氏遺書》卷十八《伊川先生語四》。

葬成風，「凡百吉凶之家，人皆盈門」。[45]「喪事員不能具服，則質以衣之。家人之寡者，當其送終，則假請嫗婦，使服其服，同哭諸途，聲甚淒婉。」[46]而在一些地區，「俗重凶事，其奉浮圖，會賓客，以儘力豐侈為孝，否則深自愧恨，為鄉里羞，而奸民游手無賴子，幸而貪飲食，利錢財，來者無限極，往往至數百千人。至有親亡秘不舉哭，必破產辦具，而後敢發喪者，有力者乘其急時，賤買其田宅，而貧者立券舉債，終身困不能償。」[47]這種厚葬之風雖給子孫博得孝名，但卻對子孫貽害無窮。

也就在厚葬之風氾濫的同時，受佛家喪葬觀的影響，薄葬之風也漸漸流行，並形成與厚葬之風相敵對，主要表現在火葬上。在北宋火葬最流行的是汴京和河東路，江少虞在《宋朝事實類苑》中說：「河東人眾而地狹，民家有喪事，雖至親，悉燔爇，取骨燼寄僧舍中。以至積久，棄損乃已，習以為俗。」到了南宋，火葬在廣大南方地區流行起來，「吳越之俗，葬送費廣，必積累而後辦。至於貧下之家，送終之具，唯務從簡，是以從來率以火化為便，相習成風，勢難遽革」。[48]

正是這兩種觀念的衝擊，因此就宋代的葬法而言，形成了不同的葬法，土葬和火葬。人們之所以熱衷於火葬，關鍵在於其簡便和省錢。火葬雖在民間流傳甚快，也為廣大貧寒人家所樂於接受，但這種葬法與封建統治者所強調的「王者設棺槨之品，建封樹之制，所以厚人倫而一風化」的本意相牴觸，嚴重影響了封建統治秩序。尤其宋代理學大盛，理學極重孝道和禮，所以他們強烈反對火葬，統治者也意識到火葬對封建倫理道德秩序的破壞，所以採取一系列措施嚴禁火葬。主要做法有三：一是下令嚴禁火葬，如建隆三年（962 年），太祖下詔：「近代以來，遵用夷法，率多火葬，甚愆典禮，自今宜禁之」[49]；其二是從法律上給火葬者以嚴懲，《宋刑統》載：「諸殘害死屍（指焚燒、肢解之類），及棄屍水中者，

45 《東京夢華錄》卷五，《民俗》條。
46 《塵史》卷下《風俗》，上海，上海古籍出版社，1986。
47 歐陽修：《居士集》卷三十五《端明殿學士蔡公墓誌銘》。
48 《宋史》卷一二五《禮志二八》。
49 王禹偁：《東都事略》卷二《本紀二》。

各減鬥殺罪一等」[50]；三是設立漏澤園、義冢等，由官府出錢集體收葬貧而無人葬的人。所以若論宋代喪葬禮俗，最突出的還要算土葬，也可以說火葬流行甚快，但主要的還是土葬。

宋人對喪葬禮儀十分重視，因此就形成了繁瑣而隆重的喪葬禮俗，主要有：初終，即言男女易服布素及坐哭之位，也就是指死者在臨終之前，「遷居正寢，內外安靜，以俟氣絕」。既絕，諸子兄弟親戚要大哭；復，即在人死後，家人在寢庭的南面，向北面揮衣呼喊三遍，之後將衣覆於屍體上，開始行喪事，立喪主、主婦、護喪、司書等。復，即招魂儀式；易服，即換衣服，即凡與喪事有關的內外親屬都要換上白布青縑的衣服；訃告，即報喪，「護喪、司書為之發書，訃告於親戚及僚友」；沐浴、飯含、襲屍。沐浴即給死者洗身，飯含即在死者口中放入食物等，襲屍即給死者穿衣；小斂，即給死者穿衣；大斂是將屍體放入棺內；成服，即大斂後第二日，五服之內的親屬依與死者的關係，穿各自應穿的喪服；朝夕奠，朔望奠，即孝子在每天日出日落舉行兩次祭奠；卜宅兆葬日，即由家人、卜者通過占卜來選定下葬的日子及墓地的方位等；啟殯即將靈柩移到正堂正中，準備出殯；朝祖，在靈柩發引前一日，奉魂帛朝拜祖廟；親賓奠賻贈，即親賓奠祭；陳器，出殯前，抬棺人先陳器於門外；祖奠、遣奠，即出殯前設奠以告亡靈；在途、及墓、下棺，在途即去埋葬的路上，及墓即到墓地舉行的儀式，下棺即將靈柩放在墓穴中；祭后土、題虞主，即在木板上寫死者姓名；反哭，下葬後，喪主奉神主歸家而哭；虞祭，即父母死後迎魂安於殯宮之祭；卒哭，葬後改無時之哭為朝夕一哭；祔，即死者與祖先合享之祭；小祥即父母死後一週年之祭；大祥即父母死後兩週年之祭；禫祭，即家人脫去喪服之祭，此後，喪家生活歸於正常。上述主要依據司馬光《書儀》所敘，可知宋人喪葬的繁瑣程序，但在民間，喪葬更富有人情味，迷信色彩很濃，並形成了一些固定的習俗。

一是點隨身燈，即在人剛斷氣，家人就從死人床前點紙燈，一直到大門外，以幫助死者到陰間報到；二是絆腳繩、打狗餅，即將死人雙腳捆住，防止炸屍，

---

50 《宋刑統》卷十八《殘害死屍》條，北京，中華書局，1984。

或在死者手裡塞入麵餅及小棒，以便死者順利經過陰間的惡狗村；三是山人批書，即請陰陽先生選擇入殮的時辰；四是寫殃榜；五是出殃；六是轉空；七是搭綵棚；八是畫影，即為死者畫遺像；還有題主、弔喪、七七追薦、擇墓地和葬日，等等。最殘酷的是服喪和居喪，不僅在飲食上有所限制，在居舍、言語等方面均有嚴格的禁止，且居喪時間達三年之久。像北宋的張齊賢在居喪期間，絕食七天，七日後每天只吃粥，居喪三年不食酒肉、蔬果。但是宋代的喪葬禮俗雖然繁瑣隆重，但時人也有越軌行為，即不完全依照喪葬習俗來行事。司馬光就曾指出：「今之士大夫，居喪食肉飲酒，無異平日。又相從宴集，靦然無愧，人亦恬不為怪……乃至鄙野之人，或初喪未斂，親賓則齎饌酒往勞之，主人亦自備酒饌，相與飲啜，醉飽連日，及葬亦如之。甚者，初喪作樂以娛屍，及殯葬則以樂導輀車，而號哭隨之。」[51]「相習為常，恬不知怪」[52]。這從一個側面反映出宋代喪葬禮俗的一些變化。

第三節 ·
# 多樣的
# 節日娛樂

　　宋人精神生活非常充實，或許由於商品經濟的發展，社會物質財富的劇增，或許是長時間的安定局面，使人們有大量的時間和物力去充實精神生活，因此宋代的節日娛樂翻新出奇，即便是傳統的節日，在宋代其歡樂情景令人陶醉。除傳

---

51 《司馬氏書儀》卷六《喪儀二 · 飲食》。
52 《溫國文正公文集》卷十一《序賻禮》。

統的節日外，宋代還多出一些節日，主要有聖節，即以宋代帝王及皇后的生日而命名為某節；諸慶節，即與道教、天書有關的節日；諸神節等。

# 一、傳統節日與娛樂

宋代的傳統節日多依唐代，有年節、上元節、清明節、端午節、乞巧節、中秋節、重陽節、冬至等，因宋代經濟比較發達，政治比較穩定，節日變得歡快愉樂，風俗生活內容豐富多彩，隆重熱烈，尤其是節日奢靡之風更熾。宋代節日及娛樂習俗基本奠定了後世節日的規模和內容，因此其對後世節日習俗影響甚大。

## （一）除夕

除夕之後就是新年的開始，它是一年中最隆重的節日，因此節日習俗豐富多彩。除夕夜，宋人普遍貼門神，門神主要為鍾馗像。《夢粱錄》載除夕夜，「淨庭戶，換門神，掛鍾馗，釘桃符」[53]。到北宋末，鍾馗被秦瓊、尉遲敬德所取代。貼門神和釘桃符主要驅邪避災，給新年帶來好運。宋代印刷技術有了明顯進步，因此出現了木版年畫，如現存最早的宋版木版年畫《隋朝窈窕呈傾國之芳容》，畫的就是歷史上四大美女，即王昭君、趙飛燕、班姬和綠珠。與年畫相關聯，宋代流行寫春聯。在除夕之夜，宋代普遍流行驅儺儀式，宮中讓衛兵戴面具，鼓吹驅邪祟，而民間有跳灶神、打夜胡等。如《東京夢華錄》載：「貧者三數人

傀儡戲銅鏡

---

53 《夢粱錄》卷六。

為一火，裝婦人神鬼，鼓鑼擊鼓，巡門乞錢，俗呼為『打夜胡』，亦驅祟之道也。」[54]此外，宋人有除夕夜守歲習俗。《東京夢華錄》載：「士庶之家，圍爐團坐，達旦不寐，謂之『守歲』」[55]。袁文在《甕牖閒評》中雲：「守歲之事，雖近兒戲，然而父子團圓把酒，笑歌相與，竟夕不眠，正人家所樂為也。」此外宋代守歲風俗增添了不少新內容，如「饋歲」、「別歲」、「辭年」等，尤其是一些文人雅士借守歲而抒發個人感嘆。

## （二）元旦

三更過後，五更來臨，新年到來，宋人稱農曆正月初一為元旦或元日。剎那間，爆竹響徹天空，不僅「禁中爆竹山呼，聞聲於外」[56]，而且「爆竹高呼，聞於街巷」。[57]在爆竹聲聲劃破夜空之時，宮中元日朝賀開始了，場面之隆重為歷代所不及，但較之唐代君臣宴樂的活潑氣氛少了些，已演變成為帝王拜年。就在百官行朝賀禮時，尋常百姓家開始了拜天地、祭祖宗、互相拜年的喜慶景象。宋代的拜年一是拜宗族尊長，二是親族拜訪，三是同僚朋友拜訪。同僚親朋拜訪頗有趣，開始贈送名刺，即因自己不能親往，派一人騎馬到每一位朋友家，連喊數聲留下一張名刺即表示來此拜年。

新年熱鬧場面，莫過於節日娛樂活動的增加，娛樂內容的豐富。如開封在元旦這一日，「開封府放關撲三日。士庶自早互相慶賀，坊巷以食物，動使果實柴炭之類，歌叫關撲……皆結綵棚，鋪陳冠梳、珠翠、頭面、衣著、花朵、領抹、靴鞋、玩好之類。間列舞場歌館，車馬交馳」。到了晚上，「貴家婦女，縱賞關睹，入場觀看，入市店飲宴，慣習成風，不相笑訝。」[58]到南宋，修內司安排晚宴，並有煙火、賞燈等[59]。可以說新年到處都是歌舞昇平的歡樂景象。

---

54 《東京夢華錄》卷九。
55 《東京夢華錄》卷十。
56 同上。
57 《夢粱錄》卷六。
58 《東京夢華錄》卷六。
59 《武林舊事》卷二。

過了元旦，最熱鬧的節日活動莫過於「行春之儀」。北宋時「開封府進春牛入禁中鞭春……百姓賣小春牛，往往花裝欄坐，上列百戲人物，春幡雪柳，各相獻遺」[60]。而到了南宋杭州，「以鎮鼓鑼吹伎樂迎春牛」，「街市以花裝欄，坐乘小春牛，及春幡春勝，各相獻遺於貴家宅舍，示豐稔之兆」[61]。因此，在新年之間的行春之儀主要是慶祝豐收，預示五穀豐登。

## （三）上元節

正月十五是元宵節，宋人又稱為元夕節。宋代的上元節在唐代的基礎上又向前發展了一步，節日愉快的場面非常熱鬧。《宋史·禮志》載：「上元前後各一日，城中張燈」，不僅到處搭綵棚，舞弄百戲，且帝王與民同樂，一起觀燈，因此宋代元宵節的燈展十分空前。當時的燈展，不僅東京、杭州為最盛，且蘇州、溫州、成都、福州等較繁華的城市以及州縣都有張燈習俗，且燈的品種及製作花樣翻新出奇。結合燈展，民間藝術登台舞出，其熱鬧的程度可以說居各節之首。如東京城的上元觀燈，從年前冬至後，開封府就開始在大內宣德樓前絞縛山棚，到正月十五這一日，遊人都雲集到御街兩廊下觀燈遊玩。這時燈山上彩，「金碧相射，錦繡交輝」，「山啟上皆畫神仙故事」。在彩山左右，「以彩結文殊、普賢，跨獅子、白象，各於手指出水五道，其手搖動。用轆轤絞水上燈山尖高處，用木櫃貯之，逐時放下，如瀑布狀。又與左右門上，各以草把縛成戲龍之狀，用青幕遮籠，草上密置燈燭數萬盞，望之蜿蜒如雙龍飛走。自燈山至宣德門樓，橫大街約百餘丈，用棘刺圍繞，謂之『棘盆』，內設兩長竿，高數十丈，以繪彩結束，紙糊百戲人物，懸於竿上，風動宛若飛仙」[62]。在燈山附近，設有樂棚，「奇術異能，歌舞百戲，鱗鱗相切，樂聲嘈雜十餘里」[63]。這裡既有教坊伶人的表演，也有民間藝人的表演。北宋開封燈展宣德樓前最為熱鬧，其他大街寺院、坊巷口都有燈展，且翻奇出新，整個東京城宛如銀河一般。到南宋杭州，元宵節盛況一

---

60 《東京夢華錄》卷六。
61 《夢粱錄》卷一。
62 《東京夢華錄》卷六。
63 同上。

如開封，不過燈的質量有所提高，品種也極多，有用五色琉璃做成的「蘇燈」，有用白玉做的福建貢燈，還有新安進奉的「無骨燈」。宮中的琉璃寶石燈山，有五丈高，「人物皆有機關活動，結大綵樓貯之」[64]。燈山的燈有數千百種，「極其新巧，怪怪奇奇，無所不有」。杭州元宵娛樂活動，最為活躍的要算舞隊，舞隊在進行表演時，還要受到官府特別犒勞。當時的舞隊有「清音、遏雲、掉刀、鮑刀、胡女、劉袞喬三教、喬迎酒、喬親事、焦鎚架兒、仕女、杵歌、諸國朝、竹馬兒、村田樂、神鬼、十齋郎各社不下數十」[65]。這些民間社團在表演時，「首飾衣裝，相矜修靡，珠翠錦綾，炫耀華麗」[66]。十五之夜「家家燈火，處處管弦」[67]；「公子王孫，五陵年少，更以紗籠喝道，將帶佳人美女，遍地游賞」。即便是「深坊小巷，繡額珠簾，巧制新裝，競誇華麗」[68]。正月十五元宵節的夜遊勝景，無以臻比。

除東京、杭州外，其他地方的燈展也是爭奇鬥豔，獨從花燈的品種上講，當時「燈品至多，蘇、福為冠，新安晚出，精妙絕倫」[69]。從燈市的熱鬧程度而言，「趙中惠守吳日，嘗命制春雨堂五大間，左為汴京御樓，右為武林燈市，歌舞雜藝，纖悉曲盡」[70]。「燈夕，外郡唯杭、蘇、溫華侈尤甚，自非貧人，家家設燈，有極精麗者」。[71]

元宵節賞燈，放煙火和舞百戲，固然反映了宋人節日愉快的一方面，但規模龐大的燈會，必然會耗費大量的錢財，尤其是封建統治者為粉飾太平，不惜揮霍民脂民膏，為博得一時之歡，「不時之需，無名之斂，殆無虛日」，以致「無屋而責屋稅，無丁而責丁稅」[72]。更甚者，一些官員為了追求節日的排場，「不問

---

64 《武林舊事》卷六。
65 《夢粱錄》卷一。
66 同上。
67 同上。
68 同上。
69 《武林舊事》卷二。
70 同上。
71 《歲時廣紀》卷十《上元·州郡燈》。
72 《建炎以來繫年要錄》卷四十三。

貧富。每戶科燈十盞」，搞得民不聊生，以至到了「富家一盞燈，太倉一粒粟。貧家一盞燈，父子相對哭。風流太守知不知？唯悔笙歌無妙曲」[73]的地步。

## （四）寒食、清明

冬至後一百○五天稱為寒食。因寒食禁火三日，節前準備好食品，所以又稱寒食節。寒食節這一天，東京人「用麥造棗䭅飛燕，柳條串之，插於門楣，謂之『子推燕』」[74]。而江淮人家則「以柳條插於門上，名曰『明眼』」[75]。這一天，官民不論大小人家，有子女未冠笄者，均於這一天上頭。

寒食第三天即為清明節。這一日宋人的習俗主要有三個特點：一是取新火，因寒食斷火三日，所以清明節各家各戶都要取新火種開鍋做飯，宮中由皇帝「命小內侍於閣門用榆木鑽火，先進者賜金碗、絹三匹。宣賜臣僚巨燭」[76]；而民間則是向鄰人借火種，宋人魏野詩曰：「無花無酒過清明，興味都來似野僧。昨日鄰家乞新火，曉窗分與讀書燈」[77]。二是掃墓，一般新墳均於當日祭掃，舊墳祭掃一般在寒食日為最盛。宮中發車馬到宋陵祭拜，一般士庶之家，也於此日紛紛出門，「諸門紙馬鋪皆於當街，用紙袞疊成樓閣之狀」[78]。三是踏青春遊。清明節正值萬物復甦之際，因此人們紛紛出城，「四野如市，往往就芳樹之下，或園囿之間，羅列盤杯，互相勸酬。都城之歌兒舞女，遍滿園亭，抵暮而歸。」[79]而南宋杭州人「宴於郊者，則就名園芳圃，奇花異木之處；宴於湖者，則彩舟畫舫，款款撐駕，隨處行樂。此日又有龍舟可觀，都人不論貧富，傾城而出，笙歌鼎沸，鼓吹喧天。」[80]此外，作為節日的娛樂活動，宋代普遍流行擊球、蹴鞠、鞦韆、鬥雞等。

73 《淳熙三山志》卷四十《土俗類·歲時·上元》。
74 《東京夢華錄》卷七。
75 《夢粱錄》卷二。
76 同上。
77 《歲時廣紀》卷，《取新火》、《乞新火》，叢書集成初編本。
78 《東京夢華錄》卷二。
79 《東京夢華錄》卷七。
80 《夢粱錄》卷二。

## （五）端午節

端午節是為紀念戰國時楚國的愛國詩人屈原投汨羅江而死的一個節日。在它的發展過程中，五月初五紀念屈原是其一項內容，但到宋代作為節日習俗其主要內容在於驅邪禳災。在宮中「內司意思局以紅紗彩金盞之，以菖蒲或通草雕刻天師馭虎像於中……艾虎，紗匹段，分賜諸閣老、宰執、親王……如市井看經道流，亦以分遺施主家。所謂經筒、符袋者，蓋因《抱朴子》問辟五兵之道，以五月五日佩赤靈符掛心前，今以釵符佩戴，即此意也。杭都風俗，自初一日至端午日，家家買桃、柳葵、榴、蒲葉、伏道，又並市茭、粽、五色水團、時果、五色瘟紙，當門供養。自隔宿至五更，沿門唱賣聲，滿街不絕。以艾與百草縛成天師，懸於門額上，或懸虎頭白澤。或士宦等家以生朱於午時書『五月五日天中節，赤口白舌盡消滅』之句。此日採百草或修製藥品，以為辟瘟疫等用。」[81]此外，五月端午的節日娛樂活動主要有北宋汴京的鼓扇百索市和江南的龍舟爭渡等。作為特定的節日，在飲食上主要有香糖果子、粽子、白團等。

## （六）乞巧節

七月七日為「七夕節」，因民間少女或少婦有乞巧的活動，所以又叫「乞巧節」，因這項活動的主要參與者是女性，也稱「女兒節」或「少女節」。七月七日是傳說中牛郎織女相會的日子，人們出於對愛情的美好嚮往，因此反映在習俗中有許多新的內容。宋代的乞巧節的內容非常豐富，主要有乞巧和供奉摩喉羅等內容。節日習俗不論是北宋汴京或南宋杭州，大致相同。首先是出現民間乞巧市，專賣乞巧物。從七月一日起，乞巧市就車水馬龍，人聲鼎沸，熱鬧非凡，到了乞巧節前夕，乞巧市人數更多，以致出現「車馬盈市，羅綺滿街，旋折未開荷花……取玩一時，提攜而歸」。其次搭乞巧樓，「至初六日七日晚，貴家多結綵樓於庭，謂之乞巧樓。鋪陳磨喝樂、花瓜、酒炙、筆硯、針線，或兒童裁詩，女郎呈巧，焚香列拜，謂之乞巧。婦女望月穿針。或以小蜘蛛安盒子內，次日看

---

81 《夢粱錄》卷三。

之，若網圓正，謂之得巧」[82]。再次，宮中、富家及一般的士庶都要造時物以追陪，有的以黃蠟製成鳧雁、鴛鴦、鸂鶒、龜魚之類，繪上顏色，稱為「水上浮」；有在小木板上覆土，種粟生苗，再在上面製作小木屋花木點綴成村落，裡有農家人物形象，稱為「谷板」；有在瓜上刻花紋，稱為「花瓜」；有用油、麵、糖、蜜做成的各種各樣的笑靨兒，稱為「果食花樣」；還有用綠豆、小豆、小麥，放在瓷器中用水浸泡，生芽數寸，用彩條束起來，稱為「種生」。最後，也是乞巧節發展到宋代出現的新景觀，即售賣和供奉摩㬋羅。摩㬋羅又叫磨喝樂，像兒童狀，「以土木雕塑，更以造彩裝襴座，用碧沙罩籠之，下以桌面架之，用青綠銷金桌衣圍爐，或以金玉珠翠裝飾尤佳」[83]。這種磨喝樂，北人叫土偶，南人叫巧兒。乞巧節時，「市井兒童，手執新荷葉，效摩㬋羅之狀」，[84]到南宋，不論宮廷或民間，都喜愛此物，七夕前，「修內司例進摩㬋羅十卓，每卓三十枚，大者高至三尺，或用象牙雕鏤，或用龍涎佛手香製造，悉用縷金珠翠。」[85]此外，人們還用紅熬雞果食時新果品，互相餽送；宮中也用水蜜木瓜製成鵲橋仙故事，等等。

## （七）中秋節

八月十五為中秋節，宋人的中秋節娛樂活動大大豐富，節日活動主要有賞月、吃月餅、賞桂、觀潮等。賞月是中秋節的主要內容之一，北宋時，中秋之夜，「貴家結飾台榭，民間爭占酒樓玩月。絲篁鼎沸，近內庭居民，夜深遙聞笙竽之聲，宛若雲外。閭里兒童，連宵嬉戲」[86]。到南宋「王孫公子，富家巨室，莫不登危樓，臨軒玩月，或登廣榭，玳筵羅列，琴瑟鏗鏘，酌酒高歌，恣以竟夕之歡。至如鋪席之家，亦登小小月台，安排家宴，團圓子女，以酬佳節。雖陋巷貧窶之人，解衣市酒，勉強迎歡，不肯虛度……玩月遊人，婆娑於市，至曉不

---

82　《東京夢華錄》卷八。
83　《夢梁錄》卷四。
84　同上。
85　《武林舊事》卷三。
86　《東京夢華錄》卷八。

絕」[87]。此外，在賞月之際，宋人又流行拜月習俗，《新編醉翁談錄》載：「傾城人家，不以貧富，能自行者至十二三（歲），皆以成人之服飾之，登樓或於庭中焚香拜月，各有所期。男則願早步蟾宮，高攀仙桂……女則願貌似嫦娥，圓如法月。」南宋人在賞月之時還有賞燈之俗，「此夕浙江放『一點紅』羊皮小水燈數十萬盞，浮滿水面，爛如繁星」。[88]

八月中秋，正值丹桂飄香之際，宋人除賞月外，又有賞桂觀潮、吃月餅之俗。觀錢塘海潮在宋尤盛，每年從八月十一日起，「便有觀者，至十六、十八日傾城而出，車馬紛紛，十八日最為繁盛……自廟子頭直至六和塔，家家樓屋，盡為貴戚內侍等雇賃作看位觀潮」[89]。在人們觀潮時，「吳兒善泅者數百，皆披髮文身，手持十幅大彩旗，爭先鼓勇，溯迎而上，出沒於鯨波萬仞中，騰身百變，而旗尾略不沾濕，以此誇能。而豪民貴宦，爭賞銀彩。江干上下十餘里間，珠翠羅綺溢目，車馬塞途，飲食百物皆倍穹常時，而僦賃看幕，雖席地而不容間也」。[90]

如果說中秋觀海潮只是杭州一處風俗，那麼中秋吃月餅則為南北相同了。宋代月餅花色品種很多，有荷葉、金花、芙蓉等。《夢粱錄》載杭州的月餅有：金銀炙焦牡丹餅、棗箍荷葉餅、芙蓉餅、菊花餅、月餅、梅花餅等。

## （八）重陽節

九月九日是重陽節，是登高宴飲的大好日子，因此宋人特重視重陽，節日活動也豐富多彩。大致有賞菊送菊糕，登高遊玩。《夢粱錄》載：「今世人以菊花、茱萸，浮於酒飲之，蓋茱萸名『闢邪翁』，菊花為『延壽客』，故假此兩物服之，以消陽九之厄爾。」[91]可見宋代依然流行用茱萸消災的風俗。重陽節最主要的活

---

87 《夢粱錄》卷四。
88 《武林舊事》卷三。
89 《夢粱錄》卷四。
90 《武林舊事》卷三。
91 《夢粱錄》卷五。

動是賞菊，「禁中與貴家皆於此日賞菊，士庶之家，亦布一二株玩賞」[92]，就連飯店酒樓「皆以菊花縛成洞戶」[93]。當時菊花品種極多，有七八十種，香氣沁人且耐久。當時屬於精品的有：「萬齡菊，白黃色蕊若蓮房；桃花菊，粉白色；木香菊，白而檀心；喜容菊，純白而大；金鈴菊，黃色而圓；金盞銀台菊，白而大心黃。」此外，在南宋的宮中，僅在一個殿就排列萬盤菊花，還在晚上點菊燈，規模如同元宵節。重陽節慶宋人還流行蒸糕，北宋汴梁用粉麵蒸糕，上插剪綵小旗，摻乾果賣，如石榴子、栗子黃、銀杏、松子肉等；南宋杭人用糖麵蒸糕，上以豬羊肉鴨子為絲簇狀，插小彩旗，叫「重陽糕」。不論都城店肆或禁中，重陽節都要蒸糕，然後互相贈送。重陽節時已是秋高氣爽，因此宋人普遍流行登高郊遊宴樂，如汴京的倉王廟、四里橋、愁台、梁王城、硯台、毛駝崗、獨樂崗等都是人們光顧的地方。

除了上述傳統的節日外，宋人也有因季節不同而設立的節日，如立春行春之儀、元宵燈展出城探春、二月一日中和節、春社、秋社、七月十五中元節、立秋、十月一日出城饗墳、立冬、冬至、十二月初八的「臘八」等，均具有自身的民俗內容，且亦有豐富多彩的娛樂節目。

## 二、諸聖節

除傳統的節日外，宋代帝王及部分太后，將自己的生日稱為某某節，稱為「聖節」，借此歡樂娛樂一番，這是宋代出現的新特點，之前是很少有的。從史書中我們可以發現宋代的聖節就有十七八種：二月十六日為宋太祖的生日，定為長春節；十月七日宋太宗生日，為壽寧節；十二月二日真宗生日，為承天節；四月十四日仁宗生日，為乾元節；正月八日皇太后劉氏生日，為長寧節；正月三日英宗生日，為壽聖節；四月十日神宗生日，為同天節；十二月八日哲宗生日，為

---

92 同上。
93 《東京夢華錄》卷八。

興龍節；七月十六日太皇太后高氏生日，為坤成節；十月十日徽宗生日，為天寧節；四月十三日欽宗生日，為乾龍節；五月二十一日高宗生日，為天申節；十月二十二日孝宗生日，為會慶節；九月四日光宗生日，為重明節；十月十九日寧宗生日，為天祐節；正月五日為理宗生日，為天基節；四月九日度宗生日，為乾會節等。

諸聖節主要在宮中舉行盛大的儀式，參加者多為皇親宗室文武百官，聖節的內容有文藝表演、進奉、宴飲、賞賜等。可以看出，宋代的帝王幾乎每一位都設有一節，年年如此，可見奢侈揮霍的程度。


# 三、諸慶節

道教在宋代非常流行，統治階級為了利用宗教製造皇權神授的迷信色彩，大搞天書下凡、降符瑞等活動。真宗在位期間，大崇道教，製造天書下凡等鬧劇，為此定了與天書道教有關的節日，稱為慶節。真宗時定有五節，即：正月三日天書降日為天慶節，「休假五日」；「建道場設醮，禁屠宰」；「士庶特令宴樂，京師燃燈」。六月六日為天貺節，「京師斷屠宰，百官行香上清宮」。七月一日聖祖（趙玄朗）降日為先天節。十月二十四日降延恩殿日為降聖節。天禧初，天書再降內中功德閣為天禎節。到了徽宗時，道教再次崇盛，又定了幾個節日，如十一月五日為天應節；五月十二日為寧貺節；二月十五日為真元節；八月九日為元成節；正月四日為開基節；十月二十五日為天符節。[94]

諸慶節只是帝王所好，節日期間的社會活動和文藝娛樂均不如傳統節日，所以這些節日終未發展成群眾性的社會活動，尤其到南宋後，許多節日被取消了。

---

94 《宋史》卷一一二《禮志》。

# 四、祀神節

宋代統治者極力推崇佛道，其目的一是利用宗教麻醉人們的思想，以利於封建統治，二是藉助宗教的神權來為其封建政權服務。所以在宋代對諸神的祭祀越來越隆重，並有固定的祀神節，形成一定的節日習俗，對後世產生了很大影響。

宋代的祀神節較多，如佛生日、崔府君生日、神保觀神生日、祠山聖誕、東嶽聖帝誕辰等。

**1. 佛生日**　佛教傳入中國後，定四月八日為佛生日。北宋汴京十大禪院都有浴佛齋會，「煎香藥糖水相遺，名曰『浴佛水』」。[95]浴佛時，「僧尼道流，雲集相國寺，是會獨盛常年。平明，合都士庶婦女駢集，四方攜老幼交觀者，莫不蔬食」[96]。到南宋杭州的浴佛會，「僧尼輩競以小盆貯銅像，浸以糖水，覆以花棚，鐃鈸交迎，遍往邸第富室，以小杓澆灌，以求施利。是日西湖作放生會，舟楫甚盛，略如春時小舟，競買龜魚螺蚌放生。」[97]

**2. 崔府君生日**　六月六日為崔府君生日，是日「多有獻送，無盛如此」。[98]南渡後建廟於杭州，是日「都人士女，駢集炷香，已而登舟泛湖，為避暑之遊。」[99]

**3. 二郎神生日**　六月二十四日為二郎神生日，「最為繁盛」，二十三日，「御前獻送後苑作與書藝局等處製造戲玩，如球杖、彈弓、弋射之具……悉皆精巧。作樂迎引至廟，於殿前露台設樂棚，教坊、鈞容直作樂，更互雜劇舞旋……至二十四日……所獻之物，動以萬數。自早呈拽百戲……至暮呈拽不盡。」[100]

宋代的節日習俗，傳統節日在宋代內容更為豐富，而諸聖節、慶節、祀神節

---

95 《東京夢華錄》卷八。
96 《醉翁談錄》卷四。
97 《武林舊事》卷三。
98 《東京夢華錄》卷八。
99 《武林舊事》卷三。
100 《東京夢華錄》卷八。

不論從規模及內容還是群眾基礎，都無法與傳統節日相比。尤其是許多節日習俗的內涵，南北趨同，這反映中國的諸多傳統節日在各地已沒有明顯的區別，形成了中華民族共同認可和遵循的節日習俗。

## 第四節 ·
# 行會時尚

　　宋代隨著商品經濟的發展，城市經濟空前活躍，唐代以來的坊市制被大大突破，具體表現在：一是店鋪和居民住宅區不再相互劃定範圍，而是混雜在一起；二是城市交易時間幾乎通宵達旦；三是從業人員很多，幾乎各行各業都有。城市經濟的發展，促使不同行業的店戶結成一定的業緣組織，也就是行會組織，因其帶有濃郁的民間色彩，也可視為民間行會組織。宋代的行會組織，有稱行的，「市肆謂之行者，因官府科索而得此名，不以其物大小，但合充用者，皆置為行，雖醫卜亦有職」；有稱為團者，有稱為作等等。這些團、行、作等，大多為商業行會組織，行會組織的首領稱為「團首」和「行首」。因行會組織是迫於官府科索而自願組織起來，所以在一些方面頗能體現行會組織的一些特點：

　　一是有其特定的語言和服飾。在都市中從事商業活動的人很多，人們在結成行會組織時，就形成了一定的規矩，為了區別於其他行會組織，在語言和服飾上都有自己特定的內容，不能踰越。在語言上各行都有特定的語言，這些語言類似後世幫會組織的暗語，只有本行會的成員能夠聽懂，其他人聽不懂，這大概是出於保護同行業的利益而被迫採取的一種隱秘手段。在服飾上更是有嚴格規定，「其賣藥賣卦，皆具冠帶。至於乞丐者，亦有規格。稍似懈怠，眾所不容。其士

農工商諸行百戶衣裝，各有本色，不敢越外。謂如香鋪裏香人，即頂帽披背；質庫掌事，即著皂衫角帶不頂帽之類。街市行人，便認得是何色目」。[101]

二是同行之間的互相幫助。同一商戶結合在一起，除了共同利益之外，主要是體現同行之間的互助精神。如果是外地同行商戶初到京師，被「都人欺凌，眾必救護之，」如果遭到軍鋪刁難和逮捕同行者以及發生爭鬥之事，同行者「橫身勸救，有陪酒食籩官方救之者，亦無憚也」。如果是從外地剛到京師，人生地不熟，「新來鄰左居住，則相借措動使，獻遺湯茶，指引買賣之類。更有提茶瓶之人，每日鄰里互相支茶，相問動靜。凡百吉凶之家，人皆盈門」[102]。因此行會間的互助精神是很突出的。

三是規定嚴格，壟斷市場。為保護同行之間的利益，各行之大戶往往被推舉為行首，亦即行會領袖。外地長途商販將貨物運抵京師，由他們出面交涉，使外地商販的貨物不能直接進入市場，只有他們交涉後才能進入店鋪。在交涉過程中，坐鋪商往往壓低價格，迫使行商滿足其條件，然後將商品分給各小坐商。所以各行會壟斷市場價格的作用非常明顯，不經過行會組織的允可，行商是很難在京師立住腳的，有的往往被擠兌，最後還得將貨物賤賣給行首，行首再將貨物分賣給小商戶。

四是行會的內聚力增強。遇到官府敲詐，行會間往往結成一體，由行首率領，直接向官府抗爭、交涉。

這是宋代都城商業行會內部的一些特徵，這反映了宋代商品經濟發達的一些風貌。

除商業行會外，在宋代都城中從事其他職業的人也組成一定的組織，稱為社、會。文人有西湖詩社，「此乃行都搢紳之士及四方流寓儒人，寄興適情賦詠，膾炙人口，流傳四方，非其他社集之比。」[103]武士有射弓踏弩社，「皆能攀

---

101 《東京夢華錄》卷五。
102 《東京夢華錄》卷五。
103 《夢粱錄》卷十九《社會》。

弓射弩，武藝精熟。射放嫺習，方可入此社耳」。還有蹴鞠、打球、射水弩社，「非仕宦者為之，蓋一等富室郎君，風流子弟，與閒人所習也。」

此外還有馬社、七寶玩具社、錦體社、台閣社、窮富賭錢社、遏雲社、女童清音社、蘇家巷傀儡社、青果行獻時果社、東西馬塍獻異松怪檜奇花社、子弟緋綠清音社、十閒社等。

宋代的社、會中，尤為突出的是和尚道士也結成業緣組織，奉道者有靈寶會，每逢道家供奉的神生日，士庶也在慶祝神節時建會。奉佛者有光明會、斗寶會、西歸會、供天會、大齋會、涅槃會、淨業會等等。

宋代的民間行會組織，大多是依職業不同而劃分為不同的組織，因此可以說整個宋代社會建行、會、社的風氣很流行，究竟有多少民間行會組織，誰也說不清楚。除商業行會組織有其獨特的作用外，其他社、會組織所起的作用不太大，其內部的一些特徵也不明顯。如緋綠社（雜劇）、齊雲社（蹴球）、遏雲社（唱賺）、同文社（要詞）、角觝社（相撲）、清音社（清樂）、錦標社（射弩）、錦體社（花繡）、英略社（使棒）、雄辯社（小說）、翠錦社（行院）、繪革社（影戲）、律華社（吟叫）、雲機社（撮弄），大多為民間藝人組成的行業團體，也可視為民間藝術團體，他們結為一定的組織，目的是便於演出。就宋代都城民間藝術團體而言，其活動的範圍較廣，有在瓦子勾欄中從事表演藝術的，有在大街廣場上從事藝術表演的，也有在小巷城鎮中從事表演藝術的。正因為結成了一定的組織，所以從表演內容到演技等方面均有很高的成就，所以他們往往成為宮中表演百戲的主要來源，也是逢年過節進行娛樂活動的藝術演出主幹。

至於像靈寶會、光明會等信奉釋道的信徒組成的行會組織，其目的是為了擴大宗教信仰的影響，所以每一個會的情況均不同，可以說是五花八門。凡入此會者，大都有些貢獻，且多為京城富貴人家所為，如天竺寺光明會，入會者均是豪富之家。至於大街坐商行鋪也要捐資供香火，有時還得捐錢捐米。府室宅舍內司之府第的娘子夫人也建有庚申會，集體誦《圓覺經》，入會者必須交珠翠珍寶首飾。所以宗教會社帶有一定的騙錢騙財的性質。

宋代的宗教會社很多，在社會上影響很大，「每遇神聖誕日，諸行市戶，俱有社會迎獻不一」[104]。

　　宋代行會組織最重要的一個特徵就是各行都有自己貢奉的神，如經商之人有商神，木工以魯班為神，紙工以蔡倫為神等。行會的神靈崇拜，一方面說明宋代行會組織的發達，一方面則通過行業神的崇拜，能使本行業人團聚在一起，對行會組織起著一定的凝聚作用。

---

104 《夢粱錄》卷十九。

# 參考書目

脫脫等・宋史・北京：中華書局，1977

脫脫等・遼史・北京：中華書局，1974

脫脫等・金史・北京：中華書局，1975

馮琦，陳邦瞻・宋史紀事本末・北京：中華書局，1977

李燾・續資治通鑑長編・北京：中華書局，1979

徐夢莘・三朝北盟會編・四庫全書本

王禹偁・東都事略・台北：文海出版社，1979

畢沅・續資治通鑑・上海：上海古籍出版社，1957

徐松・宋會要輯稿・北京：中華書局，1957

陸心源輯・宋史翼・北京：中華書局，1991

呂祖謙輯・宋文鑑・北京：中華書局，1992


葉隆禮・契丹國志・上海：上海古籍出版社，1985

宇文懋昭・大金國志・北京：中華書局，1986

劉祁・歸潛志・北京：中華書局，1983

王應麟・玉海・上海：上海書店；南京：江蘇古籍出版社，1988

李心傳・建炎以來繫年要錄・北京：中華書局，1956

司馬光等・資治通鑑・北京：中華書局，1956

袁樞・通鑑紀事本末・北京：中華書局，1955

鄭樵・通志・北京：中華書局，1987

馬端臨・文獻通考・北京：中華書局，1986

黃宗羲，全祖望・宋元學案・北京：中華書局，1986


柳開・河東先生集・四部叢刊本

蔡襄・蔡忠惠集・四庫全書本

歐陽修全集・北京：中國書店，1986

二程集・北京：中華書局

司馬光・溫國文正公文集・四部叢刊本

王文公文集・上海：上海人民出版社

張載集・北京：中華書局，1978

蘇洵・嘉祐集・四庫全書本

蘇軾・東坡全集・四庫全書本

曾鞏・曾鞏集・北京：中華書局，1984

鄭樵文集・北京：書目文獻出版社，1992

晦庵先生朱文公文集・四部叢刊本

陳亮集（增訂本）・北京：中華書局，1987

陸象山全集・北京：中國書店，1992

葉適集・北京：中華書局，1961

朱彝尊，汪森輯・詞綜・北京：中華書局，1975

宋五十六家詩集・坐春堂書塾選輯本

元刊雜劇三十種・古本戲曲叢刊四集本


孟元老・東京夢華錄・北京：中華書局，1982

吳自牧・夢粱錄・杭州：浙江人民出版社，1980

周密・武林舊事・杭州：西湖書社，1981

耐得翁・都城紀勝・北京：中國商業出版社，1982

西湖老人繁勝錄・北京：中國商業出版社，1982

蘇軾・東坡志林・北京：中華書局，1981

洪邁・容齋五筆・上海：上海古籍出版社，1978

莊季裕・雞肋編・北京：中華書局，1983

陸游・老學庵筆記・北京：中華書局，1979

羅大經・鶴林玉露・北京：中華書局，1983

王辟之·澠水燕談錄·北京：中華書局，1981

邵伯溫·邵氏聞見錄·北京：中華書局，1983

邵博·邵氏聞見後錄·北京：中華書局，1983

張世南·遊宦紀聞·上海：商務印書館，1936

徐度·卻掃編·四庫全書本，津逮秘書本等

葉夢得·石林燕語·北京：中華書局，1984

周密·癸辛雜識·北京：中華書局，1988

王得臣·麈史·四庫全書本

江少虞·事實類苑·四庫全書本

丁傳靖·宋人軼事彙編·北京：中華書局，1981

王栐·燕翼詒謀錄·北京：中華書局，1981

何薳·春渚紀聞·北京：中華書局，1983

米芾·海岳名言·四庫全書本

董史·書錄外篇·四庫全書

沈括·元刊夢溪筆談·北京：文物出版社，1975

宣和畫譜·北京：人民美術出版社，1964


周寶珠等·簡明宋史·北京：人民出版社，1985

蔡美彪等·中國通史·第五冊·北京：人民出版社，1978

侯外廬等・宋明理學史・北京：人民出版社，1984

白壽彝總主編，陳振主編・中國通史・第七卷・上海：上海人民出版社，1997

陳佳華等・宋遼金時期民族史・成都：四川民族出版社，1996

皮錫瑞・經學歷史・北京：中華書局，1981

柳詒徵・中國文化史・上海：東方出版中心，1988

周一良・中外文化交流史・鄭州：河南人民出版社，1987

沈立新・中外文化交流史話・上海：華東師範大學出版社，1991

國際宋代文化研討會論文集・成都：四川大學出版社，1991

王伯敦・中國繪畫史・上海：上海人民美術出版社，1982

董錫玖・中國舞蹈史・北京：文化藝術出版社，1984

游國恩等・中國文學史・北京：人民文學出版社，1963

杜石然等・中國科學技術史稿・北京：科學出版社，1982

盛義・中國婚俗文化史・上海：上海文藝出版社，1994

劉敦禎・中國古代建築史・北京：中國建築工業出版社，1980

顧吉辰・中國佛教史稿・鄭州：中州古籍出版社，1992

任繼愈・宋代道教史・上海：上海人民出版社，1990

白壽彝・中國伊斯蘭教史存稿・銀川：寧夏人民出版社，1982

祝瑞開主編・宋明思想和中華文明・上海：學林出版社，1995

姚瀛艇主編・宋代文化史・鄭州：河南人民出版社，1992

陳植鍔・北宋文化史述論・北京：中國社會科學出版社，1992

陳鐘凡・兩宋思想述評・北京：東方出版社，1996

石訓等・中國宋代哲學・鄭州：河南人民出版社，1992

魏道儒・宋代禪宗文化・鄭州：中州古籍出版社，1993

陳鵬・東南亞各國民族與文化・北京：民族出版社，1991

張立文・朱熹思想研究・北京：中國社會科學出版社，2001

崔大華・南宋陸學・北京：中國社會科學出版社，1984

朱謙之・日本的朱子學・北京：三聯書店，1958

李保林等・中國宋學與東方文明・開封：河南大學出版社，1996

唐圭璋・宋詞三百首箋注・上海：上海古籍出版社，1979

吳懷祺・宋代史學思想史・合肥：黃山書社，1992

劉師培・中國中古文學史・北京：人民文學出版社，1959

楊海明・唐宋詞史・南京：江蘇古籍出版社，1988

苗春德・宋代教育・開封：河南大學出版社，1992

# 再版後記

　　本套叢書第一版出版於二〇〇〇年，若再上溯到一九九五年項目正式起動，則距今已有十五年之遙。十五年前的中國，改革開放正進入重要階段。隨著國家現代化建設事業的不斷推進，深層次的文化問題愈益受到普遍關注。人們也越來越意識到，所謂現代化，首先就是人的現代化；而所謂人的現代化，離不開人的道德文化素養的提升，所以，歸根結底，現代化的實現有賴於文化的現代化。也因是之故，一九九七年黨的十五大報告即提出了建設「有中國特色社會主義的文化」的宏偉目標。報告不僅強調「社會主義現代化應該有繁榮的經濟，也應該有繁榮的文化」，而且強調有中國特色社會主義的文化，「它淵源於中華民族五千年文明史，又植根於有中國特色社會主義的實踐」。學術反映時代。明白了這一點，便不難理解，隨著文化問題自二十世紀八〇年代後期以來的持續升溫，其時中國文化史的研究也發展到了一個新的階段：關注對中國文化總體史的探究。這也正是本叢書當年創意的緣起。

　　本叢書的作者多是來自京內外高校和科研院所的中青年學者。當年既沒有什麼科研經費，也沒有什麼津貼，大家的合作主要是出於共同的學術興趣。整套叢書寫作長達四年之久，尤其是最後一年，幾乎每週末都需要開會討論問題。但大家心態平和，似乎都樂此不疲。當然，說到底，這還要感謝當年比較寬鬆的學術環境，因為那時侯高校沒有如今這樣沉重的量化考核的壓力，作者得以避免產生浮躁的心態和陷入急功近利的怪圈。當年參與本叢書編寫的作者，今天多成了有成就的學者和各單位的學術骨幹，大家有時聚首，說起來都很懷念那一段共事的時光。

由於種種原因，本叢書出版後沒有為更多讀者所熟知，也沒有產生應有的社會效益。二〇〇九年，北京師範大學出版社找到我，認為這套「文化通史」依然有著重要的學術價值，值得向廣大讀者推介，希望能夠將之再版。這一動議讓我看到了北京師範大學出版社對學術與市場雙向的判斷力，和助益學術的執著追求。所以，我當即表示欣然同意。

　　現在本叢書即將出版，我們想利用這個機會，對北京師範大學出版社的大力支持深表感謝。策劃編輯饒濤、李雪潔同志為本叢書出版付出了很多的辛勞；碩士研究生明天、李豔鳳、鞠慧卿同志為本叢書的圖片選取，也做了大量的工作，在此，一併申致謝意。

鄭師渠

於北京師範大學

二〇〇九年五月十五日

亮點書系．中國文化通史 A1001010

# 中國文化通史‧兩宋卷　下冊

| | |
|---|---|
| 主　　　編 | 鄭師渠 |
| 版權策畫 | 李　鋒 |

| | |
|---|---|
| 發 行 人 | 陳滿銘 |
| 總 經 理 | 梁錦興 |
| 總 編 輯 | 陳滿銘 |
| 副總編輯 | 張晏瑞 |
| 編 輯 所 | 萬卷樓圖書股份有限公司 |
| 排　　版 | 菩薩蠻數位文化有限公司 |
| 印　　刷 | 維中科技有限公司 |
| 封面設計 | 菩薩蠻數位文化有限公司 |

| | |
|---|---|
| 出　　版 | 昌明文化有限公司 |

桃園市龜山區中原街 32 號

電話 (02)23216565

發　　行　萬卷樓圖書股份有限公司

臺北市羅斯福路二段 41 號 6 樓之 3

電話 (02)23216565

傳真 (02)23218698

電郵 SERVICE@WANJUAN.COM.TW

大陸經銷

廈門外圖臺灣書店有限公司

　　電郵 JKB188@188.COM

ISBN 978-986-496-163-4

2018 年 1 月初版

定價：新臺幣 440 元

如何購買本書：

1. 劃撥購書，請透過以下郵政劃撥帳號：

　　帳號：15624015

　　戶名：萬卷樓圖書股份有限公司

2. 轉帳購書，請透過以下帳戶

　　合作金庫銀行　古亭分行

　　戶名：萬卷樓圖書股份有限公司

　　帳號：0877717092596

3. 網路購書，請透過萬卷樓網站

　　網址 WWW.WANJUAN.COM.TW

大量購書，請直接聯繫我們，將有專人為您
服務。客服：(02)23216565 分機 610

如有缺頁、破損或裝訂錯誤，請寄回更換

**版權所有‧翻印必究**

Copyright©2016 by WanJuanLou Books CO., Ltd.

All Right Reserved　　　**Printed in Taiwan**

**國家圖書館出版品預行編目資料**

中國文化通史. 兩宋卷 ／ 鄭師渠著.-- 初版.
-- 桃園市 ：昌明文化出版 ；臺北市 ：萬卷
樓發行, 2018.01

　　冊 ；　公分

ISBN 978-986-496-163-4(下冊 ：平裝)

1.文化史 2.中國

630　　　　　　　　　　　107001803